DIE RECHTSFUNKTIONEN

DIE RECHTSFUNKTIONEN

PROEFSCHRIFT TER VERKRIJGING VAN DEN GRAAD VAN DOCTOR IN DE RECHTSGELEERDHEID AAN DE RIJKSUNIVERSITEIT TE LEIDEN, OP GEZAG VAN DEN RECTOR-MAGNIFICUS, DR. J. H. ZAAIJER, HOOGLEERAAR IN DE FACULTEIT DER GENEESKUNDE, PUBLIEK TE VERDEDIGEN OP VRIJDAG 28 OCTOBER 1932, DES NAMIDDAGS TE KLOKKE 3 UUR

DOOR

MARINUS MAURITS VAN PRAAG
GEBOREN TE AMSTERDAM

Springer-Science+Business Media, B.V. 1932

ISBN 978-94-017-4649-6 ISBN 978-94-017-4928-2 (eBook)
DOI 10.1007/978-94-017-4928-2

AAN DE NAGEDACHTENIS
VAN MIJN VADER

AAN MIJN MOEDER

AAN MIJN VROUW

INHALTSVERZEICHNIS

EINLEITUNG

Obwohl sie durch das Werk von MONTESQUIEU erst auf die praktische Staatskunst von Einfluss geworden ist, so ist doch die Lehre der drei Staatsfunktionen schon von sehr altem Datum. Die Spuren einer Einteilung der Staatsaufgabe kann man bereits bei ARISTOTELES finden. Er unterscheidet in der Politica [1]) drei Elemente. Das Verhältnis dieser die Staatsaufgabe konstituierenden Elemente ist verschieden und charakteristisch für den Regierungstypus, und ARISTOTELES hält es für die Pflicht des Gesetzgebers, eines und das andre so anzuordnen, wie es sich für jede Gemeinschaft passt. Man kann dann nach ARISTOTELES unterscheiden, erstens die beratende Funktion, welche die autoritative Beschlussfassung über Krieg und Frieden, das Schliessen oder Brechen von Bündnissen, die Verfassung von Gesetzen, das Treffen von Entscheidungen über Todesstrafe, Verbannung und Konfiskation, sowie die Anstellung von Magistraten umfasst. Daneben nennt ARISTOTELES die vollziehende Funktion der Obrigkeit und die richterliche Funktion.

JEAN BODIN [2]) kommt bei der Analysierung der Souveränität zu fünf Elementen, nämlich Gesetzgebung, Entscheidung über Krieg und Frieden, Ernennung von Beamten, Rechtsprechung und Begnadigung.

Später versuchte JOHN LOCKE in seinem aus Anlass von ROBERT FILMERS „Patriarcha" [3]) verfassten „Two treatises on government" wiederum eine Dreiteilung der Staatsaufgabe [4]). Der erste Teil, der den Untertitel „The false principles and foundation of Sir ROBERT FILMER and his followers are detected and overthrown" trägt, ist gänzlich der Bestreitung des vorerwähnten Werkes gewidmet. Er behauptet, dass sich die politische Gewalt nicht mit der patriarchalischen Gewalt identifizieren lässt; dass sich die Gewalt des Magistrates über einen Untertan von der eines Vaters über seine

---

[1]) Politica, Buch IV, Abschnitte 13—14, 1297*b*—1298*a*.

[2]) JEAN BODIN, De la république, Paris 1583, Buch I, Abschnitt X.

[3]) 1680.

[4]) 1689.

Kinder, eines Herrn über seinen Untergebenen, eines Mannes über seine Frau, eines Herrn über seinen Sklaven unterscheidet. (Buch II, 2). „Political power then I take to be a right of making laws with penalties of death, and consequently all less penalties, for the regulating and preserving of property, and of employing the force of the community, in the execution of such laws, and in the defence of the commonwealth from foreign injury, and all this only for the public good." (3)

Lockes Ausgangspunkt ist dieser, dass unserm Bürgerstaate ein Naturzustand vorangegangen sei. In diesem Naturzustand, in welchem Gleichheit herrschte, waren alle Macht und Rechtsprechung gegenseitig. Einem jeden stand das Recht zu, das Gesetz der Natur zu vollziehen, d. h. die Zuwiderhandlungen gegen dieses Gesetz zu bestrafen (7). Jedoch nur dermassen, „as calm reason and conscience dictates, what is proportionate to this transgression, which is so much as may serve for reparation and restraint. For these two are the only reasons, why one man may lawfully do harm to another, which is that we call punishment."

Man kam jedoch schon bald dazu, seine Befugnisse auf die Gemeinschaft zu übertragen. Da von einer Gemeinschaft nicht die Rede ist, wenn diese nicht die Macht hat, die Besitztümer zu schützen und die Vergehen zu bestrafen, so gibt es bloss dort „political society", wo sämtliche Mitglieder ihre natürliche Macht aufgegeben und in die Hände der Gemeinschaft gelegt haben, und zwar in allen Fällen, in denen sie nicht von der Berufung auf den Schutz der von der Gemeinschaft ausgehenden Gesetze ausgeschlossen sind (87).

So bekommt die Gemeinschaft (commonwealth) die Macht, zu bestimmen, mit welchen Strafen die Vergehen, die ihrer Ansicht nach dafür in Betracht kommen, bedroht werden sollen. Hiermit bildet sich nun die gesetzgebende Gewalt und gleichfalls die Macht, jede Verletzung (injury), die der Gemeinschaft oder einem ihrer Mitglieder von einer ausserhalb derselben stehenden Person zugefügt worden ist, zu rächen oder zu bestrafen. Aus letzterem erklärt Locke die Macht (oder die Funktion) zur Kriegserklärung und zum Friedensschluss und ausserdem, soweit als möglich, zur Veranlassung desjenigen, was zum Schutz des Eigentums der Mitglieder erforderlich ist. Indem die Mitglieder der Gesellschaft ihre

Befugnisse zur Bestrafung von Vergehen in die Hände der Gemeinschaft legen, bildet sich die vollziehende Gewalt: „But though every man, entered into society, has quitted his power to punish offences against the law of nature, in prosecution of his own private judgment; yet with the judgment of offences which he has given up to the legislative, in all cases where he can appeal to the magistrate, he has given up a right to the commonwealth, to employ his force for the execution of the judgments of the commonwealth, whenever he shall be called to it, which indeed are his own judgments, they being made by himself or his representative.'' (88).

„And herein we have the original of the legislative and executive power of civil society, which is to judge by standing laws how far offences are to be punished, when committed within the commonwealth; and also by occasional judgments founded on the present circumstances of the fact, how far injuries from without are to be vindicated, and in both these to employ all the force of all the members when there shall be need.'' (88)

So unterscheidet LOCKE also in der Staatsaufgabe dreierlei Funktionen, nämlich: die gesetzgebende Funktion, wobei bestimmt wird, wie die Kräfte der Gemeinschaft angewendet werden sollen, um sie und ihre Mitglieder zu beschützen; die föderative Funktion, d. h. das Entscheiden über Krieg und Frieden, über Bündnisse, Allianzen und Transaktionen mit anderen Gemeinschaften und mit ausserhalb der Gemeinschaft stehenden Personen; die vollziehende Funktion.

Obwohl LOCKES Beschreibung der gesetzgebenden Funktion sehr unbestimmt ist (to direct how the force of the commonwealth shall be employed for preserving the community), so kann man doch auf Grund des Vorhergehenden die Folgerung ziehen, dass damit sowohl die Verfassung von Gesetzen gemeint ist, als auch die autoritative Beurteilung, ob ein Verstoss gegen eine Gesetzesbestimmung vorliegt und Zwang ausgeübt werden muss. Unter Vollziehung versteht er offenbar nur die materielle Vollstreckung von Urteilen, d. h. der Zwangsmassnahmen, mit denen das Vergehen bedroht ist. Was die föderative Staatsfunktion betrifft, ist nicht klar ersichtlich, ob LOCKE hierin Durchführung von Gesetzen erblickt. Es ist „the management of the security and interest of the public without, with all those, that it may receive benefit or damage" (147). Obgleich diese Funktion seiner Ansicht nach von grosser Wichtigkeit ist, so hält er sie für „much less capable to be directed by antecedent, standing, positive laws, than the executive". Anscheinend sieht er diese föderative Funktion nicht wie eine, welche den Rechtszustand der Rechtsgenossen berührt.

Das politische Postulat der Verteilung dieser Funktionen auf verschiedene Organe, welches man bei LOCKE in Hinsicht auf die legislativen und exekutiven Funktionen bereits ausgesprochen findet, wird hier, als nicht in den Rahmen dieser Schrift hineinpassend, weiter unbesprochen bleiben.

Vom allergrössten Einfluss, sowohl auf die staatsrechtliche Doktrin, als auf die praktische Staatseinrichtung vieler Länder, ist die Lehre MONTESQUIEUS. Diese Lehre, die im 6. Abschnitt des 11. Buches seines umfangreichen Werkes „De l'esprit des lois" (1748) entfaltet wird, bezweckt in erster Linie eine Erklärung eines politischen Postulates zu sein, dass nämlich das Ganze der Staatsgewalt nicht in den Händen einer einzigen Person oder eines einzigen Körpers sei, sondern dass dieselbe auf verschiedene Organe verteilt werde, die einander nicht subordiniert sondern koordiniert sind und einander eben dadurch im Gleichgewicht halten. Diese „balance of power"-Theorie war kein Novum, sondern findet sich schon bei LOCKE[1]),dessen Schriften MONTESQUIEU nicht unbekannt waren, und auch bei SWIFT [2]); allein durch MONTESQUIEU hat die Lehre der trias politica einen so grossen Einfluss gewonnen.

Dem Postulat der Dreiteilung der Staatsgewalt bei MONTESQUIEU liegt eine funktionelle Dreiteilung der Staatsaufgabe zugrunde. Die Prüfung der Absichten des Verfassers wird jedoch dadurch erschwert, dass er für die Begriffe Organ und Funktion dasselbe Wort „puissance" gebraucht, und man aus dem Texte schliessen muss, ob er eines oder das andre meint.

„Il y a dans chaque Etat", so beginnt MONTESQUIEU den 6. Abschnitt des 11. Buches, welcher von der englischen Konstitution handelt, „trois sortes de pouvoirs: la puissance législative, la

---

[1]) HATSCHEK (Englisches Staatsrecht 1905) glaubt, dass MONTESQUIEU bloss die von BOLINGBROKE bearbeiteten Schriften von LOCKE gekannt had (S. 19 ff.).

[2]) Discourse, 1701.

puissance exécutrice des choses qui dépendent du droit des gens, et la puissance exécutrice de celles qui dépendent du droit civil." Offenbar im Anschluss an die von JOHN LOCKE gemachte Unterscheidung zwischen gesetzgebender, föderativer und vollziehender Gewalt trennt MONTESQUIEU die Staatsaufgabe in eine gesetzgebende Funktion, eine in der Ausführung des Völkerrechtes bestehende Funktion und eine zur Ausführung des Zivilrechtes.

„Par la première", so setzt er seine Erörterung fort, „le prince ou le magistrat fait des lois pour un temps ou pour toujours et corrige ou abroge celles qui sont faites. Par la seconde il fait la paix ou la guerre, envoie ou reçoit des ambassades, établit la sûreté, prévient les invasions. Par la troisième il punit les crimes ou juge les différends des particuliers. On appellera cette dernière la puissance de juger et l'autre simplement la puissance exécutrice de l'Etat."

Mit der erstgenannten, der gesetzgebenden Funktion meint MONTESQUIEU augenscheinlich die Setzung oder Ausserkraftsetzung von Rechtsregeln, wobei er es dahingestellt sein lässt, ob dies abstrakte Regeln sind oder aber Anordnungen für den besonderen Fall.

Die dritte Funktion ist offenbar die richterliche, welche der Verfasser charakterisiert als die Schlichtung der zwischen den Bürgern entstandenen Streitigkeiten, sowie die Bestrafung von Verbrechern. Von demjenigen abgesehen, was er noch über die zweite Staatsfunktion mitteilt, könnte man den Schluss ziehen, dass er die richterliche Funktion mit der Ausführung des Landesgesetzes identifiziert. Richtet man jedoch das Auge auf die nähere Beschreibung der föderativen Gewalt, so ändert sich der ganze Aspekt seines Systemes. Krieg zu erklären, Frieden zu schliessen, das ist das Treiben von ausländischer Politik. Im Gegensatz zu den zwei übrigen Funktionen, die formeller Natur sind: das Zustandebringen und die Anwendung von Rechtsregeln ohne Rücksicht auf deren Inhalt, bezieht sich die Beschreibung der dritten Funktion, soweit überhaupt juristisch relevant, auf Rechtsregeln von bestimmtem Inhalt und Zweck. Diese Funktion passt daher schwerlich in denselben Rahmen wie die übrigen.

Zur „puissance exécutrice des choses, qui dépendent du droit des gens" rechnet MONTESQUIEU auch die Begründung der Sicherheit (établir la sûreté). Was der Verfasser mit diesem vagen Ausdruck sagen will, bleibt im dunkeln. Eine unerwartete Wendung nimmt seine Darlegung, wenn der Autor plötzlich die zweite Funktion als „puissance exécutrice de l'Etat" bezeichnet.

Auf dem Schema der Einteilung der Staatsaufgabe in eine gesetzgebende, vollziehende und richterliche Funktion hat die Doktrin des neunzehnten Jahrhunderts fortgebaut, während eines und das andre auch die Basis für die praktische Staatskunst gewesen ist.

Identifiziert MONTESQUIEU im Anfang des 11. Abschnittes die Recht sprechende Funktion mit derjenigen, welche die Ausführung der Landesgesetze zum Gegenstand haben, so verlässt er diesen Standpunkt später wieder. Die Funktion, die in der Ausführung des Völkerrechtes bestehen sollte, kommt nicht mehr zur Sprache, während neben die richterliche Funktion diejenige gestellt wird, welche die Ausführung der Landesgesetze zum Gegenstand hat. „Tout serait perdu si le même homme ou le même corps .... exerçaient ces trois pouvoirs: celui de faire des lois, celui d'exécuter les résolutions publiques et celui de juger les crimes ou les différends des particuliers." Es bleibt im dunkeln, was unter dem Begriff „vollziehende Funktion", neben der richterlichen Funktion, zu verstehen ist. Im Gegensatz zu der richterlichen Funktion, sagt MONTESQUIEU im Laufe seiner Darlegung, werden die beiden übrigen Funktionen nicht in bezug auf Einzelwesen ausgeübt: „ne s'exercent sur aucun particulier; n'étant l'un que la volonté générale de l'Etat, et l'autre, que l'exécution de cette volonté générale".

Wo MONTESQUIEU vorbringt, dass die vollziehende Funktion (puissance exécutrice) am besten dem Monarchen anvertraut werden kann, „weil dieser Bestandteil der Regierung, der fast immer eine augenblickliche Handlung fordert, besser von einer Person als von mehreren geleitet wird", da bekommt man stark den Eindruck, dass diese Funktion vom Verfasser nur in das System eingeschaltet wird, um dem Fürsten auch einen Teil der Staatsaufgabe zuzuteilen. Mit keinem Worte sagt er, was unter Ausführung von Gesetzen, welches dann das Objekt der zweiten Staatsfunktion sein sollte, zu verstehen ist. „La puissance exécutrice ... doit prendre part à la législative par sa faculté d'empêcher;

sans quoi elle serait bientôt dépouillée de ses prérogatives." Zwischen diesen Zeilen kann man lesen, dass nach dem Verfasser dies hauptsächlich die Aufgabe des vollziehenden Organes ist, und dass, sollte diese Aufgabe diesem Organe abgenommen werden, zugleicherzeit die ganze „vollziehende Funktion" verschwunden ist.

Ebenso wie bei LOCKE sind es die sogenannten Prärogativen, die Teilnahme an der Gesetzgebung oder die Ausübung der ganzen Gesetzgebung auf bestimmtem Gebiete, welche die Essentialia der Aufgabe des sogenannten vollziehenden Organes bei MONTESQUIEU sind.

Die Lehre der trias politica wurde von der deutschen Naturrechtsschule von Ende des 18. Jahrhunderts, insbesondere von FICHTE und KANT, übernommen.

FICHTE [1]) versteht unter Gesetzgebung die Setzung des gemeinsamen, zukünftigen Willens [2]). Es ist der beständige und bleibende Wille aller, der von jedermann als solcher anerkannt werden wird. „Durch diese Festsetzung des gegenwärtigen Willens, für alle Zeit, wird nun der geäusserte, gemeinsame Wille *Gesetz*" [3]).

Ferner wird nach dem Verfasser in diesem gemeinsamen Willen bestimmt, einerseits wie weit sich die Rechte jeder Person ausdehnen (bürgerliche Gesetzgebung oder legislatio civilis), andrerseits wie diejenigen, welche gegen dieses Gesetz verstossen, bestraft werden sollen (peinliche Gesetzgebung oder jus criminale, poenale).

Nun muss noch dieser gemeinsame Wille mit einer Gewalt versehen werden; mit einer Uebergewalt, sagt FICHTE, in Bezug auf welche die Gewalt des einzelnen unendlich klein ist; damit sich dieser Wille mittels Zwanges wird behaupten können.

Darin ist zweierlei enthalten, erstens das Recht, zu richten; zweitens das Recht, diese Rechtsurteile zu vollstrecken. Diese beiden Funktionen, potestas judicialis und potestas executiva in sensu strictori, bilden zusammen die vollziehende Gewalt in weiterem Sinne: die potestas executiva in sensu latori.

Bei FICHTE ist die vollziehende Funktion nichts anderes als die Vollstreckung der richterlichen Aussprüche, d. h. die Realisierung

---

1) JOHANN GOTTLIEB FICHTE, Grundlage des Naturrechts nach Principien der Wissenschaftslehre, 1796, § 16.

2) „Das Objekt des gemeinsamen Willens ist die *gegenseitige* Sicherheit." (a. a. O., S. 179).

3) a. a. O., S. 182.

der Zwangsfolgen: „Ganz zwecklos, und sogar nur scheinbar möglich ist die Trennung der richterlichen, und der ausübenden Gewalt (die letztere im engern Sinne des Worts genommen). Muss die ausübende Gewalt, ohne Widerrede, den Ausspruch der richterlichen ausführen, so ist die unumschränkte Gewalt in der Hand des Richters selbst, und die zwei Gewalten sind nur scheinbar in den Personen getrennt; von denen aber die der Vollzieher gar keinen Willen, sondern nur, durch einen fremden Willen geleitete, physische Kraft hat. Hat aber die ausübende Gewalt das Recht des Einspruchs, so ist sie selbst richterliche Gewalt, und sogar in der letzten Instanz, und die beiden Gewalten sind abermals nicht getrennt" [1]).

Nach KANT ist der Staat „die Vereinigung einer Menge von Menschen unter Rechtsgesetzen" [2]). Jeder Staat schliesst drei Gewalten in sich, d. h. der allgemein vereinigte Wille manifestiert sich in dreierlei Personen (trias politica) [3]). Die Obergewalt oder Souveränität in der Person des Gesetzgebers, die vollziehende Gewalt, die kraft des Gesetzes ausgeübt wird, in der des Regierenden und die Recht sprechende Gewalt, die in der Person des Richters einem jeden dasjenige zuerkennt, was gemäss dem Gesetze das seinige ist. Diese Gewalten nennt KANT die potestas legislatoria, bezw. rectoria und judiciaria. Er vergleicht diese Dreiteilung mit den drei Elementen des logischen Syllogismus (drei Sätze in einem praktischen Vernunftschluss), wobei der major die Willensäusserung des Gesetzgebers ist, der minor das Gebot, in Gemässheit des Gesetzes zu handeln (d. h. das Prinzip der Subsumtion unter dem Gesetze), und der Schluss enthält das Urteil, was im konkreten Falle Rechtens ist.

Auch hier ist es wiederum nicht klar, was man sich von der vollziehenden Gewalt oder Funktion neben der gesetzgebenden und der richterlichen Gewalt zu denken hat.

Diese drei Gewalten sind Werte, die als wesentlich aus der Staatsidee stammen und auch zur Begründung dieser Idee not-

---

[1]) a. a. O., S. 194.

[2]) Metaphysische Anfangsgründe der Rechtslehre § 45. Verlag KARL VORLÄNDER 1907, S. 135.

[3]) Siehe auch HANS AUFRICHT, Die Lehre von den drei Gewalten bei KANT, in Zeitschrift für öffentliches Recht, Band IX 1929/1930, S. 182—193.

wendig sind [1]). Die drei Gewalten sind an erster Stelle einander koordiniert als ebensoviele moralische Personen, d. h. die eine ist in der Staatskonstitution das Komplement (complementum ad sufficientiam) der anderen [2]). An zweiter Stelle sind sie einander subordiniert, so dass nicht die eine gleichzeitig die Funktion der anderen usurpieren kann, sondern dagegen durch eigne Grundsätze regiert wird. Man kann sagen: der Wille des Gesetzgebers mit Bezug auf das äussere Mein und Dein ist untadelig (irreprehensibel), das Ausführungsvermögen des Oberregierenden (summi rectoris) ist unwiderstehlich (irresistibel), und die Rechtsprechung des Oberrichters ist unabänderlich (inappellabel).

In einem folgenden Abschnitt [3]) nennt KANT die vollziehende Gewalt (hier ausübende und nicht vollziehende Gewalt) potestas executoria. Der Staatsregent (rex, princeps) ist die moralische oder physische Person, der diese vollziehende Gewalt zusteht: der Staatsagent, der den Magistrat ernennt, „dem Volke die Regeln vorschreibt, nach denen ein jeder in demselben dem Gesetze gemäss (durch Subsumtion eines Falles unter demselben) etwas erwerben oder das Seine erhalten kann".

„Seine *Befehle* an das Volk und die Magistrate und ihre Obere (Minister), welchen die *Staatsverwaltung* (gubernatio) obliegt, sind Verordnungen, *Dekrete* (nicht Gesetze), denn sie gehen auf Entscheidung in einem besonderen Falle und werden als abänderlich gegeben".

Durch diese drei Gewalten, sagt KANT, ist der Staat autonom, d. h. er bildet sie und erhält sie selbst nach Freiheitsgesetzen aufrecht. In der Vereinigung dieser Gewalten liegt das Heil des Staates; d. h. der Zustand der möglichst grossen Uebereinstimmung der Konstitution mit den Rechtsgrundsätzen, „nach welchem zu streben uns die Vernunft *durch einen kategorischen Imperativ* verbindlich macht."

Scheint es anfänglich, dass bei KANT die vollziehende Funktion rein materieller Natur ist und in der Realisierung der Zwangsfolgen besteht (das Anführungsvermögen des Oberbefehlshabers ist unwiderstehlich!), nachher wechselt er, wie es uns vorkommt,

---

[1]) a. a. O., § 47, S. 138.
[2]) a. a. O., § 48, S. 139.
[3]) a. a. O., § 49, S. 139—141.

die Richtung. Die vollziehende Gewalt, zuerst vollziehende Gewalt oder potestas rectoria genannt, später ausübende Gewalt oder potestas executoria, umfasst jetzt mehr, nämlich die Erzeugung von individuellen, konkreten Rechtsregeln auf Grund des Gesetzes. Gesetzgebung ist dies aber nach KANT nicht; er ist eine Funktion sui generis, welche von der Regierung ausgeübt wird, die despotisch genannt werden müsste, wenn sie zugleicherzeit die gesetzgebende Funktion ausüben würde. Dieses erscheint, wenn auch nicht erwünscht, so doch keinesfalls unmöglich, wie KANT sagt. Was dann diese vollziehende Funktion von der richterlichen Funktion unterscheidet, die doch auch bei KANT im wesentlichen in der Setzung von individuellen Normen kraft des Gesetzes besteht, bleibt hier unaufgeklärt.

ABSCHNITT I

KELSENS RECHTS- UND STAATSLEHRE

Ehe man mit einiger Aussicht auf Erfolg nach einer Basis für eine Verteilung der Staatsaufgabe suchen kann, ist es notwendig, dass man sich über das Wesen dieser Staatsaufgabe klar geworden ist, nämlich über den einzuteilenden Stoff. Dies impliziert wieder dass man sich bereits eine Vorstellung von dem Wesen des Staates gemacht hat. Und wo man stets auf irgendeine Weise den Staatsbegriff mit dem Rechtsbegriff verbunden hat, wird man sich von dem zwischen diesen zwei Begriffen bestehenden Verhältnis Rechenschaft geben müssen.

Es würde im Rahmen dieser Schrift zu weit führen, eine, sei es auch nur kurzgefasste, Uebersicht vom Staatsbegriff im Laufe der Zeiten zu geben. Dies dürfte sich hier auch erübrigen, weil über diesen Gegenstand Literatur im Ueberfluss vorhanden ist. Wir möchten in dieser Hinsicht auf die eingehenden Besprechungen verweisen, die Autoren wie JELLINEK [1]), KELSEN [2]), KRABBE [3]) und SANDER [4]) dieser Materie gewidmet haben.

Wir selbst stehen auf dem Standpunkt, der von der Neuwiener Schule, namentlich von ihrem Stifter und bedeutendsten Vertreter, Prof. Dr. HANS KELSEN, in Bezug auf die Probleme von Staat und Recht eingenommen wird. KELSENS Identifizierung von Staat und Recht bildet gleichsam den Endpunkt auf dem langen Wege, der nach der völligen „Verrechtlichung" des Staatsbegriffes führt, auf welchem Wege der entscheidende Schritt von dem Niederländer KRABBE getan wurde, als dieser Autor die unpersönliche Rechtsgewalt an die Stelle des als originäre Machterscheinung gedachten Staates setzte.

Wir wollen nunmehr zur Darlegung von KELSENS wichtigsten

[1]) Allgemeine Staatslehre.
[2]) Hauptprobleme der Staatsrechtslehre.
[3]) De moderne Staatsidee.
[4]) Staat und Recht.

Thesen übergehen [1]). Von selbst werden wir auf diese Weise in das Wesen der einzuteilenden Materie: die Staatsaufgabe eindringen.

Es ist der metajuristische Staatsbegriff, gegen den sich KELSENS Kritik richtet. Für diesen Autor ist der Staat ein System von Normen, „die sprachlich in Sollsätzen, logisch in hypothetischen Urteilen ausgedrückt werden, in denen die Bedingung mit der Folge durch das „Soll" verknüpft wird (wenn a, soll b)." Im gleichen Sinne wie das Recht, sagt KELSEN, ist der Staat als ein Wert gegenüber der Wirklichkeit, als ein „Sollen" gegenüber dem „Sein" zu stellen. Nicht nur für die Staats- und Rechtswissenschaft, sondern für alle Geisteswissenschaften ist die Verbindung durch das „Sollen" das Kennzeichen, wodurch sich diese von den Naturwissenschaften unterscheiden, die durch Urteile nach Kausalzusammenhang gebildet werden. Ist doch die Verbindungsweise, infolgederen derjenige, der stiehlt, bestraft werden wird, andrer Art als diese: ein Körper dehnt sich aus, wenn man ihn erwärmt.

Der Staat, als Objekt der Rechtswissenschaft, kann nichts anderes als ein System von Normen oder der Ausdruck für die Einheit eines Normensystemes sein, weil das Spezifische der Rechtswissenschaft eben die normative Anschauungsweise ist. Dies im Gegensatz zu den Naturwissenschaften, bei denen Erkenntnis erworben wird mittels der kausalen Denkungsart. Gegenüber dem „Sein", der Kausalgesetzlichkeit der Natur, stellt KELSEN die Normgesetzlichkeit des Staates.

Welche Handlungen sind nun Staatshandlungen? Bemerkt man doch in Wirklichkeit nichts anderes als Handlungen von Menschen, eine unendliche Anzahl individueller Handlungen. Nach welchem Massstab erkennt man nun Staatshandlungen? Was charakterisiert diese Gruppe?

Um diese Fragen zu beantworten, führt KELSEN den Begriff der „Zurechnung" ein. Man rechnet eine bestimmte, von einem Individuum vorgenommene Handlung dem Staate zu, wenn diese Handlung mit einer gültigen Ordnung im Einklang ist; wenn durch die Regeln dieser Ordnung gesetzt worden ist, unter welchen Bedingungen und von welchen Personen diese Hand-

---

[1]) Eine Uebersicht von KELSENS Werken gibt R. A. METALL als Anhang zu „Gesellschaft, Staat und Recht", Festschrift HANS KELSEN zum 50. Geburtstage gewidmet, herausgegeben von A. Verdross, Wien 1931.

lungen vorgenommen werden sollen. Die Qualifikation „Staatshandlung" bedeutet also vor allem, dass die Handlung mit der Staatsordnung im Einklang ist. Bloss dadurch, dass die Handlung, durch welche der Scharfrichter ein Todesurteil vollstreckt, der Inhalt einer Norm ist, unterscheidet sich diese von der Handlung, durch welche ein eifersüchtiger Ehemann seine Frau erwürgt. Nur dadurch, dass eine Handlung Inhalt einer Norm ist, wird sie zur Staatshandlung; wird sie nicht dem physisch Handelnden, sondern dem Staate zugerechnet.

Der Staat ist eine inhaltlich qualifizierte, normative Ordnung: er ist nämlich eine Zwangsordnung. Doch ist es nicht im Sinne tätlicher Gewalt, dass KELSEN den Zwang als Kennzeichen der Staatsordnung annimmt. „Vielmehr erscheint hier der Zwang — und zwar der sogenannte physische, äussere Zwang — als Inhalt der Sollordnung, als Norminhalt" [1]). Der Staat ist eine zwanganordnende Ordnung. Staatshandlungen bestehen immer in der Ausübung irgendeines Zwanges. Aber nicht jede Zwangshandlung ist Staatshandlung. Wie gesagt, unterscheidet sich der Fall, dass ein Ehemann seine Frau ermordet, nur hierdurch von dem Falle, dass der Scharfrichter ein Urteil vollstreckt, dass letztere Handlung Inhalt einer Norm ist und kraft dieser Norm nicht dem handelnden Individuum, sondern dem Staate zugerechnet wird. Der Staat ist demnach in KELSENS Lehre ein Zurechnungspunkt, wodurch die Einheit aller derartigen Zwangsnormen zum Ausdruck gelangt.

Aus der Tatsache, dass der Staat eine Ordnung, betreffend menschliches Verhalten, ist, schliesst KELSEN auf die Identität von Staatsordnung und Rechtsordnung. Einen direkten Beweis gibt er für die Identität dieser zwei Ordnungen nicht, sondern er beschränkt sich auf einen indirekten Beweis, — auf den Beweis, „dass alle typischen, in den bisher lancierten Theorien verkörperten Versuche, den Staatsbegriff festzusetzen, auf eine Begriffsbestimmung der Rechtsordnung münden" [2]). Diesen indirekten Beweis erbringt KELSEN in seinem „Der soziologische und der juristische Staatsbegriff". In den ersten Abschnitten dieses Werkes versucht der Verfasser darzulegen, dass die Auffassung, als sollte der Staat

---

[1]) Der soziologische und der juristische Staatsbegriff, 1922, S. 82.

[2]) „Das Problem der Souveränität", 2. Auflage, S. 13, Fussnote.

eine Sozialrealität sein, unhaltbar ist: „Nicht im Reiche der Natur, sondern im Reiche des Geistes steht der Staat" [1]).

KELSENS Staats- und Rechtslehre gründet sich auf den fundamentalen Gegensatz zwischen „sein" und „sollen", einen Gegensatz zweier verschiedener Denkformen. Allerdings muss auch eine Norm gedacht werden, allein Gegenstand der Rechtswissenschaft ist nicht der psychische Denkprozess selbst, sondern das Gedachte, der Inhalt dieses Prozesses, wobei man also von dem psychischen Prozesse selbst abstrahiert.

Wie KELSEN es ausdrückt, ist der psychische Denkprozess für das Gedachte oder für das Gewollte wohl eine conditio sine qua non, keinesfalls aber die conditio per quam. Die Staats- und Rechtswissenschaft ist eine normative Wissenschaft, weil die Anschauungsweise, die Methode zu Erkenntnis zu gelangen, sich nach dem Spezifischen ihres Gegenstandes richtet. Gegenüber dem „Müssen", der Naturkausalität der explikativen Wissenschaften, steht das „Sollen" der normativen Wissenschaft. Gegenüber der Kausalgesetzlichkeit der Natur wird die Normgesetzlichkeit des Staates gestellt. Im Zusammenhang der Elemente, die man zusammen Staat oder Recht nennt, liegt die Eigenart der Normgesetzlichkeit. Wenn eine Norm lautet, dass derjenige, der stiehlt, gestraft werden soll, wird hiermit nicht gemeint, dass die Strafe eine naturnotwendige Folge des Diebstahls ist. Es ist diese spezielle Verbindungsweise, die, im Gegensatz zu der Naturkausalität, als „Zurechnung" bezeichnet wird [2]). (Nicht zu verwechseln mit dem obenerwähnten Zurechnungsbegriff, den KELSEN näher als Zentralzurechnung qualifiziert, während er die hier in Rede stehende Zurechnung als periphere Zurechnung bezeichnet).

Während man als Schema des Kausalitätsverhältnisses annehmen kann: wenn *a* ist, so ist *b*, ist das Schema der Rechtsregel: wenn *a* ist, soll *b*. Die Rechtsbedingung ist nicht die Ursache der Rechtsfolge; nicht naturnotwendig muss die Rechtsfolge stattfinden, wenn die Rechtsbedingung erfüllt ist. Eine spezifisch juristische, eigengesetzliche Verbindung von Rechtsbedingung und Rechtsfolge ist die Zurechnung. Zurechnung ist ein rein formaler Begriff, mit dem man die spezifisch juristische Verbindungsweise zweier

---

[1]) Allgemeine Staatslehre, S. 14. Auch: Der Staat als Integration, 1930, S. 37.

[2]) Staatsbegriff, S. 75.

Tatbestande andeutet, wobei die Rechtsfolge eine Zwangshandlung ist.

Die Tatsache, mit der die Zwangshandlung auf diese spezifisch normative Weise verbunden ist, braucht nicht einfach zu sein, sondern kann wieder vielfach gegliedert sein und gleichsam eine Kette von Bedingungen bilden. Doch wird diese Kette immer durch die Zwangshandlung geschlossen.

Kelsens Auffassung geht dahin, dass es nicht mehr als eine vorläufige Hilfshypothese genannt werden darf, wenn gesagt wird, dass das Verhalten, welches die Bedingung des Zwangsaktes ist, vermieden werden soll. Nach der Weise einer Hilfshypothese zerfällt die Rechtsregel in eine Primäre Norm, durch welche Zwang angedroht wird, und eine Sekundäre Norm, deren Inhalt das kontradiktorische Gegenteil der Rechtsbedingung ist.

Nur wegen der endgültigen Folge ist die Norm, kraft welcher man sich auf bestimmte Weise verhalten soll, eine Rechtsnorm, „eine relativ selbständige, sekundäre Rechtsnorm, und ein Verhalten nur insofern Inhalt einer Rechtspflicht, als sein kontradiktorisches Gegenteil unter Zwangssanktion steht, das heisst: Bedingung eines Zwangsaktes ist".

Kelsen meint, dass die sekundäre, das zwangvermeidende Verhalten statuierende Norm nur von provisorischer Bedeutung ist. Sie ist entbehrlich und es erübrigt sich, neben die Norm: Wenn man stiehlt, wird man bestraft werden, noch eine zweite: Man soll nicht stehlen, zu stellen. „Man ist eben nur insofern rechtlich verpflichtet, nicht zu stehlen, als man — im Falle des Diebstahls — bestraft werden soll. Und man ist nur insofern *rechtlich* verpflichtet, ein empfangenes Darlehen zurückzuzahlen, als man im Falle der Nichtzurückzahlung exequiert werden soll" [1]).

Der Begriff „Unrecht" verfliesst auf diese Weise für Kelsen. Bei einer rein formalen Anschauungsweise gibt es für die Aufstellung einer sekundären Norm, deren Inhalt das kontradiktorische Gegenteil der Bedingung in der Zwangsnorm sein würde, keinen Raum. Indem man das zwangvermeidende Verhalten als

[1]) In diesem Sinne auch Prof. Dr. Leonard Polak, „De zin der vergelding", S. 33: „Het recht zou dan ook goed doen vage termen als moeten en mogen, die bovendien door de zedelijke bijsmaak, die zij verkregen hebben, verwarrend werken, zooveel mogelijk te vermijden en zich te bepalen tot het aanwijzen der rechtsgevolgen van het ver- of geboden doen of laten — gelijk het moderne strafrecht dan ook de norm stilzwijgend vooronderstelt in de strafbepaling (wie doodt, steelt, mishandelt, beleedigt, enz. .... wordt gestraft met ....)."

Inhalt einer Norm hinstellt, verbindet man dasselbe mit dem, dem Rechte transzendenten, Zweck der Rechtsordnung: „es ist jener Tatbestand, der vermieden werden soll, den der Gesetzgeber, weil er ihn für sozialschädlich hält, zu verhindern sucht, indem er gegen denjenigen, der ihn setzt, oder durch sein Verhalten einen sozialschädlichen Erfolg herbeiführt oder nicht verhindert, einen Zwangsakt richtet. Rein formal, das heisst ohne jede Beziehung auf einen der Rechtsordnung transzendenten Zweck, und darum nicht eigentlich als Un-Recht in dem meist ethisch betonten Sinn einer Negation des Rechts, sondern nur als spezifischer Inhalt des Rechts kann der fragliche Tatbestand nur so charakterisiert werden, dass er von demjenigen gesetzt wird, gegen den sich der — von diesem Tatbestand bedingte — Zwangsakt richtet" [1]).

Von grosser Wichtigkeit sind die Betrachtungen, die KELSEN der Frage der Positivität des Rechtes widmet. Unter Rechtspositivität ist die Selbständigkeit des Rechtes gegenüber anderen Normsystemen zu verstehen, wobei man jeden Zusammenhang mit- oder Ableitbarkeit von irgendeinem anderen System leugnet. In KELSENS Lehre fallen die Begriffe „Positivität des Rechtes" und Souveränität des Staates (= Rechtsordnung) zusammen, als darstellend die Selbständigkeit der Rechts- oder Staatsordnung in Bezug auf andere Systeme, wobei diese Ordnung ihre Geltung in sich selbst findet und solches nicht aus irgendeinem dem Rechte transzendenten System abzuleiten ist.

KELSEN steht ablehnend gegenüber dem naturrechtlichen Standpunkt, bei welchem die Frage, ob eine Norm wohl oder nicht Geltung hat, im Vergleich mit einer anderen, metajuristischen Ordnung geprüft wird, welcher dann absolute Geltung zuerkannt werden muss. Ebensowenig aber kann der Autor der Lehre beistimmen, welche die Positivität des Rechtes mit der Faktizität, der motivierenden Wirkung des Rechtes und der dadurch herbeigeführten Verwirklichung identifiziert. Positivität und Geltung lassen sich nicht identifizieren. Was tatsächlich geschieht, besitzt nicht aus diesem Grunde normative Kraft. Nie, sagt KELSEN, kann man aus einem „Sein" auf ein „Sollen" schliessen. Sämtliche soziologischen Theorien zur Erklärung der Geltung des Rechtes sind seiner Ansicht nach zum Misslingen verurteilt. Ein „Sollen"

---

[1]) Allgemeine Staatslehre, S. 52.

kann nur aus einem „Sollen" hergeleitet werden, niemals aus einem „Sein". Das Recht gilt nicht weniger, weil es auf einige nicht motivierend wirkt, d. h. dass ihre Handlungen nicht durch das Recht bestimmt werden. Es gilt auch für diejenigen, für die das Recht nicht motivierend wirkt. Es ist der Fehler der neueren, namentlich der soziologisch orientierten Theorien, dass sie, indem sie das Bestehen eines Naturrechtes verwerfen, für das Recht einen anderen, ausserhalb dieses Rechtes liegenden Geltungsgrund glauben aufstellen zu müssen. Dies ist dadurch zu erklären, dass die Lehre des Naturrechtes durch die Lehrsätze der Historischen Rechtsschule, die den Geltungsgrund des Rechtes in der tatsächlichen Befolgung gefunden zu haben glaubte, verdrängt wurde. Mit Recht sagt denn auch RADBRUCH, dass „nicht Rechtsgeschichte und Rechtsvergleichung, sondern Erkenntnistheorie, nicht die Historische Schule, sondern die Kritische Philosophie, nicht SAVIGNY, sondern KANT die entscheidenden Argumente gegen das Naturrecht geliefert hat" [1]).

Auch KRABBE, der in erster Instanz die Geltung des Rechtes auf das individuelle Rechtsbewusstsein, folglich auf eine Tatsache, gründet, muss zugeben, dass hiermit noch nicht das letzte Wort gesprochen ist. Nicht auf den Inhalt einer Norm kommt es an; der Autor postuliert, dass man sich nach demjenigen verhalten soll, was von den meisten als das Richtige empfunden wird. In höchster Instanz ist auch bei ihm der Geltungsgrund des Rechtes eine „Soll"-Regel: Du sollst dich gemäss demjenigen verhalten, was die meisten als richtig anerkennen [2]).

KELSEN leugnet jedoch nicht jeden Zusammenhang zwischen dem „Sein" und dem „Sollen". Eine Norm gilt, wenn sie endgültig via andere Normen auf die Verfassung zurückzuführen ist. Aber hierbei bleibt KELSEN nicht stehen. Logischerweise muss man sich eine Norm denken, lautend: Verhalte dich nach dem, was der Verfassungsgesetzgeber befehlen wird. Dies ist das endgültige, nicht weiter ableitbare „Sollen", das von dem Autor die Ursprungsnorm oder Verfassung in rechtslogischem Sinne genannt wird. Eine derartige hypothetische Grund- oder Urnorm muss man sich auf dem Gipfel jedes Normsystemes, nicht nur eines Systemes

---

[1]) G. RADBRUCH, „Grundzüge der Rechtsphilosophie", S. 4.
[2]) Dr. H. KRABBE, De moderne Staatsidee, 1915, niederl. Ausgabe, S. 50/51.

von Rechtsnormen, denken. Wenn man annimmt, dass die Bibel die von Gott gegebenen Lebensregeln enthält, so muss man diese befolgen, nicht um der Tatsache willen, dass Gott solches geboten hat, sondern kraft der Norm, dass man Gottes Geboten gehorchen soll. Dies ist die Grundnorm jedes religiösen Systemes.

Das Kriterium für die Geltung einer Rechtsnorm ist die endgültige Ableitbarkeit aus der Grundnorm.

Diese Urnorm stellt nicht den Inhalt des Willens eines konkreten Gesetzgebers dar, sondern ist die logische Prämisse des Systemes. In der Wahl der Grundnorm ist man in gewissem Sinne frei. D. h. es gibt keine Rechtsnorm, die hierüber eine Anweisung verschafft, da vorausgesetzt ist, dass die Grundnorm den Gipfel des Kegels der Rechtswissenschaft bildet. Ein anderes, ein metajuristisches Prinzip muss über die Wahl der Grundnorm Aufschluss geben.

Die Rechtswissenschaft muss praktische Brauchbarkeit ergeben. Gültig nennt die traditionelle Rechtswissenschaft eine in der Regel wirksame Ordnung [1]). Es würde ja eine Torheit sein, in Frankreich die Gesetze des ancien régime, in Russland die der zaristischen Regierung als geltend anzunehmen. Dennoch könnte man vom juristischen Standpunkt aus hierbei beharren und ebensowohl sagen, dass die alten, als dass die neuen Ordnungen in Kraft seien, da die alten Ordnungen rechtens niemals aufgehoben worden sind. Dies würde deshalb keinen Sinn haben, sagt KELSEN, weil die daraus abzuleitende Ordnung keine Möglichkeit bieten würde, das tatsächliche Verhalten der Russen als sinnvoll, d. h. als „irgendwie normgemäss" zu erklären [2]). Eben darin, dass sich die neue Ordnung nicht aus der alten ableiten lässt, dass zwischen den beiden Ordnungen keine Kontinuität besteht [3]), die Veränderung nicht konform den eventuell in der alten Ordnung enthaltenen Abänderungsgesetzen stattgefunden hat, liegt das Kennzeichnende der Revolution [4]). Der naturkausalen Anschauungsweise ist der Begriff Revolution fern. Da alles Geschehen eine kontinuierliche

---

[1]) Das Problem der Souveränität, S. 96.

[2]) Der soziologische und der juristische Staatsbegriff, S. 95.

[3]) Anders FRITZ SANDER, Das Faktum der Revolution und die Kontinuität der Rechtsordnung, Zeitschrift für öffentliches Recht, Band I, 1919, Heft I, S. 132—164. SANDER sieht die Kontinuität durch das die beiden Ordnungen überspannende Völkerrecht bewahrt.

[4]) Staatsbegriff, S. 97.

Reihe von Ursachen und Wirkungen bildet, kennt diese Anschauungsweise nur Evolution. Diskontinuität kann nur bei zwei miteinander unvereinbaren Wertsystemen oder normativen Ordnungen bestehen, deren Unvereinbarkeit auf die Verschiedenheit der zwei höchsten, nicht weiter ableitbaren Werte, welche den Systemen zugrunde liegen: der Ursprungsnormen zurückzuführen ist.

Juristisch lässt sich der Anfangspunkt der Rechtsordnung denn auch nicht bestimmen. Wie KELSEN es bildend ausdrückt, den juristischen Ausgangspunkt juristisch bestimmen zu wollen, ist sich auf seine eignen Schultern stellen wollen, etwas Aehnliches wie Münchhausens Versuche, sich selbst an den Haaren aus dem Morast zu ziehen. Das normative System beginnt erst *mit* der Grundnorm. Indessen herrscht in Bezug auf die Bestimmung der Grundnorm keinesfalls Willkür. Zu dieser Bestimmung kommt man mit Hilfe des Prinzips der Erkenntnis-Oekonomie. Das von MACH [1]) hervorgehobene Prinzip der Denk- und Erklärungsökonomie wird von KELSEN auf dem Gebiete der normativen Wissenschaften angewendet und zu einer Wert-Oekonomie umgestaltet. MACHS Streben ist darauf gerichtet, die Naturgesetze so abzufassen, dass unter der einfachsten Formulierung möglichst viel von dem naturkausalen Geschehen erklärt wird. Wenn dieses Prinzip nun auf die normative Anschauungsweise transponiert wird, so kommt es darauf an, „eine Forderung für gültig (zu) erkennen, die uns in der Wahl der Voraussetzungen derart determiniert, dass mit der aus der gewählten Voraussetzung deduzierten Ordnung als Bewertungsmassstab möglichst viel Tatbestände als *normentsprechend*, somit als (relativ) wertvoll erkannt werden, oder mit anderen Worten, dass der Inhalt der als gültig vorausgesetzten Ordnung sich mit dem Inhalt des nach dieser Ordnung zu beurteilenden tatsächlichen Geschehens möglichst deckt, sei es, weil dieses Geschehen durch die Vorstellung dieser Ordnung motiviert ist, sei es, dass es dadurch als motiviert gedacht werden kann" [2]).

Das wertökonomische Prinzip muss die Wahl der Grundnorm

---

[1]) ERNST MACH, Erkenntnis und Irrtum, 2. Auflage 1906. Die Analyse der Empfindungen, 5. Auflage 1906.

[2]) Souveränität, S. 99.

ermöglichen [1]) [2]). Auf diese Weise schlägt KELSEN eine Brücke zwischen dem „Sein" und dem „Sollen", zwischen dem naturkausalen Geschehen und dem Wertvollen.

Der Verfasser meint jedoch nicht, dass das tatsächliche Geschehen gänzlich mit dem Inhalt der auf die Grundnorm zurückzuführenden Normen in Uebereinstimmung sein muss. Zwischen Rechtsordnung und Geschehen muss eine gewisse Spannung bleiben, die ein bestimmtes Maximum nicht überschreitet und ebensowenig bis unter ein bestimmtes Minimum fällt. Es muss zwischen den Inhalten des „Seins" und des „Sollens" ein Gegensatz möglich sein. „Eine Norm, deren Inhalt so bestimmt ist, dass der Inhalt des Seins, des tatsächlichen Geschehens, zu ihr

---

[1]) KELSENS Berufung auf MACHS denkökonomisches Prinzip wird von ERICH KAUFMANN in dessen „Kritik der neukantischen Rechtsphilosophie" (1921), S. 20—35, kritisiert: „Dass der ‚Neukantianer' KELSEN mit dieser Machsen Theorie dem Erkennen der Welt nach dem ökonomischen Grundsatz der geringsten Kraftaufbringung — und auf dieser Theorie ruht sein ganzes Gebäude — von KANT weltenweit abrückt, entbehrt nicht der Pikanterie. Es versteht sich demgegenüber von selbst, dass das ‚ökonomische' Denken nicht das ‚richtigste' zu sein braucht; die Kompliziertheiten und Differenziertheiten der Wirklichkeit, die Spannungen und Antinomien des Lebens, die doch auch real sind, können nach dem Prinzip der denkökonomischen *Vereinfachung* nie begriffen werden." (S. 26.)

[2]) Die Anwendung von MACHS Ideen auf die Rechtswissenschaft ist, soweit uns bekannt, zuerst von L. PITAMIC versucht worden, und zwar in einem Aufsatz mit der Ueberschrift: Denkökonomische Voraussetzungen der Rechtswissenschaft, Oesterr. Zeitschr. für öffentl. Recht, III, Jahrg. 1918, S. 339 ff. PITAMIC stellt sich die Aufgabe, darzulegen, dass eine objektiv wissenschaftliche Festsetzung der materiellen Grundlage des Rechtes für die weitere logische Ordnung desselben nicht nur möglich, sondern sogar notwendig sei, und dass eine derartige selbständige Festsetzung, auch bei dem Vorhandensein einer geschriebenen Verfassung, nicht überflüssig sei. Die Frage, um die es sich handelt, lautet seiner Ansicht nach: Welcher von den vielen möglichen Normkomplexen ist für einen bestimmten Staat in einem bestimmten Zeitpunkt als Erkenntnisquelle seines Rechtes zu betrachten? Dies lässt sich nun nach dem Verfasser objektiv feststellen und von politischem Glauben ist hierbei nicht die Rede. Das denkökonomische Prinzip muss die Antwort auf diese Frage verschaffen. Die Lösung ist diese, dass von den möglichen Normsystemen dasjenige System gewählt wird, welches mit den in tatsächlichem, nach Zeit und Ort bestimmtem Geschehen zum Ausdruck gelangenden Wirkungen von „Soll"-Vorstellungen am meisten im Einklang ist und vom Standpunkt dieser zum „Sein" gehörenden Tatsachen auch als das ökonomischste angesehen werden kann. Verliert man die (Natur)-Wirklichkeit bei dieser Wahl aus den Augen, so würde man oft nicht wissen, wie man nach positivem Rechte zu handeln hätte. Der Ausgangspunkt, das materiell Vorausgesetzte, muss nun auf induktivem Wege gefunden werden. „Wird nämlich", sagt der Verfasser, „ein letzter Ausgangspunkt der Rechtskonstruktion angenommen, so kann dies nur auf methodisch andere Weise geschehen, als die inhaltlich von dieser ausgehenden Normen gewonnen werden, weil der logische Erklärungs- oder Rechtfertigungsprozess einer Erscheinung nur mittels eines anderen, ihr ungleichen Prozesses begrenzt werden kann." Dies muss man wohl tun, um einmal aus der sonst unendlichen Reihe hinauskommen zu können. Sonst könnte man ja keinen Ausgangspunkt feststellen. Von dieser Bestimmung kann die Rechtswissenschaft wegen der Diskontinuität des Rechtes nicht absehen. Daher die Notwendigkeit letzter Voraussetzungen, die von einem anderen Denkcharakter als die Rechtsnormen sind. Der Ausgangspunkt möge eine Meinung sein, ein religiöser Glaube, der Wille des Monarchen oder der des Volkes, Gottes Wille oder der von welcher höchsten Autorität es auch sei, auf jeden Fall ist er „Seinsfaktum".

Hier weicht PITAMIC also bedeutend von KELSEN ab.

„Hier wurde", sagt der Verfasser, „für die Rechtswissenschaft der Versuch unternommen, diesen vom Standpunkte des Sollens stets willkürlichen Eingriff *wissenschaftlich* durch Aufstellung eines Prinzipes zu rechtfertigen, welches das Eingreifen nicht an einer subjektiv bedingten, sondern nur an jener objektiv zu bestimmenden Stelle gestattet, wo einerseits möglichst viel Sollensinhalte zufolge ihrer Wirksamkeit mit dem Sein in Uebereinstimmung gebracht oder wo andererseits möglichst viel Zusammenhänge des Seins auch als solche des Gesolltseins begriffen werden können. Dieses Prinzip entspricht der Positivität des Rechtes wie nicht dem allen Wissenschaften gemeinsamen Postulate der Gedankenökonomie."

niemals im Widerspruch stehen kann — das ist aber die Norm: du sollst, was du willst —, hat ihren spezifischen Sinn als Norm verloren." (Allgemeine Staatslehre, S. 18.)

Die Annahme des Zwangsmomentes als essentielles Kennzeichen der Rechtsnorm hat zu lebhafter Kritik Veranlassung gegeben [1]). A. HOLD FERNECK [2]) nennt dies sogar einen in der heutigen Wissenschaft überwundenen Standpunkt. Ein derartiger Machtspruch beweist jedoch nichts. Wenn dies auch richtig wäre, so ist es dennoch mehrmals vorgekommen, dass die Wissenschaft auf einen einmal verlassenen Standpunkt zurückkommen musste. Indem er den früher von ihm eingenommenen Standpunkt [3]) fahren lässt, verlegt HOLD FERNECK den Akzent des Zwangsmomentes nach der „gewöhnlichen Befolgung der Normen"; dies nach dem Vorbilde SOMLÓS, der in seiner Juristischen Grundlehre (S. 105) das Recht definiert als „die Normen einer gewöhnlich befolgten, umfassenden und beständigen höchsten Macht".

„Das Merkmal des Zwanges fehlt!" ruft HOLD FERNECK triumphierend aus. „Und an seine Stelle tritt die gewöhnliche Befolgung der Normen."

KELSEN nimmt aber auch SOMLÓS Lehre unter die Lupe. Es stellt sich heraus, dass sie, weit davon entfernt, „befreiend" — nämlich von dem Zwangsmoment — zu wirken, die Probe dieser Kritik nicht bestehen kann. Auf unzulässige Weise mischt SOMLÓ das Merkmal der Rechtsnorm und deren Geltungsgrund durcheinander. Bei KELSEN ist ein gewisser Inhalt, nämlich das Zwangsmoment, Merkmal der Rechtsnorm, während der Geltungsgrund in ihrer Ableitbarkeit aus einer höchsten Norm liegt, deren Geltung vorausgesetzt wird. Bei SOMLÓ dagegen werden die Gebote der „höchsten Macht" zur Rechtsnorm, während zugleich der Geltungsgrund in der Tatsache liegt, dass sie von dieser „höchsten" Macht erlassen worden sind. „Damit eine Macht die *höchste* in dem hier gebrauchten Sinne des Wortes sei, ist es notwendig, dass sie ihre Gebote in einem bestimmten Kreise von Menschen gewöhnlich

---

[1]) Betreffend den Zwang als Rechtsnorminhalt, siehe JULIUS MOOR, „Reine Rechtslehre, Naturrecht und Rechtspositivismus", in „Gesellschaft, Staat und Recht", Festschrift HANS KELSEN zum 50. Geburtstage gewidmet, Wien 1931 (insbesondere S. 91 ff.).

[2]) Dr. HOLD FERNECK, Der Staat als Uebermensch, 1926. KELSEN beantwortete diese Kritik in einer gleichnamigen Schrift.

[3]) Dr. HOLD FERNECK, „Die Rechtswidrigkeit" I, S. 94. Besprochen von KELSEN in „Hauptprobleme der Staatsrechtslehre", S. 263—268.

und erfolgreicher als andere Mächte durchzusetzen imstande sei." [1])

„Die Normen einer Macht, die nur eine ganz spärliche Anzahl von Normen an ihre Untergebenen richtete, würde nicht zu einer Rechtsmacht, selbst wenn sie diese Normen auch im erläuterten Sinne durchzusetzen imstande wäre. Es ist dazu auch noch erforderlich, dass sie zahlreiche Normen an ihre Untergebenen richte, und ein weites Gebiet der Lebensverhältnisse in positiver Regelung machtvoll erfasse." [2]) Zugleich setzt der Rechtsbegriff „eine dauernde Befolgung der Normen einer dauernden Macht" voraus [3]).

Mit Recht hat KELSEN in seinem „Problem", wo er mit SOMLÓS Lehre abrechnet [4]), bemerkt, dass hiermit als kennzeichnende Eigenschaft des Rechtes die Faktizität, die tatsächliche Befolgung der Normen gesetzt wird. Die Tatsache, dass die Vorstellung dieser Gebote motivierend wirkt, muss den Emanationen dieser „Macht" sowohl die Geltung als den Rechtscharakter verleihen [5]).

HOLD FERNECK meint jedoch, dass hiermit der Stein der Weisen gefunden worden ist. Mit dem doppelten Kennzeichen, der „dauernden Befolgung", sind sämtliche Probleme, die stets soviele Schwierigkeiten ergaben, wie mit einem Schlage beseitigt. Das Merkmal der „dauernden Befolgung" gibt die Antwort auf die Fragen: Lässt sich das Recht als „Gemeinwille" charakterisieren? (Man erkennt hier die Verwandtschaft mit der Historischen Rechtsschule); schützt das Recht die Interessen?; oder gehört zum Wesen des Rechtes die Anerkennung der Normunterworfenen? Und HOLDS Antwort lautet: Fortwährende Befolgung der Normen setzt voraus, dass auch deren Inhalt gewissen Bedingungen genügt.

---

[1]) FELIX SOMLÓ, „Juristische Grundlehre", Leipzig 1917, S. 93.

[2]) SOMLÓ, a. a. O., S. 97.

[3]) SOMLÓ, a. a. O., S. 102.

[4]) „Das Problem der Souveränität", S. 33 ff.

[5]) Was KELSEN von SOMLÓ und HOLD trennt, gibt er selbst folgendermassen wieder: „Ich stelle also fest: Niemals habe ich geleugnet, dass das Moment, das HOLD nach SOMLÓ die „gewöhnliche Befolgung" nennt, für die Positivität des Rechts von entscheidender Bedeutung ist. Ich habe das Problem der Positivität stets nur im Hinblick auf dieses Moment zu lösen versucht. Ich unterscheide mich von der seitens H. akzeptierten Lösung SOMLÓS nur dadurch, dass ich — aus den oben angedeuteten und in meinen Schriften ausführlich dargelegten Gründen — Bedenken trage, dieses Moment in den *Begriff des Rechtes aufzunehmen*. Ich habe für die eigenartige Beziehung, in der das Moment der Faktizität zu der Normativität des Rechtes steht, auf den Unterschied zwischen conditio sine qua non und conditio per quam hingewiesen. Populär gesprochen: Ein Haus ist nicht möglich, ohne dass es auf einem festen Fundament gebaut wird. Darum gehört das Moment des Grundes noch nicht in den Begriff des Hauses. Was mich von SOMLÓ, mit dem sich H. hier identifiziert, trennt, ist nicht eigentlich die Sache, sondern *eine Formulierung*. Eine Nuance im Grunde genommen." (Der Staat als Uebermensch. Eine Erwiderung, Wien 1926, S. 20).

Zwar kann eine Zeitlang brutale Willkür standhalten, die den *Interessen* der Geknechteten entgegengesetzt ist, demzufolge nicht auf *Anerkennung* von seiten dieser Geknechteten rechnen kann und auf diese Weise den *Volkswillen* ins Gesicht schlägt. Allein auf die *Dauer* kann ein derartiges Regime dauernde Befolgung nicht beanspruchen.

Augenscheinlich kombiniert HOLD FERNECK die Machts- und die Anerkennungstheorie. Solche Annäherungstheorien mit einem soziologischen Anstrich können weder die Frage der Geltung noch die des Merkmales des Rechtes lösen. Aus der Tatsache, dass mein Nachbar sich einer Macht unterwirft, folgt noch nicht, dass er so verfahren soll; noch weniger dass ich mein Verhalten hiernach richten soll. Dass mein Nachbar diese Gebote als richtig, die diese Gebote erlassende Macht als die dazu berechtigte anerkennt, besagt nicht, dass ich solches anerkenne. Hat doch der bedeutendste Vertreter der Anerkennungstheorie, BIERLING, die Anerkennung als Geltungsgrund durch das „Erkennensollen", also eine Norm, ein Sollen, ersetzt.

Diese Lehre macht die Geschichte zum Erzeuger der Geltung. Eine Wiederholung von Tatsachen sollte zur geltenden Rechtsnorm umgezaubert werden. Ein gewisses politisches Postulat — das der Rechtssicherheit — worunter HOLD FERNECK die Beständigkeit des Rechtes versteht, was doch logischerweise das Bestehen einer Rechtsordnung und deren Geltung voraussetzt, wird als Rechtsbegriff hingestellt.

Namentlich ist KELSENS Ursprungshypothese, die Verfassung in normlogischem Sinne, der Angriffspunkt zu heftiger Kritik. Man hat dieses Dogma als einen Rückfall in die von KELSEN verurteilte Lehre des Naturrechtes qualifiziert.

Die Geltung eines Gesetzes beruht auf seiner Ableitbarkeit aus einer Verfassung, die einen bestimmten Gesetzgeber, z. B. die Volksvertretung oder einen absoluten Monarchen, für dazu befugt erklärt. Mit Recht bemerkt KELSEN, dass die Geltung der Verfassung nicht aus der Tatsache folgt, dass sie gesetzt worden ist. Dennoch ist die Verfassung die letzte Stufe von gesetztem Rechte, auf die man zurückgehen kann. Logischerweise muss man sich auf dem Gipfel jedes Normsystemes eine Norm denken, deren Geltung vorausgesetzt wird, und deren Inhalt dieser ist, dass sie, wie KELSEN es ausdrückt, eine oberste Autorität einsetzt, die dadurch zur Normerlassung legitimiert wird (Staatsbegriff, S. 94). Für den einfachsten Fall, den der absoluten Monarchie, ist die Grundnorm zu formulieren: „Es soll Zwang unter den Bedingungen und auf die Weise geübt werden, wie es der Monarch bestimmt". Die positivrechtliche Verfassung entnimmt ihren Inhalt der Tatsache der Setzung. Ihre *Geltung* kann nie aus der blossen Tatsache der Setzung hervorgehen. Zur Erklärung der Geltung ist die Grundhypothese erforderlich.

Die Grundnorm ist ihrer Natur gemäss eine Delegationsnorm. Selber nicht gesetzt, ist sie ein notwendiger Denkbehelf, die denknotwendige Hypothese für jede Rechtsordnung.

Man hat diese Hypothese überflüssig genannt, nicht angebracht in einer sich als positivistisch darstellenden Lehre. „Wenn mich ein Vorwurf trifft", erwidert KELSEN hierauf, „ist es nicht der, dass ich zu wenig, sondern eher der, dass ich zu sehr Positivist bin. Doch sehe ich . . . . . die Grenze, bis zu der der Positivismus in der Rechtserkenntnis geführt werden kann. Nur unkritischer Dogmatismus kann vermeinen, ein System positiven Rechts sei voraussetzungslos möglich."

Ist je eine Wissenschaft möglich ohne denknotwendiges Apriori? „Worauf es allein ankommt, ist: sich des — relativen — Apriori dieses Systems bewusst zu werden." [1])

Keinesfalls legt KELSEN der Ursprungsnorm absoluten Wert bei. Im Gegenteil kann die Grundnorm nichts anderes als eine Norm mit bestimmtem Inhalt und als solche von relativem Werte sein. „Trotzdem *ein Wert*!" „Ein Wert in dem rein formalen Sinne des für die verschiedensten Inhalte aufnahmsfähigen Sollen. Ohne einen solchen rein formalen Sollens-Begriff ist der Sinn des positiven Rechtes nicht zu begreifen. Das Sollen ist ebenso wie das Sein eine absolute Denkform; der Inhalt des Sollens muss jedoch keineswegs einen absoluten Wert darstellen." [2])

Wir können nicht mit der Behauptung JÖCKELS [3]) einverstanden sein, die Grundhypothese sei unnötig, weil es stets eine positiv-

---

[1]) Vorwort „Problem", S. VIII.

[2]) Das Problem der Souveränität, S. 33 Fussnote.

[3]) Dr. jur. WILHELM JÖCKEL, „HANS KELSENS rechtstheoretische Methode" 1930, S. 116.

rechtliche, geschriebene oder ungeschriebene Verfassung gebe. Es ist nicht richtig, dass der positivrechtlichen Verfassung dieselbe Stelle zusteht wie die Grundnorm, dass sie nämlich die obersten Staats- oder Rechtsorgane, einsetzen könne. Will die Emanation eines Organes Verfassung sein, so muss man sich eine Norm denken, die das Organ zum Verfassungsgesetzgeber legitimiert.

JÖCKEL befürchtet, dass es mit Hilfe der Grundnorm möglich sein wird, irgendeine willkürlich gewählte Rechtsordnung, z. B. das justinianische Recht oder das babylonische Landrecht von Hamurrabi für geltendes Recht zu erklären [1]). Auch dieses Bedenken ist unbegründet. „In *juristischer* Hinsicht," schreibt KELSEN, „muss die Wahl irgendeines Ausgangspunktes — die Wahl der grundlegenden Rechtsvoraussetzung, von der aus deduziert sich die ganze positive Rechtsordnung als geltendes Normsystem darstellt — insbesondere aber auch die Wahl eines solchen Ausgangspunktes, der eine in der Regel auch *wirksame* Ordnung als *geltend* ergibt, zunächst als willkürlich erkannt werden. Allein darum muss diese Wahl nicht *überhaupt* in *jeder* Richtung willkürlich sein. Ihre theoretische Bestimmung lässt sich vielleicht erweisen. Nur dass eben die Norm, die die Wahl der Rechtsvoraussetzung bestimmt, nicht selbst Rechtsnorm, sondern eine Norm ganz anderer Art ist. Gewiss! Dass als positiv geltendes Recht eine in der Regel wirksame Ordnung vorausgesetzt wird, ist nicht bloss Tatsache, ist auch Postulat, ist in irgendeinem Sinne gesollt, geboten. Es hat aber dieses Postulat mit dem Begriffe des Rechtes nicht zu tun." [2])

Die Ursprungsnorm als logisch erforderlicher Anfangspunkt einer Rechtsordnung zeigt einige Uebereinstimmung mit der alten Lehre des contrat social, zur Erklärung, zugleich zur Rechtfertigung der juristischen Gebundenheit. Es liegt aber ein grosser Unterschied vor. Bei der letzteren, primitiven Betrachtungsweise erklärt man für den Ursprung der Gebundenheit im Allgemeinen den Vertrag — eine Handlung, mit der die Rechtsordnung meist das Aktivwerden gewisser Normen verbindet.

Wie KELSEN [3]) hervorhebt, gibt es in der Vertragslehre ein

---

[1]) a. a. O., S. 117.

[2]) „Problem", S. 96—98.

[3]) „Die Lehre von den drei Gewalten oder Funktionen des Staates" in KANTS Festschrift (Archiv für Rechts- und Wirtschaftsphilosophie, Band 17. 1923/1924, S. 374 ff.).

Element, das in seiner Hypothese nicht vorhanden ist, nämlich dieses, dass schliesslich die juristische Gebundenheit in der Zustimmung des durch das Recht gebundenen Individuums ihren Grund findet. Auch die Vertragslehre ist aber nicht auf diesem Standpunkt stehen geblieben. KANT z. B. hat die Vertragshypothese in eine derartige Form gegossen, dass der gesellschaftliche Vertrag nicht als in concreto eingegangen gedacht werden muss, sondern dass solches vernünftigerweise nicht anders als gewollt vorausgesetzt werden kann, weil das Interesse des als Vertragschliessenden Gedachten solches mit sich bringt [1] [2]. Wie dem auch sei, fest steht, dass KELSENS Ursprungsnorm als denknotwendigen Verschluss der Rechtsordnung nicht, wie in der Vertragslehre den Willen — sei es auch den fingierten Willen — des der Ordnung unterworfenen Individuums, also eine Tatsache, als Geltungsgrund dieser Ordnung voraussetzt.

Die Grundnorm ist selbst kein positives Recht, sondern die Bedingung dafür [3]. An erster Stelle ist die Grundnorm eine delegierende Norm. „Die Funktion der Grundnorm ist . . . . wohl in erster Linie die Einsetzung einer obersten Autorität, ist also vor allem Delegation. Aber darin erschöpft sie sich nicht. Sie enthält auch die Garantie dafür, dass das auf solche Weise Erzeugte sinnvoll begriffen werden kann." [4] „Das nackte Delegationsprinzip kann dies nicht verbürgen. Denn es gewährt jedem Inhalt Geltung, auch dem sinnlosesten, wenn er nur auf eine bestimmte Weise gesetzt wird." [5]

Auch das logische Postulat der inneren Widerspruchslosigkeit des Rechtssystemes muss schon in der Grundnorm verkörpert sein. Man kann dies u. E. dahin auffassen, dass dies einer der Faktoren ist, die bei der Wahl der Grundnorm eine Rolle spielen [6].

---

[1] KANT, „Metaphysische Anfangsgründe der Sitten", Ausgabe Vorländer 1907, S. 163 ff.

[2] Siehe auch G. RADBRUCH, „Grundzüge der Rechtsphilosophie 1914, S. 108: „Aber die Vertragstheorie erklärt den Staat für gerechtfertigt nicht *weil*, sondern *wenn* er als vertragsmässig entstanden fingiert werden kann, *weil* er nämlich nur dann als im Interesse jedes seiner Mitglieder gelegen angesehen werden kann, da doch niemand einem Vertrage zustimmen würde, bei welchem er nicht auf seine Rechnung käme."

[3] KELSEN, „Die philosophischen Grundlagen der Naturrechtslehre und des Rechtspositivismus", 1928, S. 20.

[4] KELSEN, a. a. O., S. 25.

[5] KELSEN, a. a. O., S. 21.

[6] Auf jeden Fall ist es sehr voreilig, zu behaupten, dass aus dem Umstande, dass KELSEN die Anforderung stellt, die Grundnorm möge die Widerspruchslosigkeit des Rechtssystemes verbürgen, hervorgehen sollte, dass er sich vorbereite, den Positivismus aufzugeben. Siehe Dr. H. L. M. VAN SCHAIK, „Beschouwingen naar aanleiding van KELSEN's gelijkstelling van recht en staat", 1930, S. 94/95.

Hat sich doch KELSEN in Hinsicht auf die Faktoren, die die Wahl der Grundnorm bestimmen, stets sehr reserviert gezeigt. So sagt er schon in seinem „Problem": „Aus dem die Bildung der Ursprungshypothese bestimmenden Prinzipe, das rechtliche Sollen dem tatsächlichen Geschehen inhaltlich möglichst anzupassen .... ergibt sich für den Inhalt der Rechtsordnung, dass dieser überhaupt realisierbar sei und auch in der Regel realisiert werde. Ohne auf diese Relation zum Inhalt des Rechtes hier näher einzugehen, sei lediglich noch bemerkt, dass es keineswegs das einzige determinierende Prinzip ist." [1])

Was auch die Wahl der Grundnorm bestimmen möge, positives Recht sind alle Rechtsnormen — welcher auch deren Inhalt sei — die auf diese Grundnorm zurückzuführen sind [2]). KELSEN ist nicht Positivist in dem Sinne, dass er, wie die Vertreter der Machttheorien, dem Faktischen normative Kraft zuschreibt. Doch ist er Positivist von dem Punkte an, wo die Rechtswissenschaft beginnt, wo also die Grundnorm bereits als bestimmt vorausgesetzt wird.

Man hat die Theorie der Grundnorm als einen Rückfall in die Naturrechtslehre qualifiziert. Mit Recht weist KELSEN aber darauf hin, dass sich gegen diese Anschuldigung ebensowenig sagen lässt, wie dagegen, dass man die Kategorien der Transzendentalphilosophie, wo diese nicht durch die Erfahrung gegeben sind, im Gegenteil für diese Erfahrung Bedingung sind, als Metaphysik ansieht. Ohne ein gewisses Minimum an Metaphysik hier, an Naturrecht dort, ist Erkenntnis nun einmal nicht möglich. Will man alles, was nicht in dem positiven Recht als durch die Erfahrung gegeben materiell einbegriffen ist, Naturrecht nennen, so passt für die Ursprungshypothese die Qualifikation „transzendentallogisches Naturrecht". Dann bleibt aber zwischen „diesem" und „dem" Naturrechte der nämliche Unterschied bestehen, wie zwischen den transzendentalen Bedingungen aller Erfahrungserkenntnis und einer über alle Erfahrung hinausgehenden, spekulativen, transzendenten Metaphysik [3]).

Indessen fragt es sich, ob hier das Wort Naturrecht wohl noch

---

[1]) „Problem", S. 90.

[2]) In diesem Sinne ist es auch zu verstehen, dass „für eine positivistische Betrachtung, dass das Recht nicht im Naturrecht verabsolutiert, der Staat ein König Midas ist, dem alles, was er angreift, zu Recht wird". (Staatslehre, S. 44.)

[3]) KELSEN, „Philosophische Grundlagen", S. 66/67.

angebracht ist. Ehe man diesen Ausdruck verwendet, muss man sich darüber einig sein, was man hierunter zu verstehen hat. Man hat hiermit immer ein System von a priori geltenden, dem Inhalt nach absoluten Normen gemeint. Es erscheint uns unrichtig, die formal logischen Bedingungen für das positive Recht Naturrecht zu nennen. STAMMLER [1]) beging u. E. einen Fehler, indem er von einem „Naturrecht mit wechselndem Inhalt" sprach. Hatte man doch als Kennzeichen des Naturrechtes das Absolute, die Unabänderlichkeit des Inhaltes angenommen. A fortiori ist, wie es uns vorkommt, der Ausdruck „transzendentallogisches Naturrecht" ein contradictio in adjecto.

Der logische Zusammenhang eines Rechtssystemes ist in erster Linie formaler Natur, ein Erzeugungszusammenhang. Daneben muss das System einem materiell-logischen Erfordernis genügen, nämlich diesem, dass die hierzu gehörenden Normen mit Bezug auf ihren Inhalt nicht miteinander im Widerspruch stehen [2]). Ist man nun der Ansicht, dass die Rechtsnormen Urteile des Rechts, nicht Urteile der Rechtswissenschaft sind [3]), so muss man dieses logische Postulat als eine metapositivrechtliche Regel betrachten, an die der Gesetzgeber gebunden ist, d. h. dass Rechtsfestsetzung nur innerhalb gewisser Grenzen möglich ist. Für KELSEN besteht die Notwendigkeit dieser Annahme nicht, weil die Rechtsnormen seiner Meinung nach Urteile der Rechtswissenschaft sind [4]), das Recht eine alogische Masse von Erfahrungsmaterial, das erst durch die Rechtswissenschaft zu einem logischen System geordnet wird. Das Erfordernis der inneren Widerspruchslosigkeit der zum System gehörenden Normen ist dann bereits bei der Wahl der Grundnorm verarbeitet.

Das Wesen der Grundnorm liegt in der Anweisung eines zur Normfestsetzung befugten Organes. Man braucht aber dabei nicht ausschliesslich an bewusste Rechtsetzung zu denken. Auch die Rechtsbildung durch tatsächliches Verhalten, das Gewohnheitsrecht also, bedarf einer Grundnorm, um es als Recht zu deuten. Bloss auf Grund einer Ursprungsnorm „soll" man sich gemäss der

---

[1]) R. STAMMLER, „Wirtschaft und Recht", 1896, S. 185.

[2]) Auf diesem logischen Erfordernis beruht die Regel: lex posterior derogat priori.

[3]) Siehe JULIUS MOÓR, „Das Logische im Recht" in Revue internationale de la théorie du droit, 2. Jahrg. 1927/1928, S. 157—203.

[4]) KELSEN, „Rechtswissenschaft und Recht", Zeitschrift für öffentliches Recht, 3. Band, 1922, S. 103—235.

Gewohnheit verhalten. Die Tatsache der bewussten Festsetzung, die ein gewisses Verhalten zum Inhalt hat, muss man sich hier als durch das tatsächliche Verhalten der Gruppengenossen ersetzt denken, welches in sich selbst keine normative Kraft besitzt, sondern erst auf Grund einer denknotwendigen Grundnorm normativ wird [1]).

Es lässt sich jedoch nicht leugnen, dass die Sache in diesem Fall nicht so einfach ist, wie sie es auf den ersten Anblick wohl zu sein scheint, und wie es KELSEN vorstellt. Es sind hier die „Genossen", die Gruppengenossen, deren gewöhnliches Verhalten massgebend ist. Dies impliziert nun die Aufnahme des Momentes der räumlichen Geltung der auf die Grundnorm reduzierbaren Normen in die Grundnorm. Bei der zielbewussten Rechtsetzung kraft der Grundnorm wird in dieser Grundnorm ein bestimmtes Individuum oder werden gewisse Individuen als höchste, rechtfestsetzende Autorität, als Rechtsorgan angewiesen. Bei einem System von gewohnheitsmässiger Rechtsbildung ist dies aber anders. Hier weist man nicht ein bestimmtes Individuum oder bestimmte Individuen als Rechtsorgan an. Es wird lediglich auf das gewöhnliche Verhalten einer gewissen Gruppe von Individuen verwiesen, zwischen denen auf irgendeine Weise ein Band besteht. Bei der zielbewussten Rechtsetzung wird auch gleichsam zwischen den diesem Rechte unterworfenen Individuen ein gewisses Band gelegt. D. h. die positivrechtliche Verfassung, also das positive Recht auf der höchsten Stufe, hat u. a. zum Inhalt die Anweisung der Individuen, deren Verhalten der Inhalt der Normen sein kann, die auf die Verfassung zurückzuführen sind. Wenn man hier von einem Zusammenhang zwischen diesen Individuen sprechen darf — welcher dann hierin besteht, dass ihr Verhalten der Inhalt einer gleichen Norm ist — so entsteht dieser erst mit der Norm und durch dieselbe. Diesem Umstande wird wahrscheinlich auch

---

[1]) Vgl. die beiden folgenden Aussprüche KELSENS:

„Die Grundnorm — ihr ist wesentlich, das höchste Normerzeugungsorgan einzusetzen, das seinerseits wieder zur weiteren Normerzeugung andere Organe delegiert, die wieder ihrerseits weitere delegieren, usf. — begründet mit der Einheit die Souveränität des Staates." Grundriss einer allgemeinen Theorie des Staates, 1926, S. 22.

„Es versteht sich von selbst, dass ihre Annahme (die Annahme der hypothetischen Grundnorm) unvermeidlich ist, ob es sich nun um eine geschriebene oder ungeschriebene gewohnheitlich entstandene Verfassung handelt; da es für die Frage der Notwendigkeit einer solchen Grundvoraussetzung gleichgültig ist, ob es ein konkreter historischer Akt oder das Faktum der Gewohnheit ist, das — vermittels der Annahme der Grundnorm (sie lautet in diesem Falle etwa: Man soll sich so verhalten, wie die Genossen sich für gewöhnlich zu verhalten pflegen) — als letzter Geltungsgrund gedacht wird." Rechtsgeschichte gegen Rechtsphilosophie?, 1928, S. 24.

wohl das Bestehen einer gewissen Verwandtschaft dieser Individuen auf irgendeine Weise zugrunde liegen, aber anders als bei der Grundnorm eines Systemes von Gewohnheitsrecht, wird durch das Recht nicht notwendigerweise hieran appelliert. Bei der gewohnheitsmässigen Rechtsetzung dagegen setzt die Grundnorm, die den Gipfel des Systemes bildet, schon einen gewissen Zusammenhang zwischen einer Anzahl von Individuen, eine Verwandtschaft zwischen diesen Individuen untereinander voraus, mehr als zwischen diesen und anderen Individuen. Die Art dieses Zusammenhanges fällt ausser dem Bereich der juristischen Betrachtungsweise, weil diese erst anfängt, nachdem die Grundnorm gewählt worden ist. Der Ausgangspunkt ist mithin ein soziologisches Faktum: die Tatsache, dass es „Genossen" gibt. Diese Tatsache ist der Ursprungshypothese: „Man soll sich so verhalten, wie die Genossen sich für gewöhnlich zu verhalten pflegen" logisch anterior. Mit der Ursprungshypothese entsteht aber auch ein „juristisches Band", ein vinculum juris, zwischen diesen selben Individuen. Man könnte diese Ursprungsnorm auch so formulieren, dass jeder der Gruppengenossen sich so verhalten soll, wie es die Gruppengenossen für gewöhnlich tun. Doch ist das Bestehen der Gruppe hier primär; das Bestehen eines Bandes zwischen einer Anzahl von Individuen ist ein vorjuristisches, soziologisches Faktum und wird in der Grundnorm bereits ausdrücklich anerkannt und vorausgesetzt.

Wir wollen uns mit dem interessanten Problem der Geltung des Rechtes im Raume nicht eingehend befassen, sondern wollen uns darauf beschränken, darauf hinzuweisen, dass unsrer Ansicht nach im Obigen der Unterschied zwischen sogenanntem Gesetzesrecht und Gewohnheitsrecht liegt, d. h. zwischen einem Rechtssystem, auf dessen Gipfel eine Grundnorm steht, die der Gewohnheit normative Bedeutung beilegt, und einem Rechtssystem, auf dessen Gipfel eine Norm steht, die auf die Setzungen eines Individuums: eines Organes verweist.

EXKURS

ABSCHNITT II

DAS POSITIVITÄTSKRITERIUM

Kelsens Lehre der Grundnorm als Kriterium der Positivität eines bestimmten Rechtssystemes ist das Objekt scharfer Kritik gewesen. Es ist in Verbindung hiermit von Wichtigkeit, einmal die Frage zu prüfen, ob andere Auffassungen besser als Kelsens unzweifelhaft nicht in allen Punkten unanfechtbares Dogma die Probe der Kritik bestehen können, eine Frage, die u. E. in verneinendem Sinne beantwortet werden muss.

Der französische Publizist Léon Duguit [1]) ist der Meinung, dass das positive Gesetz nicht anders begriffen werden kann denn als Formulierung der Norm, die im Bewusstsein der Rechtsunterworfenen lebt. Das positive Recht ist seiner Ansicht nach nur insoweit verpflichtend, als es mit dieser Norm im Einklang ist, und nur dann, wenn diese die Formulierung einer ihr anterioren Norm ist, die dem Bewusstsein derjenigen, welche ihr unterworfen sind, entsprossen ist. Es versteht sich von selbst, dass diese Argumentation, die die Objektivität des Rechtes nicht zum Ausdruck bringt, die Frage der Positivität um keinen Meter vorwärts bringt. Immer wieder verwechselt Duguit das positive Recht mit einem ihm vor den Augen schwebenden System idealen Naturrechtes.

Sein Geistesverwandter Gaston Jèze [2]) hält ihm denn auch vor, dass man zwischen dem positiven und dem idealen [3]) Rechte zu unterscheiden hat. Der Autor versteht unter positivem Rechte die Regeln, die der Richter in einer konstanten Jurisprudenz für in Kraft erklärt, von der Frage abgesehen, ob diese Regeln gut oder schlecht, wohl oder nicht mit demjenigen im Einklang sind,

---

[1]) L. Duguit, Traité de droit constitutionnel, I, 3. Auflage 1927.

[2]) G. Jèze, Les principes généraux du droit administratif, I, 3. Auflage 1925, S. 30 ff.

[3]) Das ideale Recht wirdt von Jèze nicht als Naturrecht gedacht. Er weist nachdrücklich den Gedanken eines vollkommenen, unveränderlichen Rechtes ab. Das ideale Recht ist bei ihm „le droit qui répond parfaitement aux aspirations de l'immense majorité des habitants d'un pays donné, à un moment donné" (a. a. O., S. 34.).

was in Bezug auf Gerechtigkeit oder die Notwendigkeit, gemäss den Anforderungen der sozialen Interdependenz zu handeln, im Bewusstsein der Menschen lebt. Die Tatsache, dass das positive und das ideale Recht divergieren, nimmt dem positiven Rechte, d. h. demjenigen, was der Richter für Recht erklärt, keineswegs seine Kraft. Nur besteht dann das Wünschenswerte, das positive Recht mit dem idealen Rechte in Uebereinstimmung zu bringen.

Auch JÈZES Auffassungen über den Positivitätsbegriff sind u. E. unbefriedigend. Weshalb sollte willkürlich die Meinung eines einzelnen in der Reihe der Rechtsanwendungsorgane in dieser Hinsicht massgebend sein! Ausserdem gründet auch der Richter erst seine Zuständigkeit auf die Rechtsordnung, d. h. es gibt eine Rechtsregel, die bestimmt wer Richter sein soll und wie weit dessen Zuständigkeit reicht. Drittens geht nicht alles Recht durch seine Hände; viele individuelle, endgültige Normen werden von anderen Organen festgesetzt, als von denjenigen, die man nach gewissen (rechtlich irrelevanten) Merkmalen als richterliche Gewalt bezeichnet. Der richterliche Ausspruch ist erfahrungsgemäss eine mögliche, jedoch nichtnotwendige Zwischenstation in der im Werden begriffenen Rechtsordnung. Für das Positivitätskriterium auf das zu verweisen, was der Richter für Recht erklärt, hat also gar keinen Sinn.

Wir wollen nunmehr zur Neuwiener Rechtsschule zurückkehren. Es kann demjenigen, der dieser Schule in ihrer Entwicklung folgt, nicht entgehen, dass die Grundnorm, ursprünglich das Positivitätskriterium, allmählich ihren Charakter geändert hat, weniger jedoch bei KELSEN als bei einigen seiner Anhänger [1]).

KELSEN glaubt in seinem „Problem" die Ursprungsnorm dahin bestimmen zu können, dass die auf sie zurückzuführende Rechtsordnung dem tatsächlichen Geschenen möglichst entspricht. Danach ist das Kriterium der Geltung als Norm des positiven Rechtes für das Erfahrungsmaterial die Ableitbarkeit aus dieser Ursprungsnorm [2]).

---

[1]) Siehe GUSTAV ADOLF WALZ: „Die Ursprungsnorm im System des Staats- und Völkerrechts" in Archiv des öffentl. Rechts, 58. Bd., 1930, S. 1—60.

[2]) „Dabei wird diese Hypothesis ebenso nach dem von ihr zu erfassenden Material, wie das Material nach der Hypothesis bestimmt. Es ist ein Verhältnis der Korrelation so wie zwischen Tatsache und Hypothese im Reich der naturwissenschaftlichen Erkenntnis auch." Allgemeine Staatslehre, S. 104.

Die Anwendung des sogenannten wertökonomischen Prinzipes in Analogie mit MACHS denkökonomischen System [1]) hat auch bei den Adepten der Reinen Rechtslehre keine ungeteilt günstige Aufnahme gefunden. VERDROSS [2]) bemerkt, dass die Methode, durch welche man prüft, ob irgendeine Ordnung als Deutungsschema menschlicher Handlungen brauchbar sei, nichts mit Wertökonomie zu schaffen hat, sondern ein soziologisches Verfahren ist.

In seinen späteren Werken wird von KELSEN das wertökonomische Prinzip als Faktor bei der Bestimmung der Grundnorm nicht mehr ausdrücklich erwähnt, obwohl die Funktion der Grundnorm, nämlich das Schlagen einer (vorjuristischen) Brücke zwischen Realität und Wert, dieselbe bleibt: „Sie ist nur die Formulierung der notwendigen Voraussetzung jeder positivistischen Erfassung des Rechtsmaterials" [3]). Die Grundnorm bleibt bei KELSEN immer ein relativer Wert, der sich inhaltlich ausschliesslich nach dem empirisch gegebenen Material, das man als positives Recht deuten will, richtet.

KELSENS Relativismus gelangt auch bei dem Standpunkt zum Ausdruck, den er in Hinsicht auf die Frage des Primates der Völkerrechtsordnung, oder aber der Rechtsordnung des einzelnen Staates, einnimmt. Vom juristischen Standpunkt hält er beide Hypothesen für gleichwertig, während die Wahl nur durch metajuristische Momente bestimmt wird. Eine subjektivistisch-imperialistische Weltanschauung schliesst den Primat der Staatsrechtsordnung in sich; eine objektivistisch-pazifistische Weltanschauung dagegen den Primat der Völkerrechtsordnung.

Ungefähr die gleiche Konstruktion der Grundnorm als Positivitätskriterium wie bei KELSEN, findet man bei FELIX KAUFMANN[4]). Wo aber bei KELSEN die Grundnorm als das die Einheit konstituierende Prinzip eines Rechtssystemes, das ein Deutungsschema für tatsächliches menschliches Verhalten sein will, die — vorjuristische — Brücke zwischen sein und sollen ist, da spielt sie bei KAUFMANN

[1]) Siehe die Bestreitung von MACHS Oekonomieprinzip bei E. HUSSERL, Logische Untersuchungen I, 1913, 2. Auflage.

[2]) A. VERDROSS, Die Einheit des rechtlichen Weltbildes (auf Grundlage der Völkerrechtsverfassung), 1923, S. 79—80.

[3]) H. KELSEN, Rechtsgeschichte gegen Rechtsphilosophie?, 1928, S. 24.

[4]) FELIX KAUFMANN, Die philosophischen Grundprobleme der Lehre von der Strafrechtsschuld, 1929, S. 29—49. Siehe auch vom selben Verfasser: Logik und Rechtswissenschaft, 1922, und Die Kriterien des Rechts, 1924.

diese Rolle nicht, weil der Autor das Bestehen einer autarken Wertsphäre und damit den Gegensatz sein-sollen leugnet [1]).

Positivität ist ein relationeller Begriff. Es hat daher keinen Zweck, von Positivität „an sich" zu sprechen, sondern es kann lediglich von Positivität mit Bezug auf andere Normen, auf die man zurückgeht, die Rede sein. Allein man kann nicht immerfort an anderen Normen Regress nehmen. Die zu durchlaufende Reihe ist, obwohl die Anzahl der Ausdrücke nicht bestimmt ist, endlich, so dass man schliesslich auf ein gewisses Verfahren stösst, das Faktum der Setzung der letzten Norm (der Verfassung). Mittels der Grundnorm muss man dieses letzte Faktum, mit Bezug auf welches man das Rechtssystem positiv nennt, als Rechtsfaktum betrachten [2]). So ist nach KAUFMANN die Grundnorm nichts anderes, „als die Zusammenfassung, bezw. die rationale Nachkonstruktion derjenigen ‚letzten', d. h. nicht weiterzurückführbaren Kriterien, nach denen sich in einem bestimmten Kreise das ‚Rechtsanwendung' genannte Verfahren tatsächlich vollzieht. Sie steht darum noch ‚hinter' der Verfassung, weil sie bestimmt, welche Normen als Verfassungsnormen anzusehen sind, weil sie — kurz gesagt — den Inbegriff der Positivitätskriterien darstellt". Die Bezeichnung Grundnorm oder Ursprungsnorm hält der Verfasser für übel angebracht. Es würde den Eindruck machen können, als ob diese sogenannte Grundnorm auf dieselbe Weise über der Verfassung stände, wie dieser über dem Gesetze, oder das Gesetz über der Verordnung. Dieses Missverständnis wäre dadurch zu vermeiden, dass einfach von *„Positivitätskriterium"* ohne weiteres gesprochen würde. Freilich macht die Bezeichnung „Grundnorm" es dagegen wieder möglich, die Kontinuität der Begriffe durchzuführen, weil auf diese Weise der Prozess, in welchem die Verfassung zustande gebracht wird, auch als Rechtsanwendung, als Anwendung der Grundnorm nämlich, angesehen werden kann.

Im wesentlichen unterscheidet sich KAUFMANNS Auffassung nicht erheblich von der KELSENS. Nur hat er dargelegt, und dies u. E.

---

[1]) Die philosophischen Grundprobleme, S. 27—28 und S. 34:
„Von einer eigenen Wertsphäre darf überhaupt nicht gesprochen werden. .... eine Wertaussage ist nichts anderes, als eine Behauptung über die Richtigkeit gewisser (hypothetisch) angesetzter Vorzugsakte, die niemals objektiv verifiziert, sondern nur auf psychologische Fraglosigkeit zurückgeführt werden; wobei freilich in Hinblick auf dieses psychologische Faktum der Fraglosigkeit in einem kleineren oder grösseren Menschenkreise weitgehende Uebereinstimmung denkbar und auch häufig anzutreffen ist."

[2]) Ebenso KELSEN, Allgemeine Staatslehre, S. 104.

überzeugend, dass auch ohne die kategorische Scheidung zwischen sein und sollen als Grundlage, KELSENS Lehre der Grundnorm als Positivitätskriterium annehmbar ist.

Eine ganz andere Bedeutung gewinnt aber die Ursprungsnorm bei VERDROSS. Dieser Schriftsteller meint, dass zur Bestimmung des Positivitätskriteriums keineswegs der Sprung ins Metarecht, wie bei KELSEN, erforderlich ist. Man braucht seiner Ansicht nach das Gebiet des Rechtes nicht zu verlassen. Das Recht ist eine sich stufenweise entwickelnde Ordnung, woraus nach dem Autor schon folgt, welche Ordnung eine positive ist [1]). „Es ist jene, die sich in Organakten aktuell realisiert. Sie war nie positiver Natur, wenn sie niemals diese Realisierung aufwies, sie ist hingegen eine positive gewesen, wenn eine solche Realisierung zwar stattgefunden hat, aber nun nicht mehr stattfindet." [1])

Das positive Recht, so fährt der Verfasser fort, besteht, im Gegensatz zu dem Naturrechte, nicht ausschliesslich aus allgemeinen Regeln. Allgemeine Regeln sind nur dann und insoweit Regeln des positiven Rechtes, als sie sich letzten Endes in der Festsetzung individueller Entscheidungen und Vollstreckungshandlungen aktualisieren (S. 81). Man hat als Ordnung des positiven Rechtes diejenige Ordnung zu wählen, welche sich in Organakten realisiert (S. 82). VERDROSS verlässt KELSENS (nach unsrer Meinung richtige), in diesem Punkte subjektivistische Lehre, dass es vom Betrachter abhängen sollte, welche juristische Hypothese zu wählen sei, „da ja empirisch erforscht werden kann, welche ‚Verfassung' eine aktuelle Realisierung in Organakten aufweist und welche nicht oder nicht mehr". (S. 82.)

VERDROSS gibt also vielleicht das Kriterium dafür an die Hand, auszumachen, ob *eine* Ordnung positiv sei, aber sicherlich nicht dasjenige, was wir suchen, nämlich ob man es mit *der* positiven Rechtsordnung zu tun habe. Er gibt denn auch zu, dass sich, von diesem Standpunkt besehen, zugleicherzeit und auf demselben Gebiet mehrere Verfassungen zugleich realisieren können, „mag dies auch zu praktischen Unzukömmlichkeiten und Reibungen führen". (S. 82.) Beispiele dafür sollten das sogenannte Coimperium, sowie der bestehende Widerspruch zwischen der legalen und der revolutionären Gewalt sein.

---

[1]) Einheit des rechtlichen Weltbildes, S. 80 ff.

Verdross teilt auch in Sachen des Primatsproblemes Kelsens relativistische Auffassung nicht und weist zur Begründung der Lehre des Primates der Völkerrechtsgemeinschaft auf die Tatsache hin, dass weder die völkerrechtliche Lage eines „Staates", noch seine internationalen Verpflichtungen geändert werden, wenn die Verfassung auf revolutionärem Wege durch eine andere ersetzt wird. Das Völkerrecht sollte also nicht in der Staatsverfassung fundiert sein können, weshalb der Verfasser sich genötigt sieht, unter Preisgabe früherer Auffassungen, zu einer Lehre überzugehen, „in der das Völkerrecht wenigstens in seiner obersten Spitze über den Staaten schwebt". [1])

Es ist hier nicht am Platze, uns mit der Lehre des Primates des Völkerrechtes eingehend zu befassen, doch wollen wir kurz bemerken, dass der Verfasser weder den Begriff „Staat" in Rahmen dieser Lehre, noch die Grenzen und die Bedeutung der „Einzelstaatsordnung" von Anfang an entwickelt und erklärt, sondern eines und das andre als gegeben annimmt. Ferner bemerken wir, dass, obwohl man die Beständigkeit der internationalen Traktate bei Verfassungsänderung auf revolutionärem Wege gewöhnlich annimmt, damit keinesfalls bewiesen ist, dass dies eine rechtslogische Notwendigkeit sei [2]).

Wir wollen nunmehr unser Ziel weiter verfolgen und sehen, was unter seinen Händen aus dem Positivitätskriterium: der

---

¹) Einheit, S. 83, und Die Verfassung der Völkerrechtsgemeinschaft, S. 16.

²) Verdross weist unter andern darauf hin, dass bei den Revolutionen in England in den Jahren 1649 und 1688 weder Cromwell, noch Wilhelm von Oranien daran dachten, den von den Stuarts eingegangenen Verbindlichkeiten zu entgehen, und dass die rehabilitierten Stuarts gleichfalls die Gültigkeit der von Cromwell geschlossenen Traktate anerkannten. Dass etwas Aehnliches häufig geschah, beweist u. E. aber nicht, dass solches notwendigerweise so geschehen soll. (Siehe Verdross, „Fondement du droit international" in Recueil des Cours, 1927, Band 16, S. 251—319, S. 269.)

Aber auch wenn man annimmt, dass die aus Traktaten hervorgehenden Verpflichtungen nicht dadurch aufgehoben werden, dass die Verfassung ausser Kraft gesetzt worden ist, so folgt daraus u. E. noch keinesfalls, dass diese Verpflichtungen nicht in der Verfassung fundiert sein könnten. Es ist dasselbe Argument, das man gegen die Stufenlehre (siehe Abschnitt III) beigebracht hat. Die niedrigere Norm würde die höhere Norm, auf der sie fundiert ist, beim folgerichtigen Durchdenken dieser Lehre, sowie auch der Lehre des Primates der „eigenstaatlichen Rechtsordnung", nicht überleben können, (während die Praxis gerade das Gegenteil sehen lässt). Man vergisst jedoch bei dieser Argumentation, dass der Begriff der Geltung einer Norm als positive Rechtsnorm sich auf ihre Erzeugung bezieht, d. h. es handelt sich darum, ob sie damals mit den ihre Erzeugung bestimmenden höheren Normen materieller und formeller Natur im Einklang war. Nur mit Bezug auf die Erzeugung hat es Sinn, von Geltung als Rechtsnorm oder Positivität zu sprechen. Ebenso verschwindet eine Verpflichtung zu einer gewissen, mit der Vornahme irgendeiner Handlung verbundenen Leistung nicht ohne weiteres dadurch, dass die Norm, welche die Verpflichtung statuierte (hier die Verfassung), ausser Kraft gesetzt worden ist.

Also von der Art und Weise abgesehen, wie Verdross sein „Weltrecht"-System weiter konstruieren wird auf der Basis des prätendierten Primates der Völkerrechtsordnung, was hier unbesprochen bleiben muss, kommt es uns vor, dass die These des Primates des Völkerrechtes an und für sich schon nicht hinlänglich fundiert ist.

Grundnorm wird. Konsequenterweise verlegt er die Grundnorm von der Spitze der „eigenstaatlichen Rechtsordnung" nach der Völkerrechtsordnung, so dass die Grundnorm als subjektiv-relativer Wert verschwindet, um als objektiver, an der Spitze des Weltrechtes stehender Wert neugeboren zu werden. Verlässt VERDROSS doch gleichzeitig den obenerwähnten empiristischen Standpunkt, der mit sich bringen würde, dass zwei Weltrechtsordnungen nebeneinander denkbar wären.

Meint KELSEN, dass die Wahl der Grundnorm subjektiv vom Betrachter bestimmt wird [1]), bei VERDROSS dagegen, wenigstens in seinen letzten Werken, ist die Grundnorm nicht nur eine wissenschaftliche Ursprungshypothese, sondern eine objektive Norm, die, unabhängig davon, ob sie gedacht oder nichtgedacht wird, im objektiven Reiche, dem Kosmos der Werte, verankert ist [2]). Nach dem Autor wurzelt die normative Geltung des Rechtes, anders als bei den Anstandsnormen (die eigentlich und gerade dadurch keine Normen sind) in dem unmittelbar evidenten Gerechtigkeitswerte des „suum cuique" [3]).

Unzweifelhaft sind es naturrechtliche Tendenzen, die VERDROSS dazu bringen das positive Recht aus einem absoluten Werte abzuleiten [4]); anders als KELSEN, der das Bestehen einer objektiven, absoluten Gerechtigkeit leugnet. Alles Recht ist nach seiner Meinung ein mehr oder weniger gelungener Versuch, diese Gerechtigkeitsidee in concreto zur Anwendung zu bringen. Zwar wechselt das Gerechtigkeitsgefühl bei den Menschen sehr stark nach Zeit und Ort, allein dies beweist seiner Ansicht nach nichts gegen die Gerechtigkeit als absoluten Wert. Denn der Mensch kreiert nicht, sondern konstatiert nur ihre Regeln.

Es würde denn auch bloss ein relativer, kein absoluter Unterschied zwischen positivem Rechte und Moral bestehen, weil jedes System des positiven Rechtes ein Versuch ist, die absolute Gerechtigkeit annähernd in concreto zu bestimmen.

Die Daseinsmöglichkeit mehrerer, verschiedener Moralsysteme neben einer objektiven Ethik erklärt VERDROSS nach dem Vorbilde

---

[1]) KELSEN ist aber in diesem Punkte nicht bestimmt (siehe Allgemeine Staatslehre, S. 128, 129). Siehe VERDROSS, Verfassung, S. 18, und FRITZ SANDER, Rechtsdogmatik oder Theorie der Rechtserfahrung, 1921, S. 122 ff.

[2]) Verfassung, S. 23 und 31.

[3]) a. a. O., S. 3.

[4]) „Tout droit suppose l'idée de la justice", Cours, S. 283.

der phänomenologischen Schule, namentlich in Uebereinstimmung mit NICOLAI HARTMANN [1]). Jedes Moralsystem kann nur einen gewissen Teil der objektiven Welt umfassen und muss den übrigen verwahrlosen. Und diese Enge des menschlichen Bewusstseins erklärt nun nach seiner Meinung die Tatsache, dass sich ein Moralsystem in so bedeutendem Masze von dem anderen unterscheiden kann [2]).

Es ist eine absolute Norm, die bei VERDROSS die Grundnorm des Rechtes ist. Es ist die Regel „pacta sunt servanda"; nicht nur eine juristische Norm, sondern zugleich eine ethische Regel, d. h. ein ohne weiteres evidenter Wert oder aber eine Regel, die logisch ableitbar ist von einem absoluten Werte wie die Norm „suum cuique" [3]).

Obwohl er in vielen Hinsichten zur Neuwiener Rechtsschule zu rechnen ist, so huldigt VERDROSS dennoch einer Rechtsmetaphysik, die KELSENS relativistisch-anthropozentrischem Standpunkt antipodisch gegenübersteht.

Der Verfasser übernimmt die von der Stufenlehre vollbrachte Strukturanalyse der Rechtsordnung (siehe für die Stufenlehre Abschnitt III). Die Rechtsordnung der „Weltgemeinschaft" ist ein Delegationssystem mit der Grundnorm „pacta sunt servanda" an der Spitze. KELSENS Lehre analog stellt er diese Grundnorm als eine Delegationsnorm vor. „Die Grundnorm selbst verweist unmittelbar auf das internationale Uebereinkommen und überlässt diesem die Setzung des Inhaltes der obersten gesetzten Normen." [4]) Doch fällt es sofort in die Augen, dass diese Uebereinstimmung nur eine scheinbare ist. Die Grundnorm „pacta sunt servanda" ist nicht eine delegierende Norm im Sinne, wie von KELSEN gemeint. Sie setzt keine oberste normerzeugende Autorität ein, lässt im Gegenteil autonom bestimmen, *ob* und wozu man (hier die „Staaten" [5])) sich verpflichten soll. Das „pacta sunt servanda" als Grundnorm eines Rechtssystemes (hier *das* Rechts-

[1]) NICOLAI HARTMANN, Ethik 1926.

[2]) Cours, S. 284—285.

[3]) Cours, S. 286.

[4]) Die Verfassung der Völkerrechtsgemeinschaft, S. 43.

[5]) Wie eigentlich diese „Staaten" bei VERDROSS juristisch konstruiert werden müssten, kann hier unbesprochen bleiben. Er nimmt offenbar die „Staaten" bei seiner Konstruktion als gegeben und nicht näher zu erklären an, als den logischen Prius der Grundnorm der Weltrechtsordnung (wie das Recht überhaupt den handelnden Menschen voraussetzt, da es ja Handlungen von Menschen zum Inhalt hat); nicht als Kreation dieser Weltrechtsordnung, d. h. nicht als Rechtsinhaltsbegriff.

system) ist nicht formeller, sondern materieller Natur und als solches die Grundnorm eines Systemes des Naturrechtes [1]), nicht eines Systemes des positiven Rechtes. Nur scheinbar hat man es mit einer delegierenden Norm zu tun, weil die Regel „pacta sunt servanda" nicht zur weiteren Normerzeugung delegiert, sondern schon direkt eine bedingte Verpflichtung begründet [2]). Im System einer Völkerrechtsordnung sind die „Staaten", soweit sie miteinander kontrahieren und kraft einer Grundregel „pacta sunt servanda" zum Uebereingekommenen verpflichtet sein würden, keine Erzeugungsorgane dieser Rechtsordnung [3]). Eine derart begriffene Völkerrechtsordnung, an deren Spitze die Regel „pacta sunt servanda" steht, ist ein naturrechtliches, statisches System, das keiner weiteren Entwicklung bedarf, weil es mit der Grundnorm bereits vollendet ist. Hiermit bewähren sich KELSENS Ideen über den Unterschied zwischen Naturrecht und positivem Rechte, die er in seinem Werke „Philosophische Grundlagen der Naturrechtslehre und des Rechtspositivismus" auseinandergesetzt hat, obwohl er selbst auch, und unsrer Ansicht nach mit Unrecht, die sogenannten Handlungen der Privatautonomie als Normerzeugung, als Rechtsfunktion in dynamischem Sinne auffasst.

Wir sind uns bewusst, mit diesen letzten Betrachtungen den noch folgenden Abschnitten mehr oder weniger vorgegriffen zu haben und damit einen schriftstellerisch-technischen Fehler zu begehen, und wir können hierfür nur eine Entschuldigung in der Tatsache finden, dass der vorliegende Abschnitt von dem vorhergehenden gewissermassen abschweift und als Exkurs angekündigt worden ist.

Wir wollen nun den Faden unsrer Erörterung wieder aufnehmen.

Unter VERDROSS' Händen hat die Grundnorm gänzlich ihre Bedeutung geändert. Bei KELSEN das Einheitsprinzip eines bestimmten Rechtssystemes, Deutungsschema für bestimmtes menschliches Verhalten. Bei VERDROSS das Prinzip alles Rechtes und zu jeder Zeit.

Sowohl in Hinsicht auf die Methode als auf die Ergebnisse

---

[1]) Siehe HANS KELSEN, Die philosophischen Grundlagen der Naturrechtslehre und des Rechtspositivismus.

[2]) Siehe hiernach Abschnitt III. Die Regel „pacta sunt servanda" ist, was wir hiernach eine vollkommene Norm nennen werden.

[3]) Siehe hiernach Abschnitt III.

zeigt die Lehre ALFRED VERDROSS' Uebereinstimmung mit der von Prof. Dr. H. KRABBE inaugurierten und von Prof. Dr. R. KRANENBURG entwickelten und abgeänderten psychologistischen holländischen Rechtsschule.

Das Kriterium der Geltung des Rechtes ist nach KRABBE [1]) die Uebereinstimmung mit des Menschen Rechtsbewusstsein, die Form des den Menschen angeborenen Rechtsgefühles in vorgeschrittenem Entwicklungsstadium. Schon im Anfang, bei KRABBES Ausgangspunkt, drängen sich viele Fragen auf. Meint der Verfasser, dass gewisses gemischtes Erfahrungsmaterial, wo denn auch herrührend, im Vergleich mit dem individuellen Rechtsbewusstsein geprüft werden müsse, um wohl oder nicht als Recht erkannt werden zu können? Dann muss man sich fragen, welches Material es denn wohl ist, dàs diese Probe muss bestehen können, um Recht genannt werden zu können, d. h. welches Material kommt für diese Probe in Betracht? Welchem Merkmal muss dieses Erfahrungsmaterial erst entsprechen, durch welches Sieb muss es gegangen sein, wenn es überhaupt für Vergleichung mit dem Rechtsbewusstsein in Betracht kommen soll? Oder aber, haben wir KRABBES These in genetischem Sinne zu verstehen, und zwar dahin, dass das individuelle Rechtsbewusstsein die Quelle alles Rechtes sei? Eine dritte Auffassung würde diese sein, dass die Uebereinstimmung mit dem individuellen Rechtsbewusstsein die Rechtfertigung des Rechtes sei, welches, nach einem anderen Massstab geprüft, bereits als Recht erkannt worden war. In diesem Sinne würde die Uebereinstimmung mit dem Rechtsbewusstsein das Kriterium des richtigen Rechtes sein, im Gegensatz zu dem nicht-richtigen, welches aber trotzdem Recht ist. Auch diese ethisch-politische Anschauungsweise ist KRABBES Theorie nicht fremd. Doch dominiert wohl in seinen Werken die zweite, genetische Auffassung.

Jedoch ist auch diese Auffassung u. E. nicht annehmbar, denn sie schliesst einen Kreisgedankengang in sich. Setzt doch das Rechtsbewusstsein schon das Recht voraus. Das Kriterium des Rechtes gibt also der Hinweis auf das individuelle Rechtsbewusstsein keineswegs; dies wird ja hierbei als gegeben vorausgesetzt.

---

[1]) H. KRABBE, Die Lehre der Rechtssouveränität, 1906; De moderne Staatsidee, 1915, deutsche Ausgabe, 1919; Het rechtsgezag, 1917.

Denn wie will KRABBE die Rechtsnorm, die durch das Rechtsgefühl geliefert worden ist, welches s. E. „in de psyche van den mensch geworteld is" [1]), von anderen Normen unterscheiden, die denn doch ebensosehr in dieser Psyche wurzeln? M. a. W.: nach welchem Kriterium unterscheidet KRABBE des Menschen Rechtsgefühl von dessen Anstandsgefühl oder dessen Sittlichkeitsgefühl; alles Gefühle, die sich auf das „Sollen" beziehen? Wie kann man etwas als Recht erkennen, wenn nicht schon feststand, was Recht ist [2])? Bei KRABBE fällt das Wesen des Rechtes: das ist bei ihm dasjenige, was in des Menschen Rechtsbewusstsein lebt, mit seiner Verbindbarkeit zusammen.

Kennzeichnet sich die Rechtsnorm, im Gegensatz zu anderen Normen, durch einen gewissen Inhalt? KRABBE will es uns glauben machen: „het recht regelt gedragingen van menschen, ter bereiking van gemeenschappelijke doeleinden en treedt dus op ter ordening van een gemeenschap" [3]). In diesem einzigen Satze streiten sich juristische, soziologische und teleologische Momente um den Vorrang. Von was für einer Gemeinschaft ist hier die Rede? Entsteht diese Gemeinschaft erst dadurch, dass bei verschiedenen Individuen das „Rechtsbewusstsein" denselben Inhalt hat: dasselbe Sollen zum Inhalt hat? Oder bestand diese sogenannte Gemeinschaft, auf welche Weise es auch sei, schon unabhängig von diesen übereinstimmenden Bewusstseinsinhalten? Oder aber ist es der gleiche Zweck, den diese Individuen vor Augen haben, ohne Rücksicht auf die Norm, die das Realisieren-Sollen dieses Zweckes zum Inhalt hat, das zu einer Gemeinschaft bindende Element?

Wie dem auch sei, KRABBE verbindet mit diesem Ausspruch weitgehende Folgerungen. Das Recht ist Gemeinschaftsnorm. „Met eenheid van doel" (das ist also der primäre Zweck) „is als postulaat gegeven *eenheid van rechtsnorm*" [4]).

Meint KRABBE, dass auf der Spitze der Rechtspyramide die

---

[1]) De moderne Staatsidee, S. 44.

[2]) Mit Recht sagt FRITZ SCHREIER (Grundbegriffe und Grundformen des Rechts, 1924): „Was aber sagt uns das Rechtsgefühl? Nehmen wir an, es gebe uns wirklich eine exakte Entscheidung des einzelnen Rechtsfalles; ist damit etwas über das Wesen des Rechtes ausgesagt? Das Rechtsgefühl setzt gerade Recht voraus. Es sagt, was für Recht anzuwenden ist, es spricht bestimmte Rechtsfolgen aus, es trifft also nur die Wahl zwischen den zur Verfügung stehenden möglichen Entscheidungen." „Der Rechtsakt ist kein Fühlen, weil das Rechtsgefühl nur sagt, was Rechtens, nicht was Recht ist." (S. 17.)

[3]) a. a. O., S. 45.

[4]) a. a. O., S. 45.

Grundnorm steht: Du sollst als Recht empfinden, was andere als Recht empfinden? Nein, KRABBE schlägt einen anderen Weg ein: „Aan de in die gemeenschappen geldende rechtsnormen moet een gemeenschappelijke rechtsovertuiging ten grondslag liggen" [1]. (Meint der Verfasser dies in logischem, in normativem Sinne, oder vielmehr in teleologischem Sinne?) KRABBE verlässt den psychologistischen Boden und stellt augenscheinlich ein logisches Postulat auf. „De norm, die uitsluitend aan het rechtsgevoel van één individu is ontsprongen, heerscht alleen over den wil van dat individu, kan dus niet gemeenschapsnorm zijn." „De rechtsnorm opgevat als gemeenschapsnorm vordert een gemeenschappelijke rechtsovertuiging." (In logischem Sinne gemeint oder vielmehr in teleologischem Sinne?). Glücklicherweise entspricht, nach KRABBE, die Realität diesem logischen oder teleologischen Erfordernisse. Er bezieht sich hier analogice auf HEYMAN [2]. Es sollte sich dann bei der Beurteilung von Recht und Unrecht offenbaren, dass das Recht nicht eine unbedingt individuelle Bedeutung habe, sondern dass demselben, ebenso wie der Wahrheit, allgemein geltende Kriterien zugrunde lägen. „Niet door den aan te leggen maatstaf komt dan ook verschil in rechtsovertuiging voor den dag, maar door de reflex van het object der rechtswaardeering in ons bewustzijn. Dat object is het gemeenschapsleven der menschen, mitsdien hunne daarmede samenhangende gedragingen en belangen." [3] Hier tritt die Uebereinstimmung mit VERDROSS' Auffassungen zutage, wo letzterer die Möglichkeit verschiedener Moralsysteme neben dem Bestehen einer objektiven Gerechtigkeit aus der „Enge des Wertbewusstseins" erklärt. Gewiss, es liegen tiefgehende Unterschiede vor. VERDROSS spricht nicht von „Rechtsbewusstsein", sondern sehr allgemein (mit Recht) von „Wertbewusstsein". KRABBE ist Empirist und seine Lehre ist anthropozentrisch, im Gegensatz zu der von VERDROSS. Bei KRABBE liegt die Objektivität des Rechtes in der Gleichheit des Massstabes bei der Erkennung als Recht oder Unrecht einer gewissen empirisch gegebenen Materie in der Menschenpsyche. Bei VERDROSS ist Objektivität: das Bestehen einer absoluten Gerechtigkeit, die in

[1]) a. a. O., S. 45.
[2]) Einführung in die Ethik, 1914.
[3]) KRABBE, a. a. O., S. 46.

einer idealen Sphäre besteht, gleichviel ob sie von Menschen gekannt oder erkannt wird [1]). Bei KRABBE ist es die Tatsache, „dat de werkelijkheid eensdeels slechts gedeeltelijk tot ons bewustzijn doordringt en anderzijds, voorzoover het daarin verschijnt, ons, tengevolge van onze aangeboren of verkregen neigingen, verschillend kan aandoen", die zur Folge hat, „dat het object der rechtswaardeering in het bewustzijn der menschen ongelijk is en vloeit uit dat verschil in reflex het verschil in rechtsovertuiging voort" [2]). Dieser Unterschied des Reflexes wird aber, nach KRABBE, durch die Wechselwirkung des Bewusstseinslebens der Menschen, durch Gleichheit der Erziehung und durch den Einfluss der Umgebung grösstenteils aufgehoben.

Diese Gleichheit des Massstabes genügt jedoch, bei KRABBE, offenbar nicht, um die Objektivität des Rechtes zu fundieren, denn die Rechtsbewusstseinsinhalte sind verschieden. Abermals werden nun wertbestimmende und teleologische Momente vermischt. KRABBE muss erklären, wie es möglich sei, dass Rechtseinheit bestehen könne bei Unterschieden der Rechtsbewusstseinsinhalte bei den Gruppengenossen, wo doch „geen enkele andere reëele grond voor de verbindbaarheid van het recht bestaat, dan de overeenstemming zijner normen met 's menschen rechtsbewustzijn" [3]). „Het doel eener gemeenschap kan alleen door eenheid van norm worden verwezenlijkt. Deze *eenheid van norm* heeft dus fundamenteele waarde; zij bezit de hoogste *rechtswaarde*; hooger dan de waarde, die de inhoud der norm heeft, omdat de eenheid van rechtsnorm conditio sine qua non is voor de bereiking van het gemeenschapsdoel." [4]) Und jetzt, da dieser Zweck nicht realisiert werden kann ohne *Einheit* der Norm (teleologische Anschauung), gibt, glücklicherweise, „ons rechtsbewustzijn de hoogste waarde aan die eenheid, met prijsgeving, zoo noodig, van een bepaalden inhoud, waaraan men de voorkeur zou geven" [5]). Demnach ist es nicht nur erwünscht (teleologisch betrachtet), als

---

[1]) VERDROSS, Cours, S. 284.

[2]) KRABBE, a. a. O., S. 46.

[3]) a. a. O., S. 50. Hier taucht die anfangs angedeutete erste Tendenz auf, wobei das empirisch gegebene Material, das nun nicht als dem Rechtsbewusstsein des Menschen entsprossen gedacht wird, im Vergleich mit diesem Rechtsbewusstsein geprüft wird, um als Recht oder aber als Nichtrecht erkannt werden zu können.

[4]) a. a. O., S. 50.

[5]) a. a. O., S. 51.

gesollt zu empfinden, was andere als gesollt empfinden, und *soll* man (normativ betrachtet) auch so fühlen, sondern nach KRABBE lehrt auch die Erfahrung, dass man tatsächlich auch als gesollt empfindet, was andere (der grössere Teil der Gruppe) als gesollt empfinden.

Es ist allerdings eine sonderbare Konstruktion. Primär empfindet man ein gewisses Etwas als gesollt, als etwas, dessen Realisierung zur Verwirklichung des Gemeinschaftszweckes erforderlich ist. Dann sieht man nach, was andere (wer?) in dieser Hinsicht als gesollt empfinden, zählt die Häupter (wer wird dabei als zur Gemeinschaft gehörend erachtet, als dazu berufen, den „Gemeinschaftszweck" verwirklichen zu helfen?), bemerkt, dass man in der Minderzahl ist und — soll nun nicht nur fühlen, dass es so gehen muss, wie es die Mehrzahl empfindet, sondern fühlt dann auch wirklich, dass es sich so gehört, wie es die Mehrzahl als gesollt empfindet, und zwar weil (oder vielmehr *dadurch, dass*) die Mehrzahl fühlt, dass es sich so gehört. So muss die Autonomie des Rechts coûte que coûte gerettet werden und ist das Recht schliesslich doch in Uebereinstimmung mit dem Rechtsbewusstsein eines jeden oder aber die Reaktion desselben.

Die Lehre des individuellen Rechtsbewusstseins als Quelle des positiven Rechts und die Uebereinstimmung damit als Geltungsgrund des Rechts ist von Prof. Dr. R. KRANENBURG [1]) gänzlich geändert worden, wodurch dieser die vielen Widersprüche, in die KRABBE verfallen musste, völlig zu eliminieren verstanden hat.

KRANENBURG, der ebenso wie KRABBE Empirist ist, stellt zunächst fest, dass das in der Erfahrung gegebene Material sich uns als eine Vielheit von Lebensregeln, Vorschriften für *tatsächliches* Verhalten, Normen darbietet. Der Verfasser stellt die Frage: „Hoe ontstaan die regelen, waarom verbinden zij?, hoe kan *kennis* van die regelen als bindende normen eigenlijk ontstaan?" [2]).

Der Verfasser beantwortet diese Fragen folgendermassen: „Die regelen zijn het resultaat van *in* ons bewustzijn werkende en daarom voor ons *kenbare* krachten, die wij met behulp onzer rede kunnen begrijpen".

Seine Methode, die ebenfalls an der Lehre HEYMANS orientiert ist, nennt KRANENBURG die *empirisch-analytische Methode*. Sie

---

[1]) Prof. Dr. R. KRANENBURG, Positief recht en rechtsbewustzijn, 2. Ausgabe, 1928.
[2]) a. a. O., S. 3.

charakterisiert sich durch das Suchen des Gemeinschaftlichen in dem Erfahrungsmaterial. Nacheinander analysiert der Verfasser das Eigentumsinstitut und die Eigentumserwerbungsweisen bei verschiedenen Völkern und zu verschiedenen Zeiten; gleichfalls die dinglichen Rechte und das Vertragsrecht, das Deliktsrecht, das Eherecht und das Korporativrecht, das letzte in drei Gliederungen. Diese Analyse liefert dem Verfasser das allgemeine Gesetz des Rechtsbewusstseins, welches Gesetz von ihm wie folgt formuliert wird: „Elk lid der rechtsgemeenschap is ten aanzien der verdeeling van de voorwaarden voor lust en onlust gelijk en gelijkwaardig, zoover hij niet zelve de voorwaarden voor het ontstaan van bijzonderen lust en onlust schept. Zooveel lust en onlust als waarvoor elk de voorwaarden heeft gecreëerd, komen aan hem toe." [1])

Dieses Gesetz nennt KRANENBURG das Proportionsprinzip, das Apriori des Rechtsbewusstseins.

Die Ergebnisse von KRANENBURGS Untersuchungen zeigen grosse Uebereinstimmung mit der Lehre von A. VERDROSS. Auch bei KRANENBURG ist es das „suum cuique tribuere", das dem Rechte zugrunde liegen sollte. Es liegt aber auch ein grosser Unterschied vor. Bei VERDROSS ist die Regel absoluter Natur, bestehend in einer ideellen Sphäre, unabhängig von dem menschlichen Kennen oder Erkennen. Bei KRANENBURG ist sie ein einem jeden gemeiner Bewusstseinsinhalt, aber durch diese Gemeinsamkeit auch Ursprungsnorm alles Rechtes und zu allen Zeiten.

KRABBES verschrobene Konstruktion für die Objektivität des Rechts wird von KRANENBURG verworfen. Seiner Ansicht nach gibt das Proportionspostulat hier die Lösung [2]). Die der Verbindlichkeit des Volksbeschlusses eigene, unmittelbare Evidenz ist erklärbar als eine Anwendung des Proportionsprinzipes: „Waar samenwerking noodzakelijk is, is het met het individueele rechtsbewustzijn in overeenstemming, dat het meerderheidsbesluit als bindend wordt aanvaard en gehoorzaamd; als de *minderheid* haar wilsbesluit zou opleggen, zou dat beteekenen het op *on*gelijke wijze doen gelden van de groepsleden, en dat wordt, *zonder aanwijsbare reden*, onrechtvaardig geacht." [3])

---

[1]) a. a. O., S. 130.
[2]) a. a. O., S. 142.
[3]) a. a. O., S. 143.

Dennoch teilen wir auch KRANENBURGS Auffassungen nicht. Der Verfasser nimmt zum Objekt seiner Analyse gewisses Erfahrungsmaterial, das er a priori als Rechtsmaterial deutet. Das Kriterium des Rechts, auf Grund dessen man das Erfahrungsmaterial prüfen muss, um es als Recht erkennen zu können, wird angenommen, jedoch nicht offenbart. Wo nicht alle Würdigungsurteile Rechtsurteile sind, da wird zuerst das Kriterium festgesetzt werden müssen, nach welchem bestimmte Würdigungsurteile als Recht zu erkennen sind, und dieses Kriterium vermag die Erfahrung nicht zu liefern.

Das Proportionspostulat, das „suum cuique" bei KRANENBURG, könnte auch Grundnorm des Rechtes genannt werden. Aber ebensowenig wie bei VERDROSS, hat diese Grundnorm den Charakter eines Positivitätskriteriums. Es ist, gerade so wie bei VERDROSS, die Norm, auf die alles Recht von allen Zeiten zurückzuführen sein sollte. Doch liefert KRANENBURGS Lehre, ebensowenig wie die von VERDROSS, das Kriterium, nach welchem das Erfahrungsmaterial geprüft werden muss, um als zu einer bestimmten Ordnung des positiven Rechtes gehörend erkannt werden zu können.

Wenn das Bewusstsein in Bezug auf dasjenige, was gerecht ist, beim Rechtsanwender eine Rolle spielt, so ist es innerhalb des Rahmens seiner durch die anzuwendenden Normen bestimmten Kompetenz [1]). Aus einem positivistischen Gesichtspunkt jedoch sind die Motive, die innerhalb des Rahmens seiner Zuständigkeit seine Wahl bestimmen, juristisch irrelevant. Juristisch von Wichtigkeit ist das Gerechtigkeitsurteil des Rechtsanwenders nur soweit die anzuwendende Norm an dasselbe appellieren sollte.

[1]) In diesem Zusammenhang können wir uns mit diesem Gegenstand nicht weiter befassen, da hiermit dem Folgenden vorgegriffen werden würde.

ABSCHNITT III

DIE STRUKTUR DER RECHTSORDNUNG

In seinem Werke Hauptprobleme der Staatsrechtslehre steht KELSEN in Hinsicht auf die Staatsfunktionen noch so ziemlich auf dem traditionellen Standpunkt und macht einen prinzipiellen Unterschied zwischen Gesetzgebung und Verwaltung, welche Funktionen er unterschiedlich als den wollenden und den handelnden Staat andeutet. Seine späteren Schriften weisen darauf hin, dass er allmählich seine Ansicht ändert, und schliesslich akzeptiert er die von seinem Jünger ADOLF MERKL [1]) inaugurierte „Stufentheorie".

Unter dem Einfluss dieser Lehre wurde der zuerst als prinzipiell gedachte Unterschied zwischen den verschiedenen Staatsfunktionen relativiert, hat man diese sozusagen unter einen gemeinschaftlichen Nenner gebracht. Diese Schwenkung ist derart radikal, — SIEGFRIED MARCK [2]) spricht sogar von einer Krisis in der Entwicklung der reinen Rechtslehre — dass sie als eine Kapitulation für die soziologisch orientierten Staatstheorien betrachtet worden ist.

Dazu inspiriert durch KELSENS Betrachtungen über das Verhältnis von Recht und Staat, hat MERKL [3]) die „Stufentheorie" — d. h. die Lehre der stufenweisen Konkretisierung des Rechtes — lanciert. Wie gesagt, hat KELSEN diese Lehre übernommen und vertieft, und stellt sie nunmehr einen der Hauptpfeiler dar, auf denen das Gebäude der Neuwiener Rechtsschule ruht.

---

[1]) ADOLF MERKL, „Das Recht im Lichte seiner Anwendung"; „Das doppelte Rechtsantlitz"; „Die Lehre von der Rechtskraft"; „Allgemeines Verwaltungsrecht"; ,,Prolegomena einer Theorie des rechtlichen Stufenbaues" in Gesellschaft, Staat und Recht, Festschrift, 1931, Wien, S. 252 ff.

[2]) SIEGFRIED MARCK, „Substanz und Funktionsbegriff in der Rechtsphilosophie", Tübingen 1925, S. 39.

[3]) MERKL zitiert als Vorläufer der Stufentheorie:
OSCAR BULOW: „Zivilprozessualische Fiktionen und Wahrheiten" in Archiv für die zivilistische Praxis 1879 (namentlich S. 93/94); „Dispositives Zivilprozessrecht" in Archiv für die zivilistische Praxis 1881 (namentlich S. 84); „Gesetz und Richteramt", Leipzig 1885.
ALBERT HAENEL: „Studien zum deutschen Staatsrecht", Leipzig 1888, II. Band, S. 97 ff.
Ausserdem die verschiedenen Autoren, die man gewöhnlich zu der Freirechtschule vereinigt, aber deren Auffassungen weit auseinandergehen. Siehe auch FRITZ SANDER, „Rechtsdogmatik oder Theorie der Rechtserfahrung". Auch kann als Vorläufer der Stufentheorie betrachtet werden BIERLING, „Zur Kritik der juristischen Grundbegriffe", 1877, und „Juristische Prinzipienlehre", 1894.

Akzeptiert man die Identifikation von Staats- und Rechtsordnung, so folgt daraus, dass die Staatsfunktionen mit der Rechtsordnung in Verbindung stehen. Bei dieser Annahme ist für einen metajuristischen Staatsbegriff kein Platz mehr [1]). Kein Staat also, der sich nach aussen hin manifestieren kann, sei es mittels seiner Rechts ordnung, sei es auf andere Weise. Doch ist hier ebensowenig an ein Wesen zu denken, dessen spezifische Aeusserung die Rechtsordnung sei. Jede verdoppelnde Hypostasierung dieser Rechtsordnung, der Gedanke an einen „Urheber" des Rechtes, wie z. B. das Staatswesen der organischen Staatstheorien, ist überflüssig und unzulässig.

Die Stufentheorie will über das gegenseitige Verhältnis der verschiedenen, vielgestaltigen Rechtserscheinungen Aufschluss geben. Dazu setzt sie ein Schema für den logischen Zusammenhang der verschiedenen Rechtsphänomene auf [2]). In seiner einfachsten Form zeigt ein Rechtssystem zwei Rechtsformen, von denen die erstere Form die Geltung der anderen bedingt. In einem derartigen zweigestaltigen System ist die erstere Form die hypothetische Ursprungsnorm. Aber von der Frage abgesehen, ob im Laufe der Zeiten dieses einfache System je anweisbar gewesen sei, so steht doch fest, dass die modernen Rechtsordnungen sämtlich komplizierterer Natur sind, sowohl in horizontaler Gliederung, — d. h. es besteht Differenzierung auch auf derselben Stufe — als auch in vertikaler Gliederung.

Nicht nur bedingt die eine Rechtsform die Geltung einer anderen, sondern sie bedingt gleichzeitig die Entstehung, das Zustandekommen der ihr gleichsam subordinierten Form.

Die Stufentheorie besieht das Rechtssystem aus einem dynamischen Gesichtspunkt, d. h. in Hinsicht auf das Zustandekommen der verschiedenen Rechtsformen. „Der Statik der Rechtsstufen", sagt MERKL, „entspricht eine Dynamik etappenweiser Rechtserzeugung" [3]).

Die Einheit des Rechtssystemes ist ein Erzeugungszusammenhang. Stufenweise wird das Recht konkretisiert oder individualisiert. An der Spitze des Rechtssystemes steht die hypothetische Grundnorm, die Verfassung in rechtslogischem Sinne, die „keinen

---

[1]) Es ist in der Verwaltungsfunktion, dass sich bei den älteren Autoren der metajuristische Staat manifestiert.

[2]) A. MERKL, Die Lehre von der Rechtskraft, S. 207 ff.

[3]) Rechtskraft, S. 217.

absoluten Inhalt, ja a priori überhaupt keinen Inhalt hat, sondern sich nach dem Material richtet", während „das als Recht einheitlich zu deuten ihre ausschliessliche Funktion ist, hier also einen Autokraten, dort das Volk als oberste normsetzende Instanz einsetzt" [1]). Auch in dem zielbewusst gesetzten Rechte kann die Rechtsgestaltung unendlichmal delegiert und so stufenweise konkretisiert werden. Die auf die Ursprungsnorm folgende Erzeugungsstufe ist die positivrechtliche Verfassung.

Es gehört zu den Eigentümlichkeiten des Rechtes, dass es seine eigene Erzeugung normiert. Es ist nun der wichtigste Satz der Stufentheorie, dass diese Erzeugungsprozeduren gleichartig sind, alle die gleichen Merkmale tragen.

In seiner dynamischen Struktur, in seinem Bau als durch Delegation zusammenhängendes System sieht KELSEN das Kennzeichen des positiven Rechtes; dies im Gegensatz zu dem Naturrechte, das ein statisches Normsystem sein will [2]). (Ob dies, in Ansehung der unzureichenden intellektuellen und voluntarischen Eigenschaften der Menschen, auch tatsächlich möglich sei, ist, wie KELSEN bemerkt, fraglich.) In dem Unterschied des Ausgangspunktes manifestiert sich der Unterschied des Normsystemes, d. i. in der verschiedenen, den Systemen zugrunde liegenden Ursprungsnorm. Nicht also in dem Objekt, auf welches sich beide Systeme beziehen. In dem Anfangspunkt gelangt also schon die statische, beziehungsweise die dynamische Struktur des Systemes zum Ausdruck. Für das dynamische System ist die Grundnorm demnach eine delegierende Norm. Die Ursprungsnorm des statischen Systemes dagegen ist inhaltlich bestimmt. Hierbei ergeben sich aus der Grundnorm inhaltlich differenzierte Normen, „wie sich ein Generalbegriff in die hierunter zu subsumierenden Vorstellungen auflöst" [3]). Aus der Grundnorm der Wahrheit sind die Normen abzuleiten, wie: du sollst nicht betrügen, dein Wort nicht brechen, usw. Das Kennzeichnende nun hierbei ist, dass die diesem Systeme zugrunde liegenden Ursprungsnormen ohne Setzungsakt abzuleiten sind. Auf denkoperativem Wege sind die abgeleiteten Normen aus der Grundnorm zu erhalten.

---

1) Staatslehre, S. 251.
2) Die philosophischen Grundlagen der Naturrechtslehre, § 8.
3) Die philosophischen Grundlagen der Naturrechtslehre, § 8.

Das Naturrecht hat einen materiellen Geltungsgrund, nämlich die Evidenz des Inhaltes der primären Norm. Auf dem Wege der logischen Deduktion leitet man die zu diesem System gehörenden Normen aus der ersten Norm ab. Der Inhalt jeder besonderen Norm ist evident wegen ihrer Ableitbarkeit aus der Grundnorm.

Dies alles im Gegensatz zu dem dynamischen System, dessen primäre Norm lautet: du sollst dich gemäss den Geboten des Fürsten, der Volksvertretung, usw. verhalten. Hierbei sind die besonderen Normen nicht mittels einer Denkoperation aus den allgemeinen zu erhalten.

Bei dem dynamischen Rechtssystem ist der Geltungsgrund ein formaler.

Die Positivität eines Rechtssystemes, sagt KELSEN, ist in dem dynamischen Prinzip enthalten [1]). Der Gegensatz zwischen dem Naturrechte und dem positiven Rechte lässt sich gewissermassen verstehen als den Gegensatz zwischen einem statischen und einem dynamischen System [2]) [3]). So sind die drei traditionell-historischen Staatsfunktionen nichts anderes als durch positivrechtliche Gestaltung besonders markierte oder aber in politischer Hinsicht bedeutende, relative Ruhepunkte in dem Rechtserzeugungsprozesse, der für das positive Recht bezeichnend ist.

„Die Abfolge der Rechtserzeugungsstufen", sagt KELSEN, „von der Grundnorm über die Verfassung im positivrechtlichen Sinne, die Gesetze, Verordnungen und individuellen Rechtsakte, charakterisiert sich durch einen eigentümlichen Parallelismus von Seinstatbestand und Norm." [4]) Der Anfangspunkt ist die Ursprungsnorm, die nicht gesetzt, sondern vorausgesetzt wird und mithin keinen Akt darstellt. Der Endpunkt der Reihe der Rechtserscheinungen wird durch einen Akt, den Zwangsakt auf Grund einer Norm, gebildet. „Am Ende — oder am Anfang, je nach der Blickrichtung — steht das Wort oder die Tat." [5])

Der Ausdruck „Rechtsnorm" wird nach dem Vorschlag MERKLS [6])

---

[1]) a. a. O., S. 19. Siehe auch A. VERDROSS, Die Einheit des rechtlichen Weltbildes, S. 47 ff.

[2]) Siehe auch KELSEN, Der soziologische und der juristische Staatsbegriff, S. 95: „In der stufenweisen Abfolge von Normen und normsetzenden Organen liegt ebenso das Wesen der Rechtspositivität wie die Organschaft."

[3]) Anders BARNA HORVATH.

[4]) Staatslehre, S. 249.

[5]) Staatslehre, S. 250.

[6]) A. MERKL, Rechtskraft, Fussnote S. 218.

für sämtliche Rechtserscheinungen reserviert, die Voraussetzung für mögliche weitere Rechtserscheinungen sind. Nur diese sind hypothetische Urteile. Rechtserscheinung ist dann „ein nicht unpassender Ausdruck für jedes Geschehen und Geschehnis (fieri und factum) von rechtlicher Relevanz".

Nicht alle Rechtserscheinungen sind demnach Rechtsnormen. Das Endglied der hierarchischen Reihe von Rechtsphänomenen ist ein Akt, z. B. die Vollstreckungshandlung eines Exekutionsorganes, und auch der Akt, mit welchem ein durch privates Rechtsgeschäft Gebundener seiner Verpflichtung nachkommt.

Der Gegensatz: Rechtserzeugung — Rechtsvollziehung ist nun bloss ein relativer. Jede Stufe ist eines sowohl wie das andere. In Bezug auf eine vorhergehende Stufe ist sie Vollziehung, von unten an besehen ist sie Rechtserzeugung. Die Erlassung von Gesetzen z. B. ist Ausführung der Verfassung. In Bezug auf die sich auf die Gesetze stützenden Verordnungen ist sie Rechtserzeugung.

Der Gegensatz zwischen legis latio und legis executio ist also nicht ein absoluter, sondern bloss ein relativer.

Die Stufentheorie ist das Erzeugnis des Strebens nach Unifizierung, des Strebens Einheit in der Rechtswissenschaft zu schaffen, welches Kelsen und seine Schule kennzeichnet. Es kommt uns jedoch vor, dass, bei der Stufenlehre das principium individuationis ins Gedränge geraten ist. Wir haben gegen diese Lehre Bedenken, die wir nachstehend zu entwickeln versuchen wollen.

Die Stufentheorie glaubt mit der traditionellen Lehre im Widerspruch zu stehen, wenn sie sagt, dass die Staatsfunktionen, d. h. Rechtserzeugungsfunktionen, einander subordiniert, nicht koordiniert seien. Trifft es jedoch wohl zu, dass die traditionelle Lehre in all ihren Vertretern auf dem Standpunkt steht, dass die Staatsfunktionen ohne gegenseitigen Zusammenhang einander koordiniert seien? Montesquieu erblickt in dem Verhältnis der gesetzgebenden und rechtsprechenden Funktionen sehr weitgehende Subordination und nicht Koordination, wo seiner Ansicht nach der Träger der rechtsprechenden Funktion nichts anderes war als „la bouche, qui parle les mots de la loi". Unwidersprechlich hat aber die Staatsfunktion, die man gewöhnlich Vollziehung oder Administration oder Verwaltung nennt, stets grosse Schwierigkeiten met sich gebracht, wenn es sich darum handelte, den Zusammenhang mit den übrigen Staatsfunktionen anzugeben. Häufig wurde jeder Zusammenhang geleugnet, und wurde diese (vermeintliche) Funktion vielmehr aus dem Gesichtspunkt irgendeiner politischen Ideologie, als vom rechtswissenschaftlichen Standpunkt betrachtet.

Doch ist dieses Bedenken gegen die Art und Weise, wie man einen Gegensatz zwischen dem alten und dem neuen Standpunkt konstruieren will, nur von geringer Wichtigkeit.

Es gibt jedoch mehr. Die Stufentheorie prätendiert, eine Strukturanalyse *der Rechtsordnungen* zu sein. Sie fasst unter der Bezeichnung „Rechtserscheinung" nicht nur Rechtsnormen zusammen, sondern versteht hierunter auch materielle Handlungen, z. B. die, welche „auf Grund des (richterlichen) Urteils zu ergehen haben, z. B. die Executionsakte, oder sofern seine Beziehung zu den Parteien in Frage kommt, denen konkrete Pflichten durch das Urteil auferlegt werden" [1]).

Was haben diese u. E. ungleichartige „Rechtserscheinungen" miteinander gemein; welches ist das tertium comparitionis, um alle zu einem einzigen System zusammenzufügen? Die Definition, die MERKL gibt als „jedes Geschehen und Geschehnis von rechtlicher Relevanz" [2]), bringt uns nicht weiter, denn es erhebt sich nun die Frage, was unter „rechtlicher Relevanz" zu verstehen ist. Diese Definition führt uns im vitiösen Kreise herum.

Dasjenige, was sämtliche Rechtserscheinungen gemeinschaftlich haben, wird wohl dieses sein müssen, dass sowohl der Akt der Normsetzung, als auch die fraglichen materiellen Akte auf Grund einer Rechtsnorm erfolgen. Auf jeden Fall ist es sehr inkonsequent, unter diese materiellen Akte, die das Endglied in der Kette der Rechtserscheinungen bilden, auch die Erfüllungsakte derjenigen zu rechnen, die dazu kraft privater „Rechtsgeschäfte" verpflichtet sind. Wie würde sich dies mit der Konstruktion der Norm als hypothetisches Urteil reimen? Wo die sekundäre Norm jede selbständige Bedeutung entbehrt und lediglich als vorläufige Hilfskonstruktion zu akzeptieren ist, da kann man

---

1) KELSEN, Staatslehre, S. 234.

2) MERKL, Rechtskraft, S. 218 Note.

einer kraft dieser sekundären Norm vorgenommenen Handlung — dem zwangvermeidenden Verhalten also — keine rechtliche Relevanz beimessen.

Begreift man in der Reihe der Rechtserscheinungen, die Gegenstand der Stufentheorie sind, auch die materielle Ausführungshandlung ein, so wird der Gegensatz zwischen legis latio und legis executio nicht relativiert, sondern verlegt man, wie NAVIASKY mit Recht bemerkt [1]), die Demarkationslinie zwischen Normgebung und Normanwendung nur von der Gesetzstufe nach der Stufe der „rechtsgeschäftlichen" Handlungen.

Von diesen Bedenken abgesehen, die dadurch zu beseitigen sind, dass man die Reihe der Rechtserscheinungen, auf die sich die Stufentheorie bezieht, bei der letzten Rechtsform abbricht, die noch das gemeinschaftliche Kennzeichen eines hypothetischen Urteiles aufweist, sind gegen mehrere Ergebnisse und Sätze der Stufenlehre Einwendungen vorzubringen.

Diese Lehre steht, wie bereits gesagt, auf dem Standpunkt, dass das Verhältnis zwischen zwei aufeinanderfolgenden Rechtsformen, in welchem Punkte der Reihe man auch eine Untersuchung anstellt, jeweils dasselbe sei. Dies läuft darauf hinaus, dass die Prozeduren, in denen diese Rechtsformen erzeugt werden, alle gleichartig seien.

Durch diese These sollte sie sich von der herrschenden Lehre unterscheiden. „Bei der traditionellen Vorstellungsweise", schreibt MERKL, „trägt der Entstehungsprozess bis zur Stufe der Verordnung den Charakter der Rechtserzeugung; weiter hinuntergehend den Charakter der Rechtsanwendung oder Ausführung, wodurch der Schein der Diskontinuität im Rechtssystem entsteht." [2])

Nach unsrer Meinung gelingt es aber der Stufentheorie nicht, die Gleichartigkeit der Erzeugungsverfahren annehmlich zu machen. In der näheren Erklärung dieser Gleichartigkeit besteht keine Einheit.

Weshalb hält man das Verhältnis $\frac{\text{Verfassung}}{\text{Gesetz}}$ für gleichartig mit dem Verhältnis $\frac{\text{Gesetz}}{\text{richterliches Urteil}}$? Es heisst, dass, wie der

[1]) Dr. HANS NAVIASKY, Kritische Bemerkungen zur Lehre vom Stufenbau des Rechtes, in Zeitschrift für öffentliches Recht, Band VI 1927, S. 488/496.

[2]) Rechtskraft, S. 217.

Gesetzgebungsprozess in Bezug auf die höchste Stufe — die Verfassung — Rechtsanwendung ist, in Bezug auf die niedrigere Stufe — das richterliche Urteil — jedoch Rechtserzeugung, das richterliche Urteil in Bezug auf das Gesetz Rechtsanwendung, jedoch in Bezug auf den Ausführungsakt Rechtserzeugung sei [1]). Der Prozess der Gesetzgebung, wie auch derjenige der Rechtsprechung, ist, von aussen besehen — also ohne nähere Analyse dieser Prozesse — Rechtserzeugung und Rechtsanwendung, je nach dem Standpunkt, von dem man ihn betrachtet, sei es von oben herab oder von unten herauf. Nicht die Begriffe Rechtsanwendung und Rechtserzeugung sind mithin relativ, sondern jedes Rechtserzeugungsverfahren ist sowohl Rechtserzeugung als Rechtsanwendung.

Für die These der Gleichartigkeit der Prozesse der Gesetzgebung und der Rechtsprechung wird ein andrer Beweis beigebracht, wo KELSEN den Satz poniert, „dass überhaupt ein *konkreter* Tatbestand vorliege, der mit Unrechtsfolge zu verknüpfen ist, und dass er mit einer *konkreten* Unrechtsfolge verknüpft wird, diese ganze Beziehung wird durch das gerichtliche Urteil geschaffen" [2]). Hier wird auf die Gleichartigkeit der Rechtserzeugungsprozesse aus ganz anderm Grunde geschlossen. Man betrachtet nämlich den Prozess der Rechtsprechung nicht von dem Standpunkt des Gesetzes oder von dem der Ausführungshandlungen, d. h. von einem den Prozess der Rechtsprechung transzendenten Standpunkt. Man analysiert hier den Prozess der Rechtsprechung, von anderen Rechtsformen abgesehen, und schliesst aus den diesem Verfahren immanenten Eigenschaften, dass der Richter nicht nur deklarativ ausspricht, was bereits in der Generalnorm Recht geworden war, sondern dass er eine rechterzeugende Handlung vollführt. Offenbar stellt man sich hierbei auf den von der Freirechtschule eingenommenen Standpunkt.

Wieder eine andere Vorstellung der Gleichartigkeit der verschiedenen Rechtsprozesse gibt KELSEN an anderm Orte [3]). Dort sagt er, nachdem er zuerst darauf hingewiesen hat, dass der Rechtsprozess sowohl Rechtserzeugung als Rechtsanwendung sei,

---

[1]) Siehe H. KELSEN, Justiz und Verwaltung, 1929, § 5, S. 5.

[2]) H. KELSEN, Allgemeine Staatslehre, S. 233.

[3]) H. KELSEN, Wesen und Entwickelung der Staatsgerichtsbarkeit, 1929, S. 32.

je nachdem man ihn von oben herab oder von unten herauf betrachte: „Für den Gesetzgeber, welcher nur unter der sein Verfahren bestimmenden Verfassung steht, ist die rechtliche *Gebundenheit* eine verhältnismässig grosse. Mit jeder weiteren Stufe verschiebt sich das Verhältnis von Freiheit und Gebundenheit in der Richtung der letzteren. Das heisst: von den beiden Komponenten, die die Funktion bestimmen, verstärkt sich diejenige der Rechtsanwendung, und es verringert sich diejenige der freien Rechtsschöpfung. Jede Stufe der Rechtsordnung stellt nicht nur gegenüber der niederen eine Produktion, sondern auch — gegenüber der höheren — eine Reproduktion dar."

Auch bei MERKL findet man zwei von der drei angegebenen Auffassungen über die Gleichartigkeit der Rechtsverfahren [1]): „Recht ist aber nur die eine Komponente, aus der sich jeder Staatsakt zusammensetzt. Die zweite Komponente wird durch eine Zutat des zur Rechtserzeugung berufenen Organes dargestellt. Alle Rechtserzeugung unterliegt einer doppelten Determination durch bereits erzeugtes Recht und durch den Rechtserzeuger. Die Sphären dieser beiden, bei keinem Akte der Rechtserzeugung fehlenden Faktoren, des objektiven und subjektiven Faktors sind ideell begrenzt, und zwar nach der Schablone, dass Organwille nur im Rahmen des präformierten Staatswillens in Erscheinung treten darf."

Es unterliegt keinem Zweifel, dass jedesmal eine Verschiebung in dem Gedankengang stattfindet. Namentlich die letzte und die erste Vorstellungsweise gehen weit auseinander. Der Schlusssatz: „Jede Stufe der Rechtsordnung stellt nicht nur gegenüber der niederen eine Produktion, sondern auch — gegenüber der höheren — eine Reproduktion dar" vermag dies nicht zu verwischen. Bei der letztzitierten Vorstellungsweise wird das Rechtsverfahren nicht von oben herab oder von unten herauf betrachtet, sondern zerlegt man es in zwei Bestandteile oder Komponenten, von denen die eine Rechtsschöpfung ist, die andere Rechtsanwendung. KELSEN spricht hierbei die Meinung aus, dass je mehr man die Reihe der Rechtsverfahren durchläuft, die Rechtsschöpfungskomponente immer mehr abnimmt, die Rechtsanwendungskomponente immer mehr wächst.

---

[1]) A. MERKL, Die Lehre von der Rechtskraft, S. 279—280.

Die nach Analogie mit anderen Disziplinen gebildete Vorstellungsweise scheint uns unrichtig zu sein. MERKL hat anscheinend das von ihm aufgestellte Schema für die Struktur des Rechtserzeugungsverfahrens nach dem Parallelogramm von Kräften in der Mechanik modelliert. Allein mit derartigen Analogien muss man immer vorsichtig und darauf bedacht sein, dass eine Metapher der Erscheinung, die man wiedergeben will, nicht gleich ist. Hier kommt uns das Analogon des Kräfteparallelogrammes übel angebracht vor. Nehmen wir einen Augenblick an, dass, was MERKL eigentlich meint, jede Rechtsregel ein sogenanntes Rahmengesetz sei. Dann ist jede Norm, die in den Rahmen der höheren Norm fällt, im Ganzen und ohne Weiteres „*Recht*". Von einer „Zutat des zur Rechtserzeugung berufenen Organes" ist nicht die Rede. D. h., das Organ tut nichts hinzu, was in dem von der vorhergehenden Norm gestellten Rahmen nicht mit einzubegreifen ist. Es hat hier keinen Sinn, von einer Teilung in zwei Komponenten zu sprechen.

Wir tragen ausserdem Bedenken gegen die Art und Weise, wie die Begriffe Rechtsanwendung und Rechtsschöpfung gegensätzlich verwendet werden. Der Begriff Rechtsanwendung setzt notwendigerweise eine andere Rechtsform voraus, die in dem Rechtsverfahren gleichsam „verarbeitet" wird. Der Begriff „Rechtsschöpfung" dagegen setzt keine andere Rechtsform voraus. Der Begriff „Rechtsanwendung" drückt eine Verbindung aus, sieht auf ein Verhältnis, eine Beziehung. Rechtsschöpfung dagegen nicht. Daher ist es durchaus sinnlos, wenn man sagt, dass das Rechtsfestsetzungsverfahren, sei es im Ganzen, sei es ein gewisses Element desselben, in Bezug auf eine Rechtsform niederen Ranges Rechtsschöpfung sei. Unzweifelhaft ist die Erzeugung einer Verordnung (nicht die Verordnung selbst — jedesmal verwechselt man das Erzeugnis mit dem Verfahren, in welchem es erzeugt wird, die Verordnung mit der Tat ihrer Erzeugung) in Bezug auf das Gesetz, auf dem es basiert ist, Rechtsanwendung. Allein es hat u. E. gar keinen Sinn, diesen Erzeugungsakt in Hinsicht auf ein später, auf Grund der alsdann bereits erzeugten Verordnung, auszusprechendes Urteil Rechtsschöpfung zu nennen. Ein Erzeugungsverfahren kann ja, an und für sich betrachtet, *in Bezug auf* eine bestimmte Rechtsform, oder *gegenüber*, oder *im Verhältnis zu* einer solchen nicht Rechtsschöpfung sein.

Die Linie, die durch die verschiedenen aufeinanderfolgenden Rechtserzeugungsprozesse hindurchläuft, ist, so lehrt es die Stufentheorie, die Individualisierung und Konkretisierung der Rechtsnorm. Individualisierung in dem Sinne, dass die Anzahl der Individuen, die sich normgemäss verhalten, stets abnimmt; Konkretisierung in dem Sinne, dass die Anonymität der Normadressaten, wenn man gegen diesen Ausdruck kein Bedenken hat, nach und nach verschwindet. Die Wörter Individualisierung und Konkretisierung werden auch *häufig durcheinander gebraucht* und identifiziert [1]). Ueberdies füllt sich die Norm, je nachdem man in die Reihe der Konkretisierungsprozesse hinabsteigt, immer mehr mit Inhalt.

Was hat man darunter zu verstehen, dass sie sich immer mehr mit Inhalt füllt? Das Gesetz, um ein Beispiel zu nehmen, kann eine Anzahl allgemeiner Vorschriften geben, jedoch die Ausarbeitung derselben, die Aufstellung von mehr auf Einzelheiten eingehenden Regeln einem anderen Organe übertragen, usw. So ist es möglich, dass das Gesetz im Prinzip bestimmt, dass es verboten ist, anderen Schaden oder Ungemach zu verursachen, während es niederen Organen übertragen wird, zu bestimmen, welche besonderen Massnahmen zu treffen sind, z. B. von denjenigen, die eine Schmiede, eine Oelfabrik, eine Seifensiederei, usw. leiten.

Meistens wird, je nachdem man weiter in der Reihe der Rechtserzeugungsprozesse fortschreitet, die Anzahl der „Normadressaten" abnehmen. Ein höheres Organ kann in Hinsicht auf den Verkehr auf dem öffentlichen Wege allgemeine Vorschriften geben, während es niederen Organen vorbehalten bleibt, diese Vorschriften in Bezug auf den Verkehr in einem bestimmten Viertel, einer bestimmten Strasse, einem bestimmten Kreuzungspunkt näher auszuarbeiten.

Es ist möglich, jedoch nicht erforderlich, dass sich die detaillierten Vorschriften auf eine kleinere Gruppe von Individuen beziehen. Dies wird z. B. mit den Vorschriften in Bezug auf den

---

[1]) Siehe A. MERKL, Prolegomena einer Theorie des rechtlichen Stufenbaues 1931, S. 283. MERKL zieht den Ausdruck Rechtsindividualisierung dem Worte Rechtskonkretisierung entschieden vor. Siehe auch über die Begriffe „Konkretisierung" und „Individualisierung" als spezifische Verbindung von auf verschiedener Stufe stehenden Normen: ERICH VOEGELIN, Die Einheit des Rechtes und das Soziale Sinngebilde Staat, Revue internationale de la théorie du droit, 5. Jahrgang 1930/1931, S. 58—S. 89, insbesondere S. 66 ff.

Gebrauch von Immobilien gewöhnlich der Fall sein. Auf einer niederen Stufe der Rechtsgestaltung werden Normen entstehen, die sich auf eine immer geringere Anzahl von Individuen beziehen, z. B. auf die Eigentümer von in einem bestimmten Viertel oder in einer bestimmten Strasse gelegenen Terrains. Trotzdem behält die Norm ihren abstrakten Charakter. Dies ist sogar nicht anders, wenn die Vorschrift das Verhalten eines einzelnen Individuums normiert und mithin aufs Aeusserste individualisiert ist. Die Norm z. B.: derjenige, der das im Durchschnittspunkt von Strasse x und Strasse y gelegene Grundstück im Gebrauch hat, soll so und so verfahren. Diese individuelle Norm ist abstrakt. Unzulässig ist es daher, die Gegensätze general-individuell und abstrakt-konkret durch- und füreinander zu verwenden.

Resümierend ist es also richtig, dass der Rechtserzeugungsprozess dadurch gekennzeichnet wird, dass sich die Normen immer mehr mit Inhalt füllen. Im Allgemeinen kennzeichnet sich der Rechtserzeugungsprozess auch durch Individualisierung. Dies ist aber nicht mit Konkretisierung zu identifizieren. Die Begriffe general und individuell können ineinander überfliessen. Eine Norm ist aber entweder abstrakt oder konkret. Konkretisierung kann also nur in einem einzigen Verfahren geschehen, denn abstrakt-konkret ist ein absoluter Gegensatz.

Die Normen können sich auf das Verhalten einer immer geringeren Anzahl von Individuen beziehen; schliesslich kann sogar das Verhalten von nur einem Individuum normiert werden, ohne dass die Norm um ein Haar konkreter wird; ohne dass die abstrakte Form der konkreten Platz macht.

Die endgültige Form der Rechtsnorm ist die konkrete. Bei dieser Konkretisierung wird zunächst festgestellt, dass die Umstände, unter denen A zu einem gewissen Tun oder Unterlassen verpflichtet ist, eingetreten sind, und ferner nötigenfalls der Gegenstand der Verpflichtung des A. Gleichzeitig wird die konkrete Zwangsnorm für den Fall erlassen, dass A seiner Verpflichtung nicht nachkommen sollte. Oder aber es wird konstatiert, dass das kontradiktorische Gegenteil von demjenigen, was eine sekundäre Norm zum Inhalt hat, stattgefunden hat, so dass die konkrete strafenthaltende Norm gesetzt wird.

Die Konkretisierung der in abstrakter Form gegebenen Rechtsnorm ist eine logische Notwendigkeit. Sie ist der logisch notwendige Verschluss der Rechtsordnung. *Dass* diese Funktion ausgeübt wird, ist daher nicht eine Sache der positivrechtlichen Ermächtigung [1]). Von wem diese Funktion ausgeübt wird, ist dagegen eine Sache der positivrechtlichen Feststellung [2]).

Reserviert man den Ausdruck „Anwendung" für die Funktion der Konkretisierung, die sich hauptsächlich in Syllogismen auflöst, so kann man mit Moór sagen: „Die Rechtsanwendung ist also in ultima analysi nicht die Folge einer positivrechtlichen Delegation, sondern eine Voraussetzung des positiven Rechts."

Im Rahmen des Problemes der Struktur der Rechtsordnung liegt auch das Dogma des „freien Ermessens", ein Begriff, der jedoch in der Rechtswissenschaft nicht eindeutig ist und bald im Gegensatz zu dem Begriff Rechtsanwendung gebraucht, bald als eine Art Rechtsanwendung betrachtet wird.

Das „freie Ermessen" hat bei den Versuchen, einen Wesensunterschied zwischen den historischen Funktionen der Rechtsprechung und der Verwaltung festzustellen, eine grosse Rolle gespielt. Bei der Abgrenzung dieser Gebiete, bei der actio finium regundorum der „Justiz" und der „Verwaltung", ist das wohl oder nicht Vorhandensein von freiem Ermessen das Kriterium gewesen, nach welchem man einem Organsakte in einer oder in der anderen Gruppe einen Platz anwies.

Nicht aber als Kennzeichen einer der historischen Funktionen, sondern als Problem der allgemeinen Rechtslehre kann hier das sogenannte freie Ermessen zur Sprache kommen.

Gänzlich unberücksichtigt kann die Lehre bleiben, die den

---

[1]) Siehe J. Moór, Das Logische im Recht, Revue internationale de la théorie du droit, Jahrgang 1927/1928, S. 195.

[2]) In seiner letzten, diesem Gegenstand gewidmeten Abhandlung erklärt Merkl, dass der Begriff der Delegation oder Verweisung nicht richtig die Beziehung zwischen zwei aufeinanderfolgenden Rechtsformstufen angebe: „Die Beziehung zwischen dem bedingenden und bedingten Akte wurde in der bisherigen Literatur meist als Verweisung oder Delegation bezeichnet und die logische Beziehung zwischen diesen beiden Akten als „*Delegationszusammenhang*" erklärt. Gegenüber Bemängelungen dieser Terminologie ist festzustellen, dass damit nichts anderes gemeint sein soll und darf, als dass gewisse Akte formell und materiell bestimmten Bedingungen entsprechen, die in anderen Akten aufgestellt sind, und entsprechen müssen, um als systemzugehörig erkannt werden zu können."

„Zwischen bedingender und bedingter Rechtserscheinung besteht zwar nur möglicherweise der eben erörterte *Verweisungszusammenhang*, dagegen notwendig ein *Erzeugungszusammenhang* in dem Sinne, dass der bedingte Akt nicht bloss immer erst *nach* dem bedingenden, sondern auch *aus* dem bedingenden Akte erzeugt wird." (Prolegomena, S. 279, 280.)

Begriff der diskretionären Kompetenz dem der Rechtsanwendung entgegensetzt. Bei dieser Auffassung ist es die metajuristische Funktion des Staates, die in dem freien Ermessen verkörpert sein sollte. Für die rechtsfreie Sphäre des Staates gibt es in einer Abhandlung, die von der Identifizierung von Recht und Staat ausgeht, oder aber den Staatsbegriff als einen Rechtsinhalt betrachtet, keinen Platz. Staat setzt Recht voraus; ein rechtsfreies Gebiet der Staatsaufgabe ist demzufolge ein Widerspruch.

Schon BERNATZIK hält das Handeln in „freiem Ermessen" für ein Handeln, das durch Rechtsnormen gebunden ist [1]). Doch gründet er diesen Ausspruch auf die These, dass bei jedem Staatsakte das öffentliche Interesse Richtschnur sein solle. Dies ist selbstverständlich unannehmbar. Das „öffentliche Interesse", oder welches andere Interesse es auch sei, ist nur auf Grund einer Rechtsnorm zu wahren. Die Handlung eines Individuums ist aus Gründen formeller Natur als Rechts- oder Staatshandlung anzusehen. Dem Interesse, welchem durch diese Handlung gedient wird, kann sie diese Qualifikation nicht entnehmen. Inhaltliche Elemente spielen hierbei keine Rolle. Freies Ermessen im Sinne einer gänzlichen juristischen Ungebundenheit ist sicherlich nicht undenkbar. Dies ist ja bei unbeschränkter Delegation der Fall. Jedoch nur auf Grund einer Norm, wie der Verfassungsgesetzgeber auf Grund der vorausgesetzten Grundnorm eine unlimitierte Befugnis besitzt. Es besteht dabei keinerlei Gebundenheit an das „öffentliche Interesse", eine Gebundenheit, die nicht aus einer delegierenden Norm, sondern aus der „Natur der Sache" hervorgehen würde.

Stets wenn dem Organ auf Grund einer vorhergehenden Norm mehrere Möglichkeiten offenstehen, kann man mit Recht von „freiem Ermessen" sprechen. Auch also bei beschränkter Delegation.

Es fragt sich aber, ob keine Rechtsfeststellung denkbar sei, bei der kein freies Ermessen besteht. Von KELSEN und seiner Schule wird dies verneint. Wie oben dargelegt ist, sind nach der Neuwiener Rechtsschule sämtliche Rechtsfunktionen gleichartig und sollte es nachweisbar sein, „dass jede Rechtsanwendung, d. h. Konkretisierung genereller Normen, jeder Uebergang von einer höheren zu einer niederen Stufe der Rechtserzeugung, nur Ausfüllung eines Rahmens, nur Tätigkeit innerhalb der von der

[1]) Dr. EDMUND BERNATZIK, Rechtsprechung und materielle Rechtskraft, 1886, S. 39.

Norm höherer Stufe gesetzten Schranken ist" [1]). Auf jeder Stufe würde also nicht eine, sondern würden mehrere „Konkretisierungs"-Möglichkeiten bestehen. Nie ist die Rechtsform niederer Stufe durch die auf höherer Stufe vollständig determiniert worden. Stets würde die Rechtsform niederer Stufe Bestandteile enthalten müssen, die in der höheren Norm nicht vorgesehen sind, was KELSEN folgendermassen ausdrückt: „Der Wille des Staates ist stets mehr oder weniger abstrakt, die Handlungen des Staates sind dagegen stets ganz und gar konkret" [2]).

Der notwendige (inhaltliche) Unterschied zwischen höherer und niederer Stufe nun ist das „freie Ermessen". Nie würde die auf das Gesetz gegründete Organshandlung durch das gesetzgebende Organ im vorhergehenden Prozess völlig determiniert worden sein. Nicht überall ist dieser Unterschied jedoch gleich gross. Zwischen den verschiedenen Stufen des Rechtserzeugungsprozesses liegen, in Bezug auf das Verhältnis von Gebundenheit zu Ermessen, bloss quantitative, keineswegs qualitative Unterschiede vor. Mit Bezug auf die historischen Staatsfunktionen: Gesetzgebung, Verwaltung und Justiz bemerkt KELSEN, dass der Gesetzgeber gewöhnlich eine grössere Freiheit als der Strafrichter geniesse, während das Verwaltungsorgan in dieser Hinsicht hierzwischen die Mitte halte. Solches ist aber nur die normale positivrechtliche Regelung, keinesfalls muss dies so sein. Es gibt Fälle weitgehender Gebundenheit des Gesetzgebers gegenüber sehr grosser Freiheit des Richters.

An einem anderen Orte dagegen glaubte KELSEN in dem Verhältnis von Ermessensfreiheit und Gebundenheit eine gewisse Gesetzmässigkeit konstatieren zu können, und zwar in dem Sinne, dass je weiter man in dem totalen Rechtsentwickelungsprozess fortschreitet, je mehr die Gebundenheit zunimmt, die Ermessensfreiheit abnimmt [3]). Wie bereits gesagt, lässt KELSEN es dahingestellt sein, ob sich hierbei um eine häufig vorkommende, jedoch nicht erforderliche, positivrechtliche Regelung oder vielmehr um eine logische Notwendigkeit handelt.

Es sind die Sätze der Freirechtschule, die hier übernommen werden. Niemals kann „die feine Wirklichkeit", sagt MAUTHNER,

---

[1]) KELSEN, Allgemeine Staatslehre, S. 243.
[2]) Hauptprobleme der Staatsrechtslehre, 1. Auflage, S. 506.
[3]) Wesen und Entwickelung der Staatsgerichtsbarkeit.

„daher auch kein Tatbestand und keine vorzunehmende Handlung", fügt VERDROSS [1]) hinzu, „mit den groben Zangen der Sprache" vollkommen erfasst werden [2]).

Es ist die alte Streitfrage, betreffend das Wesen der Rechtsanwendung, insbesondere die Funktion des Richters, worüber man die extremsten Lösungen in der Syllogismentheorie einerseits und der Freirechtschule andrerseits verkörpert findet [3]), und die hier im Sinne der Freirechtschule entschieden wird. Ist Rechtsanwendung eine rein logische Funktion, oder aber übt der Rechtsanwender eine selbständig würdigende Funktion aus?

Namentlich wenn die anzuwendende Norm in sogenannten Kautschukworten abgefasst ist, würde der Rechtsanwender nicht auf dem Wege der Subsumtion, d. h. mittels Syllogismen — wobei er zu dem konkreten Fall als propositio minor die anzuwendende Norm als propositio major sucht, aus welcher Operation dann als Konklusion die konkrete Norm geboren wird — zu seinem Ziele gelangen können, sondern auch hierbei eine selbständig würdigende Funktion ausüben. Sowohl in der Beschreibung der Situation, die die Betätigung der sekundären Norm bedingt, als auch in der Formulierung der Handlung, die Inhalt der sekundären Norm und der Strafandrohung ist, können die Kautschukworte vorkommen. Oft kann man auch das gleiche ausdrücken, wenn man dieselben im ersten oder aber im zweiten Satzteil anbringt.

Kautschukworte sind Ausdrücke wie: gute Sitten, Exzesse, Treu und Glauben, Billigkeit, grober Unfug, usw. In diesen Fällen, sagt MOÓR, bietet der Syllogismus nur den Rahmen des auszusprechenden Urteiles [4]). „Die unbestimmten, sogenannten Kautschukbegriffe des Gesetzes werden durch seine (des Rechtsanwenders) moralischen Beurteilungen mit einem bestimmten Inhalt ausgefüllt." Trotzdem hält auch MOÓR in derartigen Fällen die Funktion des Rechtsanwenders in erster Linie für eine logische (S. 193): „Unzweifelhaft ist es, dass der Rechtsanwender in sehr weitem Kreise nicht logische sondern wertende und moralische Funktionen, Wahl und Willensentscheidungen vorzunehmen hat.

[1]) ALFRED VON VERDROSS, Das Problem des freien Ermessens und die Freirechtsbewegung, in Oesterr. Zeitschrift für öffentl. Recht, 1. Jahrgang, S. 616—644.

[2]) FRITZ MAUTHNER, Die Sprache (Die Gesellschaft, herausgegeben von Martin Buber, S. 19.

[3]) J. MOÓR, Das Logische im Recht.

[4]) JULIUS MOÓR, Das Logische im Recht, S. 192.

Wir dürfen aber nicht vergessen, dass er diese alogischen Funktionen ebenfalls nur auf Grund und als Ergänzung seiner logischen Funktionen vollführen darf, und dass er in dieser selbständigen, schöpferischen Arbeit schon nicht mehr die spezifische Rechtsanwendung, sondern gleichsam die Fortsetzung der Rechtserzeugung vornimmt ....." [1])

Wir bezweifeln jedoch, ob dies wohl der Fall ist. Treu und Glauben, Billigkeit, grober Unfug sind in abstracto betrachtet und isoliert sehr elastische Begriffe. Aber in Verbindung mit der Norm ist dies nicht mehr der Fall. Wir glauben, dass dasjenige, was in einem speziellen Falle nach Billigkeit „gesollt" wird, eindeutig bestimmt ist, wenn sich solches vielleicht auch schwerlich feststellen lässt.

Im Falle der beschränkten Delegation, wenn also auf Grund der delegierenden Norm verschiedene Lösungen möglich und juristisch gleichwertig sind, ist die Funktion des Delegierten eine wertende. Logisch ist die Funktion, soweit er die von ihm gefundene Lösung mit Rücksicht auf die von der delegierenden Norm gesetzten Grenzen prüft. Welche von den juristisch untereinander gleichwertigen Lösungen er wählen soll, ist eine Frage, worüber die „höhere" Norm nichts bestimmt. Innerhalb der von dieser Norm gezogenen Grenzen ist der Delegierte autonom. Es hat selbstverständlich durchaus keinen Sinn, von einer autonomen und einer heteronomen Komponente zu sprechen, in die sich die niedere Norm auflösen lassen sollte.

Sollte das Organ die ihm gesetzten Grenzen überschreiten, so ist das Produkt seiner Handlung keine Rechtsnorm. Soweit es innerhalb dieser Grenzen bleibt, handelt es autonom. Wodurch es sich bei seiner Wahl wird leiten lassen, dies ist, wo die höhere Norm diesbezüglich keinerlei Anweisung gibt, juristisch vollends irrelevant. Es wird sich dabei wahrscheinlich ein Ziel gesteckt haben (insoweit ist seine Funktion wertend); es wird nach dem Mittel, dieses Ziel zu erreichen, gesucht haben. Sowohl das die Rechtsordnung transzendente Ziel, als auch die Richtigkeit des Mittels liegt aber ausser dem Bereich der juristischen Anschauungsweise. Für die Rechtswissenschaft kann lediglich das logische Element der Handlung: die Frage, ob sie innerhalb der Grenzen der delegierenden Norm geblieben ist, von Belang sein.

---

[1]) a. a. O., S. 193.

Für den Fall der beschränkten Delegation (a fortiori natürlich bei unbegrenzter Delegation) enthält die Organshandlung also stets ein „wertendes" Element: die Zielstellung. Doch darf man diesen Satz nicht umkehren, und zwar dahingehend, dass, wenn die Funktion ein wertendes Element enthalten sollte, man es stets mit beschränkter Delegation zu tun hätte, d. h. dass stets mehrere Lösungen juristisch gleichwertig wären. Es ist doch sehr gut möglich, dass die höhere Norm auf ein bestimmtes Werturteil des Anwenders dieser Norm verweist, sich auf seine Würdigung beruft. Auch dann ist auf Grund der höheren Norm nur eine Lösung die richtige.

Einer ähnlichen Auffassung huldigt Walter Jellinek. Freies Ermessen besteht nach diesem Autor nur dann, wenn das Gesetz oder — um die Terminologie der Stufentheorie beizubehalten — die Norm höherer Stufe Mehrdeutigkeit verlangt. An der Hand verschiedener deutschen Gesetztexte ermittelt er, wo in Wirklichkeit Ermessensfreiheit vorliegt, und wo diese nicht vorhanden ist. Freiheit bei Gesetzesauslegung ist nach seiner Meinung keine tatsächliche Freiheit, weil „bei der freiesten Hantierung des Gesetztextes der Ausleger sich von der Idee muss leiten lassen, zu keinem anderen Ergebnis als jeder andere Ausleger zu kommen" [1]).

Begriffe wie Billigkeit, Treu und Glauben werden im Zusammenhang nicht unbestimmt sein. Der Rechtsanwender wird auf allgemeine gesellschaftliche Auffassungen, auf Fach- oder Kreisusancen, usw. Rücksicht nehmen müssen. Oft wird auch der Zweck der anzuwendenden Norm den Weg weisen, wenn derselbe ausdrücklich erwähnt wird oder aus dem Zusammenhang des Normkomplexes hervorgeht. W. Jellinek bemerkt z. B., dass die deutsche Rechtsprechung unter den „kleineren Heilmitteln" des Krankenversicherungsgesetzes Arzneien im Betrage von M. 20 verstehen will; dass die „Zusammenrottung" mit Bezug auf die Tumultschadengesetze nach den Entscheidungen des Reichsgerichtes mit drei Teilnehmern beginnt.

Unverständlich ist es aber, dass W. Jellinek schliesslich das freie Ermessen definiert als „die Gesetze für massgeblich erklärte, fehlerfrei zustande gekommene, individuelle Abgrenzung eines unbestimmten Begriffs innerhalb seiner beiden äussersten Grenzen,

---

[1]) Verwaltungsrecht, 2. Auflage 1929, S. 29—31.

insbesondere die individuelle Auffassung über den inneren Wert oder Unwert einer Verwirklichung".

Kann hier von Freiheit die Rede sein, wenn der Rechtsanwender zu ermitteln hat, wie jemand in einem bestimmten Fall nach den durchschnittlichen gesellschaftlichen Auffassungen verfahren soll? Ist der Rechtsanwender frei, wenn er auf Grund der anzuwendenden Norm wird bestimmen müssen, was seines Erachtens nach Billigkeit zu leisten sei? Liegt hier nicht vollkommene richterliche Gebundenheit vor? Sobald man von Rahmen oder Grenzen sprechen kann, gibt es Ermessensfreiheit, doch bedeutet dies, dass verschiedene Normen mit Bezug auf die anzuwendende Norm juristisch gleichwertig sind.

Ebensowenig besteht Ermessensfreiheit in Hinsicht auf die Aufgabe des Strafrichters, der das Strafmass zu bestimmen hat, dessen Grenzen im Gesetze niedergelegt worden sind. Hier appelliert die anzuwendende Norm an das subjektive Werturteil des Rechtsanwenders, d. h. es wird auf dasjenige verwiesen, was er in einem bestimmten Fall für die passende Strafe hält. Nur eine einzige Lösung ist hier also für jeden bestimmten Rechtsanwender möglich, denn man kann nicht behaupten, dass der Rechtsanwender eine Strafe x für ebenso passend erachten wird wie die Strafe y. Die „Grenzen" oder „Rahmen" haben hier bloss diese (negative) Bedeutung, dass die Emanation des nur innerhalb dieser Grenzen zuständigen Individuums oder Körpers keine Rechtsnorm ist, wenn diese Grenzen überschritten worden sind. Wenn seine Funktion auch eine „wertende" sein möge, von Ermessensfreiheit, d. h. von der Möglichkeit mehrerer juristischen, gleichwertigen Lösungen ist nicht die Rede.

Die Rechtsanwendungsform, die wir hier unter die Lupe genommen haben, war die Konkretisierung abstrakter Normen. Wie wir gesehen haben, delegieren diese Normen nicht, sondern deren Konkretisierung ist eine logische Notwendigkeit, weil die Rechtsform in ihrer endgültigen, konkreten Gestalt diese ist: Wenn A nicht x tut oder unterlässt, wird der Zwang y ausgeübt werden.

Doch ist das Stadium der abstrakten, nichtdelegierenden Norm nicht rechtsnotwendig. Ein bestimmtes Organ kann unmittelbar und ausschliesslich zur Erzeugung konkreter Normen delegiert werden.

Eine Rechtsnorm lautet z. B.: Es ist verboten, eine Wohnung, die dazu nicht geeignet ist, bewohnen zu lassen. In der delegierenden Form aber: Ist eine Wohnung zur Bewohnung nicht geeignet, so wird sie vom Organ A für unbewohnbar erklärt, wonach diese Wohnung nicht mehr zur Bewohnung gebraucht werden darf. In beiden Fällen könnte man sich den Kautschukausdruck „zur Bewohnung nicht geeignet" auch als durch eine schärfer umrissene Beschreibung ersetzt denken.

Man muss also zwischen delegierenden und nichtdelegierenden Normen unterscheiden. Die delegierenden Normen könnte man als unvollständige Normen bezeichnen, weil die logische Form derselben ist: Man soll sich gemäss demjenigen verhalten, was das Organ A festsetzen wird. Laut dieser Norm selbst, zufolge positivrechtlicher Festsetzung, bedarf es noch eines Organsaktes, um diese Norm zu vervollständigen. Das Schema der vollständigen Norm ist: Derjenige, der sich in irgendwelchen x-beliebigen Umständen befindet, soll sich so oder so verhalten. Oder aber in der konkreten Form: A soll sich soundso verhalten.

Theoretisch ist auf Grund einer vollständigen Norm in der abstrakten Form nur eine einzige, konkrete Norm möglich. Aber auch wenn kraft positivrechtlicher Delegation Normfestsetzung stattfindet, kann es sein, dass nur eine Lösung möglich ist. Nämlich wenn ein Organ auf Grund einer delegierenden Norm zur Erlassung einer bestimmten Norm verpflichtet ist. So z. B.: Ist eine Wohnung zur Bewohnung nicht geeignet, entspricht sie gewissen Erfordernissen nicht, so wird sie von dem Organ A für unbewohnbar erklärt, wonach es verboten ist, diese Wohnung noch zur Bewohnung zu gebrauchen.

Sowohl wenn die anzuwendende höhere Norm eine abstrakte, vollständige Norm ist, als auch wenn sie eine derartige unvollständige, delegierende ist, gibt es für das anwendende Organ nur eine Lösungsmöglichkeit. In beiden Fällen übt das anwendende Organ ein und dieselbe Funktion aus. Wenn aber das Rechtsorgan zur Unbewohnbarerklärung befugt, jedoch nicht verpflichtet ist, so ist die Organshandlung durch die anzuwendende, delegierende Norm nicht eindeutig determiniert. Liegen hier doch zwei juristisch gleichwertige Möglichkeiten vor: Unbewohnbarerklärung oder Nicht-Unbewohnbarerklärung für den Fall, dass die Bedingungen zur Unbewohnbarerklärung gegeben sind. Sowohl das Positive als das Negative ist in gleicher Weise auf Grund der anzuwendenden Norm möglich.

Die Handlung, wodurch eine vollständige, abstrakte Norm konkretisiert wird, und die Handlung, wodurch kraft positivrechtlicher Delegation eine konkrete Norm erlassen wird, gleichviel ob das delegierte Organ dazu befugt oder verpflichtet ist, bezeichnet man meist als deklarative, beziehungsweise konstitutive Handlung, — eine Unterscheidung, die in der juristischen Literatur eine grosse Rolle spielt. Bei BERNATZIK [1]) und bei HERRNRITT [2]) wird diese Unterscheidung durch diejenige zwischen rechtskräftigen und nicht-rechtskräftigen Organshandlungen gedeckt. OTTO MAYER [3]) legt seiner Theorie über das freie Ermessen die Gegenüberstellung von „Entscheidungen" und „Verfügungen" zugrunde. Andere Autoren hingegen leugnen die Richtigkeit dieser Gegenüberstellung. KELSEN z. B. meint, dass jede Handlung, die nicht gänzlich juristisch unerheblich (überflüssig) ist, notwendigerweise konstitutiver Natur sein müsse [4]). SANDERS Auffassungen über die juristische Irrelevanz des Vorprozessualen bringen es mit sich, dass in seinem System sämtliche „Rechtssatzfunktionen" konstitutive Handlungen sind, „weil in ihrem Verfahren Tatbestände = Rechtssätze zur Erzeugung gelangen" [5]).

MERKLS [6]) Auffassungen dagegen sind weniger radikal. Seines Erachtens findet man in der ganzen Hierarchie der Rechtserscheinungen weder absolut deklarative, noch absolut konstitutive Rechtshandlungen, sondern enthält jede Organshandlung sowohl konstitutive als deklarative Elemente, sei es denn auch in sehr verschiedenen Verhältnissen. WEYR [7]) versucht in einem umfangreichen Aufsatz darzulegen, dass die Unterscheidung zwischen konstitutiven und deklarativen Handlungen nicht im Gebiete der normativen Wissenschaften am Platze sei, weil sie gänzlich auf kausaler Grundlage beruhen sollte. Es versteht sich jedoch von

---

[1]) EDM. BERNATZIK, Rechtsprechung und materielle Rechtskraft.

[2]) R. H. HERRNRITT, Grundlehren des Verwaltungsrechtes, S. 306 ff.; Oesterreichisches Verwaltungsrecht, S. 34—37.

[3]) OTTO MAYER, Deutsches Verwaltungsrecht, I, S. 165 ff.

[4]) Allgemeine Staatslehre, S. 277.

[5]) FRITZ SANDER, Das Faktum der Revolution und die Kontinuität der Rechtsordnung, Zeitschrift für öffentl. Recht, I. Band 1919/1920.

[6]) A. MERKL, Die Lehre von der Rechtskraft, S. 222; Allgemeines Verwaltungsrecht, S. 186 ff.

[7]) FRANZ WEYR, Zur Lehre von den konstitutiven und deklaratorischen Akten, Oesterr. Zeitschrift für öffentliches Recht, 3. Jahrgang 1918, S. 490 ff.

selbst, dass der Ausdruck „konstituieren" hier nicht in naturkausalem Sinne gemeint sein kann.

Deklarativ könnte man eigentlich jede Rechtsanwendungshandlung nennen, wenn auf Grund der anzuwendenden Norm nicht jede Lösung möglich ist, d. h. mit Ausnahme einer Handlung kraft unbeschränkter Delegation. Reserviert man die Qualifikationen deklarativ und konstitutiv für die Organsakte zur Setzung konkret-individueller Normen, so verbindet man häufig diese Unterscheidung mit der Wirkung ex tunc, bezw. ex nunc. Unter der Wirkung ex tunc versteht man das Inkrafttreten lassen einer Norm in einem der Handlung zur Setzung der konkreten Norm vorhergehenden Zeitpunkt, nebst allen sich daraus ergebenden Folgen. Die Wirkung ex nunc ist dann das Inkrafttreten der Norm zugleich mit dem Akte ihrer Setzung. Das aktuell werden einer Norm ist aber lediglich eine Sache positivrechtlicher Setzung, so dass die Wirkung ex nunc, bezw. ex tunc, nicht notwendigerweise mit den sogenannten konstitutiven, bezw. deklarativen Handlungen verbunden ist. Schreibt die Rechtsordnung dem sogenannten konstitutiven Rechtsakte Wirkung ex tunc zu, z. B. mit Bezug auf die Zwangsfolge, so sagt man, dass die Norm, die in diesem Akte gesetzt wird, retroaktive Kraft hat. Man könnte sagen, dass durch den konstitutiven Akt eine gewisse juristische Situation (in der Terminologie KELSENS eine Teilrechtsordnung, nämlich die Gesamtheit von Rechtsregeln, die miteinander die juristische Person darstellen) sich ändert; dies im Gegensatz zu dem deklarativen Akte.

Hat die anzuwendende Norm die abstrakte, vollständige Form, verweist sie aber betreffs eines gewissen inhaltlichen Momentes auf die subjektive Einsicht des Rechtsanwenders, so bedeutet die Wirkung ex tunc gleichfalls Retroaktivität und könnte man die Handlung in gewisser Hinsicht konstitutiv nennen.

Das Erkennungszeichen der konstitutiven Handlung würde dieses sein, dass sie in der Rechtswelt ein Novum brächte [1]). Worin dieses juristische Novum besteht und ob wohl Rechtssetzungs-

---

[1]) MERKL sieht das Novum, also das konstitutive Element, in den sogenannten deklarativen Akten der Verwaltung, „in besondern Akzessorien des in der Hauptsache feststellenden Aktes. Die Entscheidung ist für die Interessenten *unbestreitbar*, unter Umständen auch für die Behörde unabänderbar, je nach ihrem Inhalt auch vollstreckbar. Auch dem deklarativen Akt sind also die rechtlichen Eigenschaften der Rechtskraft und der Vollstreckbarkeit immanent: sie sind ihr konstitutives Element." (Allgemeines Verwaltungsrecht, S. 187).

akte denkbar sind, bei denen das Novum gänzlich fehlt, darüber ist man allerdings uneinig.

Die Wichtigkeit dieser Qualifikationen halten wir für sehr problematisch, und wo die Daseinsberechtigung derselben zweifelhaft ist, kommt es uns vor, dass es sich empfiehlt, eines und das andre aus der Rechtswissenschaft zu eliminieren.

Der Stufentheorie ist die Kritik nicht erspart geblieben [1]).

Eins der wichtigsten Argumente, die man gegen die Stufentheorie angeführt hat, ist wohl dieses, dass diese Lehre nicht zu erklären vermögen sollte, dass bei Abänderung der Verfassung auf revolutionärem Wege das übrige Recht unverändert seine Geltung behalte, während die Lehre, dass dieses Recht von dem „revolutionären Staate" rezipiert werde, einfach eine Fiktion sei, die an dem Fehler eines petitio principii leide [2]) [3]).

Allerdings ist die Rezeptionstheorie unannehmbar, und zwar schon aus diesem Grunde, weil nicht einzusehen ist, wer es sein könnte, der dieses Recht zu rezipieren hätte. Was unter „revolutionärem Staate" zu verstehen ist, wird nicht erklärt.

Was wir wissen, ist nur dies, dass im Falle einer gelungenen Revolution ein neues Deutungsschema erforderlich ist, um gewisses tatsächliches Geschehen als Rechtsakte deuten zu können.

Dieses neue Schema kulminiert in einer Grundnorm, die eine neue, höchste, normsetzende Autorität anweist.

Doch beweist dies alles nach unsrer Meinung nichts gegen die Stufentheorie. Das Problem, um welches es sich hier handelt, ist das der Geltungsdauer der Rechtsnormen nach der Zeit; namentlich fragt es sich, ob eine Rechtsnorm ihre Geltung verliere, wenn die höhere Norm, deren Geltung die der niederen Norm bedingt, ihre Geltung verliert.

---

[1]) Von verschiedener Seite ist erörtert worden, dass man mit der Stufenlehre das Gebiet der normativen Methode bereits verlassen habe. In diesem Sinne J. Moór, Reine Rechtslehre, Naturrecht und Rechtspositivismus, in Kelsens Festschrift 1931, S. 58—105, insbesondere S. 78 ff. Auch F. Kaufmann, Die philosophischen Grundprobleme der Lehre von der Strafrechtschuld, 1929, S. 35 ff.

[2]) Siehe G. A. Walz, Die Ursprungsnorm im System des Staats- und Völkerrechts, Archiv des öffentl. Rechts 1930, neue Folge, 19. Band (der ganzen Folge 58. Band), S. 1—60, namentlich S. 30 ff.

[3]) Siehe Manigk, (Zentralblatt für juristische Praxis 1929, S. 537, gelegentlich der Besprechung von Schreiers Werk: Interpretation der Gesetze und Rechtsgeschäfte), angeführt bei G. A. Walz: „Auch die Stufentheorie krankt indessen an dem von der Wirklichkeit (sc. der Rechtserfahrung) abstrahierenden Formalismus der Schule und verkennt die wesentliche Bedeutung der auf der betreffenden Rechtsstufe selbst liegenden soziologischen Seinsbedingungen der Geltung. Die Geltung des objektiven Rechts kann ihm nicht von einer Oberstufe her endgültig eingeflösst werden, sie erwächst notwendig erst auf der eigenen Stufe in seiner Bewährung."

Es würde uns zu weit führen, im Rahmen dieser Schrift zu versuchen, das Problem der Geltungsdauer der Rechtsnormen völlig zur Lösung zu bringen.

Wir wollen aber noch darauf hinweisen, dass vom positivistischen Standpunkt der Begriff der Geltung einer Rechtsnorm bloss auf deren Zustandekommen sieht. Das Produkt einer menschlichen Handlung hat nämlich Geltung als Norm des positiven Rechtes, wenn es in Uebereinstimmung mit den Bestimmungen einer oder mehrerer Rechtsnormen erzeugt ist, deren Geltung feststeht, d. h. aus der Geltung höherer Normen abzuleiten ist, usw. Bis man endlich auf eine Norm stösst, deren Geltung sich nicht mehr aus der Geltung von noch höheren Normen ableiten lässt, sondern vorausgesetzt wird. Allein die Tatsache, dass die höhere Norm, auf welche Weise es auch sei — das können wir hier dahingestellt sein lassen — ihre Geltung verliert, impliziert im Rahmen der Stufenlehre keineswegs, dass die niedere Norm, die eben deshalb, aber auch bloss deshalb, positive Rechtsnorm ist, weil sie in gültiger Weise erzeugt ist, ihre Geltung verliert; der Begriff der Geltung bezieht sich ja lediglich auf ihre Erzeugung.

Wir möchten also den Satz aufstellen, dass eine Norm, im Allgemeinen und ohne Weiteres, nicht ihre Geltung verliert, wenn dies mit der höheren Norm, auf die sie sich gründet, der Fall ist.

Wie bereits gesagt, wollen wir nicht versuchen, das Problem der Geltungsdauer von Rechtsnormen hier vollen Umfangs zu entwickeln [1]).

Einem Teil dieses Problemes wird aber der nächste Abschnitt gewidmet sein, nämlich der Widerstandsfähigkeit von Rechtsnormen gegenüber jüngeren Normen derselben Stufe.

[1]) Dieses Problem umfasst gleichfalls die Frage, ob das Gesetz wohl oder nicht rückwirkende Kraft habe.

ABSCHNITT IV

DAS PROBLEM DER RECHTSKRAFT

Das Problem der Rechtskraft gehört zum umfassendern und allgemeinern Problem der Geltungsdauer der Rechtserscheinungen [1]). Ueber das Wesen und über den Grund der Rechtskraft, sowie über die Rechts- oder Staatsakte, die der Rechtskraft teilhaftig sind, gehen die Meinungen weit auseinander. Gewöhnlich versteht man aber unter dem Begriff Rechtskraft die grössere oder geringere Unanfechtbarkeit von Rechtssetzungsakten gegenüber späteren, ähnlichen Akten derselben Stufe.

Die Lehre der Rechtskraft ist ein Spross zivilistischen Stammes und wird in der zivilistischen Literatur meist als eine Kreation des positiven Rechtes vorgestellt. In diesem Zusammenhang spricht man dort von der *Funktion* der Rechtskraft. Aber auch in das öffentliche Recht ist das Rechtskraftproblem eingedrungen, so dass man nach dem Vorbilde von A. MERKL eine zivilistische und eine publizistische Rechtskraftlehre unterscheiden kann.

Die zivilistische Literatur verbindet die Rechtskraftseigenschaft mit dem richterlichen Urteil und meint damit, dass das Urteil unter bestimmten Umständen durch spätere Urteile nicht angefochten werden kann. So versteht FRIEDRICH CARL VON SAVIGNY [2]) unter der Rechtskraft der richterlichen Urteile „nichts anderes .... als die Fiktion der Wahrheit, wodurch das rechtskräftige Urteil gegen jeden künftigen Versuch der Anfechtung oder Entkräftung gesichert wird".

Bei den publizistischen Schriftstellern sind es bestimmte Verwaltungshandlungen, denen absolute oder relative Unabänderbarkeit gleichartigen Handlungen gegenüber zugeschrieben wird. Einige beschränken die Eigenschaft der Unabänderbarkeit auf

---

[1]) Siehe Dr. ADOLF MERKL, Die Lehre von der Rechtskraft, 1923. MERKL zitiert hierin ausführlich die bedeutendsten Autoren, die sich mit dieser Frage beschäftigt haben, ehe er seinen eignen Standpunkt in dieser Hinsicht bestimmt.

[2]) System des heutigen Römischen Rechts, Verlag von Veit & Comp., 1847, 6. Band, S. 261.

die Verwaltungsentscheidungen. So z. B. BERNATZIK [1]), während er den Verwaltungsverfügungen die Rechtskraft abspricht. FRIEDRICH TEZNER [2]) dagegen legt zwar auch den Verwaltungsentscheidungen Rechtskraft bei, doch lässt er die rechtskräftigen administrativen Entscheidungen und Verfügungen beide für das „öffentliche Interesse" kapitulieren.

Uebrigens betrachten auch viele Publizisten, unter denen ziemlich moderne [3]), die Rechtskraft mehr als Einrichtung des positiven Rechts, mithin als bestimmten Rechtsinhalt denn als rechtslogisches Problem, so dass es keinen Sinn hat, auf ihre Darlegungen näher einzugehen.

Eine Ausnahme hiervon bilden aber die von allerletzter Zeit datierten Versuche von A. MERKL, das Problem der Rechtskraft zu lösen und zwar nicht in Verbindung mit einigen besonderen Staatsfunktionen, wie Justiz oder Verwaltung, sondern aus dem Gesichtspunkt der allgemeinen Rechtslehre. MERKL bemerkt, dass für verschiedene Rechtserscheinungen mit Bezug auf die Geltung nach der Zeit verschiedene Regeln aufgestellt werden. Während man annimmt, dass auch ohne positivrechtliche Normierung die Rechtserscheinungen generaler Form gemäss dem adagium: lex posterior derogat priori durch eine ihnen posteriore Rechtserscheinung gebrochen werden, ist nach der herrschenden Auffassung das gerichtliche Urteil durch ein späteres Urteil, das mit dem ersteren gewisse Elemente gemein hat, nicht anfechtbar. Zwei Kategorien von Rechtsnormen, die in genereller Form und die in individueller Form, sollten in Hinsicht auf die Geltungsdauer durch verschiedene Prinzipien regiert werden. Dennoch darf man weder in dem einen Falle von einer absoluten Abänderlichkeit, noch in dem anderen Falle von einer absoluten Unabänderlichkeit sprechen. Bei den Anwendungen der Regel der lex posterior ist nur von Abänderlichkeit durch eine Rechtsnorm derselben Gattung die Rede; bei der Regel der res judicata ist

---

1) EDM. BERNATZIK, Rechtsprechung und materielle Rechtskraft, 1886; Gutachten über die Frage: „Die Rechtskraft der Entscheidungen", in Verhandlungen des 26. Deutschen Juristentages, Berlin 1902, S. 32.

2) FRIEDRICH TEZNER, Handbuch des österreichischen Administrativverfahrens, 1896; Deutsche Theorien der Verwaltungsrechtspflege, 1901; „Das Rechtskraftproblem im Verwaltungsrechte", in Verwaltungsarchiv, Berlin 1910, 19. Band, S. 128—165 und 442—484.

3) RUDOLF HERMANN HERRNRITT, Grundlehren des Verwaltungsrechtes, 1921, S. 306 ff.; Oesterr. Verwaltungsrecht, 1924.

die Rechtsnorm bloss einer auf derselben Stufe stehenden Rechtsnorm gegenüber unanfechtbar. In beiden Fällen kann man also nur von einer relativen, bedingten Abänderbarkeit, bezw. Unabänderbarkeit sprechen.

Nach MERKLS Meinung liegt nun für die Annahme von Regeln von ungleicher Tendenz für verschiedene Gruppen von Rechtsnormen kein Grund vor. Die Rechtsnormen, in welcher Form, auf welcher Stufe es auch sei, generell oder individuell, abstrakt oder konkret, entstehen alle in gleichartigen Prozessen. Wenn also in der Regel: lex posterior derogat priori ein unabweisliches, logisches Prinzip verkörpert sein sollte, so würde dies gleichfalls sowohl auf die administrativen als auf die judiziellen Akte Anwendung finden müssen, und die Regel müsste analogice lauten: „judicium posterius derogat judicio priori". Und sollte die Regel der res judicata ein normlogisches Prinzip darstellen, wenn ein judicium prius notwendig eine res judicata zur Folge hätte, so würde auch die lex prior res judicata bewirken müssen und ein Hindernis dafür sein, ein bestehendes Gesetz durch ein Gesetz zu ändern. Es ist daher, nach MERKL, ein Widerspruch, wenn man von dem Juristischen die Normqualität anerkennt, sich aber die verschiedenen Normtypen als zweierlei Prinzipien, die einander entgegengesetzt sind, unterworfen denkt. Entweder das eine, oder das andere Prinzip muss richtig sein.

MERKLS Standpunkt ist also dieser, dass aus dem rechtstheoretischen Gesichtspunkt besehen sämtliche Rechtsnormen, auf jeder Stufe, in jeder Form, entweder Rechtskraft besitzen müssen, oder diese entbehren. „Wenn Rechtskraft überhaupt die Eigenschaft aller Rechtsnormen ist, dann ist sie Eigenschaft aller Rechtsnormen, welche Form immer das positive Recht für die Realisierung der Rechtsidee erfinden mag — wie ja auch jeder Artbegriff begriffsnotwendig die Merkmale des Gattungsbegriffes aufweist". [1])

Obwohl der Verfasser zuerst auf die Möglichkeit hinweist, dass die allgemeine Rechtslehre keine Lösung für das Rechtskraftproblem an die Hand gibt, so glaubt er aber dennoch zu einem Resultat gelangen zu können, und zwar zu diesem, dass die Eigenschaft der Rechtskraft jedem Rechtsphänomene, jeder Rechtsnorm, auf welcher Stufe es auch sei, inhärent ist.

---

[1]) Rechtskraft, S. 227.

In jedem Zeitpunkt, so argumentiert MERKL, ist jede geltende Rechtsordnung in sich selbst geschlossen, fertig und ohne Hiatus. Dieser Zustand wird von KELSEN als die „Undurchdringlichkeit" gekennzeichnet und wird von MERKL, verbunden mit dem Zeitbegriff, als die prinzipielle Unabänderbarkeit der Rechtsordnung angedeutet (S. 234). Organsakte, die das Schaffen von Rechtszuständen bezwecken, welche von den bisher bestehenden abweichen, Gesetze, die einen Zustand ins Leben rufen wollen, welcher von demjenigen abweicht, was bis jetzt von dem Gesetzrecht bestimmt worden war, sind a priori Scheinhandlungen, die von Scheinorganen ausgehen. Es sind gleichsam fremde Körper, die unmöglich in den undurchdringlichen Körper der Rechtsordnung eindringen können und nicht imstande sind, Bestandteile der bestehenden Ordnung zu verdrängen und sich an ihre Stelle einzunisten. Folglich ist der Normkonflikt, der Zusammenstoss zwischen zwei Normen, von denen die eine vor der anderen existierte, und deren Inhalte mit einander im Widerspruch stehen, bloss ein Scheinkonflikt. Die Immanenz an der Rechtsordnung ist scheinbar, die spätere Norm ist in Bezug auf das in sich selbst geschlossene Rechtssystem transzendent. Sowohl die Regel der lex posterior, als die der res judicata gibt nur Scheinlösungen. „Rechtserzeugung, Rechtsänderung ist die Ueberführung eines Phänomens aus dem Bereiche rechtlicher Transzendenz in das Bereich rechtlicher Immanenz." (S. 238.) Nur wenn die Rechtordnung dazu ausdrücklich delegiert, kann ein a priori fremdes Phänomen a posteriori in die Rechtsordnung aufgenommen werden. Keine Selbstinthronisation, so ist MERKLS Lösung, sondern nur in positivrechtlicher Delegation durch das Normsystem selbst liegt der Geltungsgrund der neuen Norm.

Rechtskraft, sagt der Verfasser, ist die Eigenschaft sämtlicher Rechtsnormen. Die Regel lex posterior derogat priori ist folglich nicht der Ausdruck eines logischen Prinzips, sondern eine Rechtsregel, die Aenderungen in der Rechtsordnung vorsieht. Rechtsänderung ist nur auf Grund positivrechtlicher Normierung möglich.

KELSEN stellt sich in einem Aufsatz mit der Ueberschrift: „Reichsgesetz und Landesgesetz nach österr. Verfassung" [1]) noch auf den

[1]) Archiv des öffentl. Rechts, Band 32, 1. Heft.

Standpunkt, dass die Regel: lex posterior derogat priori ein normlogisches Prinzip darstelle. In seinem „Problem der Souveränität" aber macht er, wie MERKL mit Freude erwähnt, dessen Auffassungen [1]) bedeutende Zugeständnisse. KELSENS Ausgangspunkt ist auch die logische „Geschlossenheit" der Rechtsordnung, worunter die Unmöglichkeit eines inneren Widerspruchs, sowie des Bestehens mehrerer nebeneinander geltenden Systeme zu verstehen ist. Aber auch deshalb kann man ein System „geschlossen" nennen, — MERKL scheint die Ausdehnung dieses Begriffes von KELSEN übernommen zu haben — weil „es an und für sich einer Erweiterung oder Abänderung nicht fähig ist" [2]).

KELSEN äussert jedoch die Möglichkeit, dass die Norm, die Abänderungen ermöglicht, die Ursprungshypothese sei. „Doch macht das keinen Unterschied. Das wäre jedenfalls kurzsichtig, über der Forderung des Positivismus die hypothetische Grundlage, die Ursprungsnorm als Hypothesis jedes positiven Rechtssystems und damit die Möglichkeit zu übersehen, dass die Statuierung der Abänderbarkeit und damit der Satz der lex posterior schon in der Ursprungsnorm, d. h. aber im *logischen* Ursprung des betr. Rechtssystems gelegen ist. Damit verliert die Frage, ob der Satz der lex posterior ein rechtslogisches Prinzip oder ein positivrechtlicher Satz ist, eigentlich jede Bedeutung." [2])

Wo nun die logischen Apriori eines Rechtssystems in der Grundnorm des Systems verkörpert sind, da ist es klar, dass der Verfasser seine MERKLS Lehre gemachten Zugeständnisse voll und ganz zurücknimmt [3]).

Auch MERKL ist diese Schwenkung nicht entgangen. Wenn die Möglichkeit auch unanfechtbar ist, so meint er, so erscheint doch die Folgerung problematisch, dass *damit* auch die Regel der lex posterior schon in der Ursprungsnorm gelegen sein sollte. Nein, es ist die unvermeidliche Aufgabe des positiven Rechts, das *Ob* und *Wie* der Ausserkraftsetzung nicht anders als das der Inkraftsetzung von Rechtsnormen zu normieren, namentlich unter den

---

[1]) Von MERKL bereits in einem Aufsatz erörtert: „Die Rechtseinheit des österr. Staates", Archiv des öffentl. Rechts, Band 37, Heft 1.

[2]) Problem, § 29, S. 114.

[3]) Problem, Note auf S. 115.

möglichen Bedingungen der Aenderung einer Norm die wirklich geltenden anzuweisen. Soweit das positive Recht dies unterlässt, ist eine Rechtsnorm unabänderlich [1]).

Vollständig kommt KELSEN in seiner Schrift „Philosophische Grundlagen der Naturrechtslehre und des Rechtspositivismus" (§ 10) auf seinen anfangs eingenommenen Standpunkt zurück. Das positive Recht muss eine sinnvolle Ordnung, ein System ohne inneren Widerspruch sein. Gibt es einen Widerspruch, so löse man die Frage. Sind zwei sich widerstreitende Normen in verschiedenen Zeitpunkten zustande gekommen, so gibt die Regel lex posterior derogat priori die Lösung. Ist diese Regel nicht als positive Norm festgesetzt worden, so wird diese meist als selbstverständlich dort angenommen, wo die Verfassung die Möglichkeit einer Gesetzabänderung vorsieht. „Allgemeiner gesprochen: wo die positive Rechtsordnung sich als ein System veränderlicher Normen darstellt. Sofern er aber nicht ausdrücklich gesetzt ist, kann er nur im Wege der Interpretation, das ist der Deutung des Rechtsmaterials, gewonnen werden. Was nur soviel sagen will als: dass er als Deutungsprinzip vorausgesetzt wird, mit dem man an das gegebene Material herantritt und zwar darum heranzutreten berechtigt ist, weil eine abänderbare Rechtsordnung ohne diese Voraussetzung nicht sinnvoll deutbar ist." Womit die Regel der lex posterior wieder die Bedeutung eines logischen Prinzips zurückgewonnen hat.

Da wir mit MERKLS Ausgangspunkt nicht einverstanden sind, können wir auch die in seiner interessanten und wohlfundierten Auseinandersetzung enthaltenen Schlüsse nicht unterschreiben [2]).

Mit der „Undurchdringlichkeit" des Rechtes kann man nichts anderes meinen, als dass in jedem Augenblick die Gültigkeit eines Rechtssystemes die Geltung andrer Normen, die keinen Anspruch darauf haben, zu diesem System zu gehören, ausschliesst. Die Rechtsordnung ist in sich selbst geschlossen und genügsam, ist in jedem Zeitpunkt „lückenlos", d. h. vom positivrechtlichen

---

[1]) Siehe auch Allgemeine Staatslehre § 41, S. 299—300 (Das Problem der Rechtskraft) und § 25, S. 148—149 (Der zeitliche Geltungsbereich der Staatsordnung).

[2]) Siehe auch die Kritik von Dr. LEONIDAS PITAMIC, „Zur neuesten Rechtskraftlehre", Zeitschrift für öffentl. Recht, Band IV 1925, S. 160

Standpunkt ist die Rechtsordnung in jedem Augenblick *fertig*. Von Lücken im System würde man nur sprechen können, wenn man sich auf einen ethisch-politischen, also auf einen metajuristischen Standpunkt stellt, wobei die Frage aufzuwerfen ist: was soll recht sein? Die Geltung zweier konkurrierender Normsysteme nebeneinander ist ausgeschlossen, doch impliziert dies keineswegs die prinzipielle Unabänderbarkeit der Rechtsordnung. Man kann den Begriff der Undurchdringlichkeit nicht in ein System transponieren, bei welchem die Zeit zu den Koordinaten gehört. Wo der Zusammenhang der zu einem System gehörenden Normen ein Erzeugungszusammenhang, teilweise ein Delegationszusammenhang ist, da würde von keinem Rechtssystem je die Rede sein können, wenn nicht mindestens einmal eine neue Norm sich der einzigen bestehenden anschlösse. Ohne Erzeugung von Normen ist keine positive Rechtsordnung denkbar, denn die Erzeugung ist eben dasjenige, was die Normen zu einem System zusammenbindet, überhaupt ein positivrechtliches System darstellt. Wenn man dies gesetzt hat, kann man sich fragen, welcher Unterschied vorliegt zwischen der Einschaltung einer neuen Norm in ein System, einer Norm, die sich in einem Gebiete bewegt, das bis jetzt noch nicht von der Rechtsordnung „bearbeitet" wurde, und der Aufnahme einer allen formalen Geltungserfordernissen entsprechenden Norm, deren Inhalt mit einer bereits früher dem System einverleibten Norm im Widerspruch steht. Unabänderbar im Sinne von unerweiterbar kann ein Rechtssystem nicht sein, denn ohne Erzeugung kein Erzeugungszusammenhang; demnach kein System [1]).

Innerhalb der Grenzen seiner Kompetenz ist das normfestsetzende Organ durchaus frei. Wenn nun tatsächlich die von diesem Organ festzusetzende Norm durch die anzuwendende Norm nicht eindeutig determiniert ist und also wirklich von einem Blankett gesprochen werden kann, so ist das Negative, die Norm-Aufhebung oder -Zurücknahme auch als in der Zuständigkeit einbegriffen zu

---

[1]) Dass Rechtserzeugung die bestehende Rechtsordnung stets ändert, muss MERKL zugeben (S. 261): „Allerdings bedeutet jede Setzung von neuem Recht einen Eingriff in die bestehende schon beim Mangel einer Rechtsnorm in gewisser Hinsicht inhalterfüllte Rechtslage, aber es macht doch einen unverkennbaren Unterschied, ob ein durch positive Satzung oder nur durch den Mangel einer solchen Satzung inhaltlich bezeichneter Rechtszustand geändert werden soll".

MERKL versäumt jedoch zu erklären, worin dieser unverkennbare Unterschied besteht.

erachten. Die Generaldelegation impliziert u. E. auch die Befugnis zur Zurücknahme von Normen, die das Organ zu setzen berechtigt ist.

Was soll aber sein, wenn keine ausdrückliche Zurücknahme stattfindet? Wir setzen voraus, dass die Delegationsnorm die auf Grund dieser Delegation zu setzende Norm nicht eindeutig bestimmt, m. a. W., dass mehrere Normen, die alle in der höheren Norm ihren Grund finden, in gleicher Weise möglich sind; dass das für zuständig erklärte Organ also innerhalb der Grenzen der Delegation frei ist und demnach in Wirklichkeit Ermessensfreiheit besteht. Sollte dann kraft irgendeines logischen Prinzipes eine Ausnahme für den Fall vorliegen, dass eine Norm inhaltlich mit einer bereits bestehenden Norm im Widerspruch steht, wenn selbstverständlich feststeht, dass diese Norm die von der delegierenden Norm gesetzten Grenzen nicht überschreitet? Wir müssen dies verneinen. Wir glauben, dass dieser Fall keiner ausdrücklichen Delegation bedarf und weisen MERKLS „nomopojetische Grundregel" ab, wonach „nicht die Konservierung, sondern die Derogierung von einer Rechtsnorm durch positivrechtliche Setzung (betreffend die Derogationsmöglichkeit und die Derogationsbedingungen) bedingt sein sollte" [1]). Unbegründet ist die Annahme, dass die Generaldelegation für diesen Fall nicht genügen sollte, sondern dass, nicht auf Grund einer Regel des positiven Rechtes, sondern kraft eines prätensen normlogischen Prinzipes eine Norm, die übrigens formell allen Delegationsbedingungen entspricht, eine juristische Nonvaleur wäre, lediglich weil der Inhalt einer anderen, kraft Delegation früher erzeugten Norm widerspricht. Dagegen sind wir der Ansicht, dass eine derartige Norm durchaus gültig ist.

Es ist eine merkwürdige Figur, die MERKLS Auffassungen zeigen. Es sollte ein normlogisches Prinzip geben, kraft dessen eine Norm mit Erfolg den Verdrängungsversuchen von Normen, die, auf gesetzmässige Weise zustande gekommen, einen mit der ersten Norm im Widerspruch stehenden Inhalt haben, Widerstand leisten kann. Allein das positive, das gesetzte Recht kann von diesem normlogischen Prinzip abweichen, für den speziellen Fall und auf die Weise einer allgemeinen Regel. Demnach sollten

[1]) Rechtskraft, S. 262.

wir es hier mit einer logischen Grundregel dispositiver Natur zu tun haben: das positive Recht kann von dem logischen Apriori abweichen [1]).

Diese Figur ist natürlich unannehmbar. Es bleibt jedoch die Schwierigkeit bestehen, dass nebeneinander zwei Normen in Kraft sein würden, die beide den formellen Erzeugungsbedingungen entsprechen, deren Inhalt sich aber gegenseitig widerstreitet. Die Lösung kann hier nun bloss diese sein, dass erstere Norm ganz oder teilweise ihre Geltung verliert, wodurch der Widerspruch beseitigt ist. Nach unsrer Meinung ist diese Lösung annehmlich. Hatte und hat doch das normsetzende Organ, wie vorausgesetzt, Wahlfreiheit, soweit die gesetzten Grenzen nicht überschritten werden. M. a. W. mehrere Normen verschiedenen, ungleichen Inhalts können in der höheren, anzuwendenden Norm ihre Basis finden. Innerhalb der gesetzten Grenzen ist der keinerlei Kontrolle unterliegende Organswille in dieser Beziehung ausschliesslich massgebend. Wenn sich das Organ letztlich für + A, früher aber für — A ausgesprochen hat und dazu nach wie vor vollkommen kompetent ist und war, so ergibt sich hieraus, dass der heutige Organswille, also + A, Norm ist und nicht mehr — A. Wenn das Organ befugt ist, nachdem es früher die Norm — A festgesetzt hat, auch noch die Normen B, C, D . . . . X zu setzen, so ist es gleichfalls befugt, die Norm + A festzusetzen. Dadurch wird der Norm — A ihre Geltung genommen, denn das Organ kann nicht zu gleicher Zeit ein gewisses Etwas und sein Gegenteil wollen. Dies bedarf u. E. keiner positivrechtlichen Setzung. Auch wenn das positive Recht schweigt, wird unter den erwähnten Bedingungen die jüngere Norm von der älteren, mit der sie, was den Inhalt betrifft, nicht vereinbar ist, derogieren. Hier gilt die Regel lex posterior derogat priori.

---

[1]) Diese Monstrosität scheint MERKL selbst etwas zu beschweren, und er versucht sich im voraus gegen eventuelle Einwände zu verteidigen:

„Es wäre ein Missverständnis, dem positiven Rechte in der zuletzt erwähnten Rolle die Fähigkeit zuzuschreiben, die *a priori gegebene Rechtskraft a posteriori aufzuheben oder auszuschliessen.* Die Funktion des positiven Rechtes ist vielmehr nur die, die *Bedingungen* festzusetzen, unter denen Aenderung des Rechtsinhaltes bei Wahrung der Rechtsordnung statthat, also jene Funktion, derzufolge sich Variabilität der Rechtserscheinungen mit Stabilität der Rechtswelt vereinbart. Mit der Position der Rechtskraft wird keineswegs eine Starrheit von der Unbedingtheit, wie sie der Ursprungsnorm eigentümlich ist, für jede einzelne Konkretisierung dieser Ursprungsnorm postuliert, sondern nur die Behauptung einer nicht letztlich aus der Ursprungsnorm ableitbaren Aenderungsmöglichkeit negiert. Die Rechtskraft selbst — als Garantie der Identität des Rechtes in seiner Ganzheit und in allen seinen Teilen — kann durch das positive Recht überhaupt nicht in Frage gestellt werden.“

Hierbei wurde aber ausdrücklich vorausgesetzt, dass die Norm durch die Norm(en) höherer Stufe, auf die sie sich gründet, nicht eindeutig bestimmt wird, m. a. W. dass auf Grund dieser höheren Norm(en) mehrere Normen niederer Stufe möglich sind; dass auf der Grundlage dieser höheren Norm(en) die niedere Norm ebensogut + A wie — A, + A wie B sein kann.

Wenn auf Grund der höheren Norm nur eine einzige niedere Norm möglich ist, daher unmöglich + A und — A, A oder B beide in der höheren Norm ihre Basis finden können, so ist u. E. die Lösung eine andere. MERKL, der von der Gleichartigkeit der Rechtserzeugungsakte ausgeht, macht konsequenterweise keinen Unterschied. Entweder ist die Rechtskraft Eigenschaft alles Juristischen oder kein einziger Organsakt hat die Rechtskraftqualität; dies ist die Konsequenz seines Standpunktes. Wir halten es aber für die schwache Stelle der Stufenlehre, dass sie allzusehr generalisiert und dadurch vergröbert.

Gesetzt also, dass durch die höhere Norm die von einem Organ zu setzende niedere Norm eindeutig bestimmt wird. Wir haben gesehen, dass dieser Fall in zweierlei Form vorkommt. Hier besitzt das normsetzende Organ keine Ermessensfreiheit.

Wenn auf Grund einer delegierenden Norm mehrere Normen juristisch gleichwertig sind, so kann man bloss vom ethisch-politischen, jedoch nicht vom juristischen Standpunkt von einer einzigen richtigen Lösung sprechen. Sämtliche in das „Rahmengesetz" hineinpassenden Normen sind in gleicher Weise richtig. Wenn in beiden Fällen dieser Bedingung entsprochen wird, ist die Lösung + A juristisch von gleichem Werte wie — A.

Die Sache liegt jedoch anders, wenn die höhere, wohl oder nicht delegierende Norm nur die Basis einer einzigen Norm niederer Stufe sein kann. Hier kann das Organ, ceteris paribus, später nichts anderes sagen, als es früher getan hat. Sollte sich dieses Organ nunmehr in anderem Sinne aussprechen, so würde es sich vordem geirrt haben. Der Ausspruch kann hier nicht anders als endgültig sein. Das positive Recht kann diese endgültige Entscheidung verschieben, mit anderen Worten einen Instanzenzug konstituieren. Doch gibt es dann stets ein letztes Organ, dessen Handlung, und damit das durch diese Handlung Erzeugte, Rechtskraft besitzt. *Wessen* Rechtserzeugungsakt dies ist, das ist Sache der positivrechtlichen Statuierung, aber *dass* es einen solchen Endpunkt des Rechtserzeugungsprozesses gibt, das ist ein Ausfluss einer logischen Regel [1]).

---

[1]) Unsre Anschauungsweise zeigt einige Uebereinstimmung mit derjenigen BERNATZIKS, wie dieser Schriftsteller seine Auffassungen über die Gründe der Rechtskraft in seinem Jugendwerk: Rechtsprechung und materielle Rechtskraft (namentlich in § 10 „Der Begriff der materiellen Rechtskraft und ihre Notwendigkeit im Verwaltungsrecht", S. 111—126) auseinandersetzt. Nach seiner Meinung ist es der Begriff der Rechtsprechung, welcher der materiellen Rechtskraft immanent ist. „Gleichwie ein Gesetz oder eine Verordnung erlassen wird, *damit* die darin enthaltenen Normen befolgt werden, gleichwie eine Verfügung ergeht, *damit* man allseits derselben Glauben schenke, so wird Recht gesprochen, *damit es als bestehend anerkanntes Rechtsverhältnis* fortan unanfechtbar bleibe." Und indem er hierauf in seinem Gutachten (S. 38/39) fortfährt, sagt er: „Zweck der Rechtsprechung kann immer nur sein die Anwendung einer abstrakten Norm auf einen konkreten Fall seitens der dazu berufenen staatlichen Autorität. Und darum muss sich notwendig mit der Rechtsprechung die Rechtskraft verbinden. Letztere ist keine unbedingte und braucht es nicht zu sein. Dass sie aber für die Regel der Fälle Zweck der Rechtsprechung sein muss, ergibt sich daraus, dass die Rechtsprechung ein logischer Schluss ist. Es ist widersinnig, dort, wo die reine Logik Anwendung finden kann, einen Schluss mit dem Vorbehalte zu ziehen, ihn später abzuändern."

„Wer Recht spricht, darf nicht das Bewusstsein haben, dass etwas anderes Recht sein könne, als was er jetzt als solches festgestellt; er darf nicht sagen: ‚ich kann auch anders', denn ein solcher Vorbehalt würde auf dem Satze beruhen: princeps legibus solitus."

Eines und das andre wird von MERKL bestritten (Rechtskraft, S. 112), weil es seiner Ansicht nach eine völlige Negation des unvermeidlichen juristischen Elementes sei, wenn man die Rechtsfunktion in die Denkfunktion aufgehen lässt. Seines Erachtens darf man nicht das richterliche Urteil dem logischen Urteil, das diesem tatsächlich immanent ist, ohne Weiteres gleichstellen. Wenn auch die Denkhandlung, die zur Rechts- oder Staatshandlung geführt hat — die logische Richtigkeit davon vorausgesetzt — immer dieselbe sein muss, so gilt dies darum noch nicht von der Rechts- oder Staatshandlung, die niemals restlos durch einen logischen Beschluss, sondern ebenfalls durch andere Faktoren bestimmt wird. Nicht nur die Rechtsprechungshandlung, sondern ebensogut jede andere Rechtserscheinung wird nach seiner Meinung durch eine Denkfunktion bestimmt. „In jedem steckt, wenn man will, das Urteil, dass sie in der bedingenden höheren Rechtserscheinung beschlossen sei." Dies gilt von Verordnungen in Verbindung mit dem Gesetz, von dem Gesetz in Verbindung mit der Verfassung.

Dies trifft u. E. nicht ganz zu. Kann doch bemerkt werden, dass, wenn auch in der Verordnung das Urteil steckt, dass sie im Gesetz beschlossen ist, darin *nicht* das Urteil steckt, dass sie *ausschliesslich* darin beschlossen sei. Und dies ist bei der Konkretisierung der abstrakten Norm (das richterliche Urteil) wohl der Fall. Dies ist auch der richtige Kernpunkt von BERNATZIKS Darlegung, von der kausalen und teleologischen Form abgesehen, in die er seine Betrachtungen giesst.

ABSCHNITT V

NICHTIGKEIT UND VERNICHTBARKEIT DER ORGANSHANDLUNGEN

Die Lehre der unvollkommenen oder fehlerhaften Organsakte [1]) wird häufig mit dem Rechtskraftproblem verbunden. Oft wird eines und das andre sogar identifiziert, d. h. die Rechtskraftqualität sollte nicht nur die Unabänderbarkeit des eingetretenen Rechtszustandes, sondern gleichfalls, die durch letzteren den fehlerhaften Rechtsakten verliehene Geltung involvieren.

So charakterisiert F. C. VON SAVIGNY die „Funktion" der Rechtskraft dahingehend, dass sie die Fiktion der Wahrheit darstelle, und auch BERNATZIK [2]) meint, dass die Rechtsprechung, die Kategorie von Organsakten, die nach diesem Autor ganz besonders rechtskräftig seien, Unrecht zum Recht mache: „Absichtliche oder unabsichtliche Fehler bei Interpretation der Rechtsnormen, Irrtümer bei Feststellung der Tatbestandsprämissen, fehlerhafte Schlussfolgerungen sind von jeher vorgekommen und werden stets vorkommen, ohne dass darum die materielle Rechtskraft entbehrlich würde."

Sehr bemerkenswert ist die Lehre der fehlerhaften Organsakte von FRITZ SANDER [3]). Nach diesem Schriftsteller kann die Frage, ob möglicherweise ein Organsakt rechtswidrig sei, gar nicht gestellt werden. Damit würde die Rechtswissenschaft die ihr gesetzten Grenzen überschreiten. Für ihn ist der vorprozessuale Rechtszustand gänzlich bedeutungslos, nichts anderes als „subjective Wünsche und Meinungen auf Grund einzelner — der materiellen — Teile des einheitlichen Rechtssystems (vorprozessualer Tatbestand), individuelle Abwägung der ‚Chancen' gewisser Zielsetzungen". Das ganze vermeintliche Problem findet nach

[1]) Wie sich im nachstehenden herausstellen wird, ist der Begriff „fehlerhafter Organsakt" ein contradictio in terminis.

[2]) Rechtsprechung und materielle Rechtskraft, § 16, S. 267.

[3]) Das Faktum der Revolution, Zeitschrift für öffentl. Recht 1919, S. 147 (Sonderausgabe S. 16).

Sander seinen Ursprung in der vom Naturrecht stammenden, falschen Unterscheidung zwischen materiellem und formellem Rechte. In Wirklichkeit lässt sich, nach der Ansicht des Verfassers, diese Unterscheidung nicht machen, weil nicht nur eine, sondern zahlreiche Rechtsregeln das Rechtsfaktum (das Urteil) in einer einzigen Einheitsfunktion (dem Prozess) bestimmen.

Adolf Merkl [1]), obwohl er Sanders Lehre abweist, ist unschlüssig bei seiner Stellungnahme zu der Frage der fehlerhaften Staatsakte. Sein u. E. richtiger Ausgangspunkt ist dieser, dass der Ausdruck „rechtswidriges Recht" eigentlich eine contradictio in adjecto enthalte, nur eine sehr vorläufige Vorstellung sei. Das mit dieser Vorstellung Gemeinte wird entweder als Recht, das nicht anders als rechtmässig sein kann, oder aber als Nichtrecht erkannt werden müssen. Es ist die Rechtswissenschaft, die dies zu entscheiden hat. Um zu präzisieren, wie die Rechtswissenschaft hierbei zu Werke gehen muss, sei daran erinnert, dass (nach Merkl) jedes Produkt des stufenweisen Rechtskonkretisierungsprozesses aus zwei Komponenten besteht: aus einem objektiven Faktor, der bereits in der vorhergehenden Stufe einbegriffen ist, und einem subjektiven Faktor, der von dem für die Stufe zuständigen Organ hinzuzufügen ist. Es sollte nun die Aufgabe der Rechtswissenschaft sein, auf jeder Konkretisierungsstufe den objectiven Faktor, der also aus der vorigen Stufe stammt und in den darauffolgenden Konkretisierungsprozess eingehen muss, herauszusichten und das besondere Produkt dieses Prozesses hinzuzufügen.

Wie wir u. E. dargetan haben, ist diese Vorstellung nicht haltbar. Es handelt sich nicht um zwei unterschiedliche, zusammensetzende Faktoren, von denen das Endprodukt die Resultante sein sollte. Die vorige Rechtsnorm bedingt die Erzeugung dieser Rechtsnorm, aber dann auch von dieser in ihrem Ganzen.

Merkls Schlussfolgerung ist nun diese, dass sich die Frage: was ist Wahrheit? nicht materiell, sondern formell, nicht für den besonderen Fall, sondern in abstracto beantworten lässt. „Recht ist, was die Rechtswissenschaft als wahr erkennt." Anscheinend ist der Verfasser selbst mit dieser, wie er sagt, auf der Hand liegenden Lösung nicht völlig zufrieden, doch hält er sie für einen Schritt vorwärts in Hinsicht auf den Zweifel der juristischen Skeptiker,

[1]) Rechtskraft, S. 275 ff.

namentlich gegenüber SANDERS juristischem Nihilismus [1]). Das Rechtsorgan, der Rechtsunterworfene und auch der Rechtstheoretiker, sie alle können in Bezug auf das, was Recht ist, im Irrtum sein, die Rechtswissenschaft aber, die übrigens in dem irrenden Rechtstheoretiker ebensogut einen Repräsentanten hat wie die Staats- und Rechtsordnung in dem irrenden Rechtspraktiker ein Organ hat, kann sich nicht irren. Hat die Rechtswissenschaft ihre Aufgabe noch nicht erfüllt, so stehen wir vor einem sehr vorläufigen ignoramus, keinesfalls aber vor einem ignorabimus.

Es liegt also der Rechtswissenschaft ob, die Bedingungen ausfindig zu machen, die erfüllt werden müssen, wenn der Rechtsnormtypus zu der in Rede stehenden Gruppe gehören soll. Entspricht die Norm diesen Kriterien nicht, so ist sie als nichtig anzusehen.

Auf Grund eines möglichen positivrechtlichen Institutes, das MERKL „Fehlerkalkul" nennt, könnte dann die Rechtsnorm aber doch noch als gültig betrachtet werden. Das positive Recht kann bestimmen, — dies müssen wir MERKL zugeben — dass einige Organsakte, die in irgendeinem Punkte ein Manko aufweisen, dennoch als gültig angesehen werden sollen. Was will dies jedoch heissen, wenn nicht dies, dass das positive Recht eine oder mehrere seiner Bestimmungen wieder annuliert oder ausser Kraft setzt? Man verlegt hiermit nur die Schwierigkeiten. Es bleibt auf diese Weise ebensosehr geboten, zu entscheiden, ob den, sei es auch in reduzierter Anzahl, gestellten Bedingungen genügt worden ist.

Auch noch in andrer Hinsicht kommt uns diese Lehre unbefriedigend vor. Kraft der höheren Norm oder Normen ist die Norm, die prätendiert, sich auf diese zu gründen, aber damit nur teilweise im Einklang ist, ungültig, juristisch irrelevant. Auf Grund einer anderen, den sogenannten Fehlerkalkul statuierenden Norm sollte diese, bei der Geburt mit Fehlern behaftete Quasinorm aber dennoch Rechtsnorm sein. Es sollten dann zwei Normen im

---

[1]) Welcher SANDERS Standpunkt eigentlich ist, dessen ist man nie sicher, da dieser Autor vielmals die Richtung gewechselt hat. Begonnen als Anhänger KELSENS, schliesst er sich später KANTS Transzendentalphilosophie enger an. Danach wird er KELSENS heftigster Gegner und schliesst sich HUSSERLS Phänomenologie an. Letztlich scheint er die Richtung wieder geändert zu haben. Seine heutige Lehre könnte man vielleicht als „Subjektivismus" bezeichnen. SANDERS Sympathien gehen dabei nach der Lehre GEORG JELLINEKS aus, soweit dieser Autor das Recht in Rechtszustände, in Statusverhältnisse aufgehen lässt. (Siehe System der subjektiven öffentlichen Rechte.)

Eine kurze Auseinandersetzung seiner heutigen (?) Auffassungen gibt SANDER in der „Nachschrift in eigner Sache" zu seinem Aufsatz mit dem Titel: RUDOLF STAMMLERS Rechtsbegriff, Revue internationale de la théorie du droit, 5. Jahrgang 1930/1931, S. 15—157.

Systeme sein, die einander widersprechen; zwei Normen, von denen die zweite — also als allgemeine Regel — der ersteren derogiert. Das wäre mit der Grundwahrheit der Widerspruchslosigkeit unvereinbar.

Eine der beiden Urteile kann bloss Rechtsnorm sein. Es ist ein Widerspruch, dass, wenn bestimmt ist, dass ein Urteil öffentlich verkündet werden soll, eine andere Norm bestimmen sollte, dass ein nicht öffentlich verkündetes Urteil dessenungeachtet gültig, d. h. Rechtsnorm, sei. Eine der beiden Normen ist eine Scheinnorm.

Dieselbe u. E. fehlerhafte Lehre findet man bei FRITZ SCHREIER [1]), welcher Autor auch die Lehre der sogenannten mangelhaften Staatshandlung sich mit dem Rechtskraftproblem verschmelzen lässt [2]). SCHREIER nennt „Rechtskraftsnorm" diejenige Norm, welche die Handlung zur Festsetzung einer den Rahmen der höheren Stufe überschreitenden und daher ungültigen Norm dem Setzungsfaktum einer gültigen Norm gleichstellt. „Die Rechtskraft besagt also allgemein: Wenn ein Setzungstatbestand niederer Stufe die ihm durch den Sinn der höheren Stufe gezogene Grenze überschreitet, so sollen dennoch jene Rechtsfolgen eintreten, die die gesetzte — ungültige — Norm vorschreibt." Via diese Rechtskraftsnorm sollte dann die ungültige Norm doch noch gültig werden.

Und als ob das logische Postulat der Widerspruchslosigkeit — will doch die Rechtsordnung ein in sich geschlossenes System darstellen — nicht bestände, so legt der Verfasser uns ans Herz, die zwei Normen: die der höheren Stufe und die Rechtskraftsnorm ja nicht zu verwechseln. Im Ernst poniert SCHREIER, dass jedes unrechtmässige, rechtskräftige Urteil unter einer doppelten Norm stehe. Ungültig wäre dieses Urteil mit Bezug auf die Norm der höheren Stufe, gültig dagegen in Hinsicht auf die Rechtskraftsnorm, unter welcher seine Erzeugung als Tatbestand steht, und durch welche dem Erzeugten wieder Gültigkeit verliehen wird.

Eine Rechtsnorm ist gültig, d. h. Element eines Rechtssystemes, wenn sie mit dem ganzen Komplex der sie determinierenden

[1]) FRITZ SCHREIER, Grundbegriffe und Grundformen des Rechts, Entwurf einer phänomenologisch begründeten formalen Rechts- und Staatslehre, Wiener Staatswissenschaftliche Studien, Neue Folge, Band IV.

[2]) a. a. O., S. 183 ff.

Normen im Einklang ist. Die Erzeugung in Uebereinstimmung mit sämtlichen sie determinierenden Normen, sowohl formellen als materiellen, bedingt die Gültigkeit der Norm. Diese Uebereinstimmung ist der ausschliessliche Massstab bei dem Urteil über diese Gültigkeit. Die Kardinalfrage hierbei ist aber, wer diesen Massstab hantieren soll.

Man ist gewohnt, in Sachen der defekten Organshandlungen zwischen nichtigen und vernichtbaren oder anfechtbaren Handlungen zu unterscheiden. Welcher der Sinn dieses vermeintlichen Gegensatzes zwischen nichtigen und vernichtbaren Organshandlungen ist, hierüber ist man sich bei Weitem nicht einig. Die Mehrzahl der Schriftsteller, die diesen Gegensatz akzeptieren, glauben sich auf die einfache Erwähnung dieser Unterscheidung beschränken zu können. Bei verschiedenen Autoren findet man eine stets mehr oder weniger problematische Einteilung der Fehler, die den Organshandlungen anhaften können [1]).

BERNATZIK versteht unter Nichtigkeit jede Diskrepanz zwischen der tatsächlich stattgehabten und der von der Rechtsordnung geforderten Handlungsweise eines Organes, infolgedessen die von dem Organ beabsichtigte Rechtswirkung einer Rechtsnorm entweder überhaupt nicht, oder nur unter bestimmten Bedingungen eintritt [2]). HERRNRITT bezieht die Unterscheidung: nichtig und anfechtbar (oder vernichtbar) nicht auf die mit Fehlern behaftete Organshandlung selbst, sondern auf deren „Wirkung". Nichtigkeit ist absolute Unwirksamkeit. Anfechtbar oder vernichtbar dagegen ist eine Handlung, die, obwohl allerdings wirksam, dennoch nicht ganz und gar den mit dieser Handlung bezweckten Effekt herbeiführt. Ob eine Handlung nichtig, oder aber vernichtbar sei, hängt nach HERRNRITT von dem Charakter der Fehler ab [3]).

GASTON JÈZE widmet in dem 5. Abschnitt seines Werkes: „Les principes généraux du droit administratif" der Frage der fehlerhaften Rechtsgeschäfte eine Betrachtung mit dem Titel: „Essai d'une théorie générale sur la sanction des irrégularités qui entachent les actes juridiques" [4]). Diese Rechtsgeschäfte sind jedoch nicht

---

[1]) Siehe WALTER JELLINEK, Der fehlerhafte Staatsakt, Tübingen 1908. KORMAN, System der rechtsgeschäftlichen Staatsakte, Berlin 1910.

[2]) EDM. BERNATZIK, Rechtsprechung und materielle Rechtskraft, S. 269.

[3]) R. HERRNRITT, Oesterr. Verwaltungsrecht, S. 30—32; Grundlehren des Verwaltungsrechtes, S. 281—291.

[4]) G. JÈZE, 1. Band, 3. Auflage 1925, S. 68—107.

nur Organsakte, sondern gleichfalls Akte der Rechtsunterworfenen. Jèze geht in dieser Angelegenheit ausschliesslich induktiv vor. An Hand des gegebenen positiven Rechtsmateriales erforscht der Verfasser, welche Regelmässigkeiten zu verzeichnen sind. Die sogenannte Sanktion auf die Unregelmässigkeit des Rechtsgeschäftes wird s. E. durch die Interessen bestimmt, die möglicherweise durch diese Sanktion ins Gedränge geraten würden. Bei der Bestimmung der Sanktion ist auf diese Interessen im Verhältnis zu ihrer Wichtigkeit Rücksicht zu nehmen.

Der Verfasser warnt nachdrücklich davor, sich hierbei auf einen logischen Standpunkt zu stellen: „Le législateur, la jurisprudence, en déterminant, *pour chaque sorte d'irrégularité*, l'énergie de la sanction, *doit tenir compte de tous les intérêts en présence*; il faut éviter de se placer *dans le domaine de la pure logique*; il faut se garder de croire que la nature de la sanction découle *logiquement* de la nature de l'irrégularité. Il n'y a pas de système stéréotype. La gravité de tel intérêt en jeu peut conduire, à telle époque, dans tel pays, dans tel milieu social, politique ou économique, à telle sanction, à laquelle la logique ne conduit pas et qui serait critiquable dans tel autre pays, à telle autre époque, dans tel autre milieu. En d' autres termes, les solutions en matière de sanction des irrégularités des actes juridiques sont *contingentes, relatives* au premier chef; elles sont *changeantes*. Il ne faut pas croire qu'on peut les formuler abstractement, par voie de déduction logique. Le rôle essentiel du juriste, en cette matière, est d'observer les faits sociaux, le milieu social, économique, politique, de rapprocher les intérêts en présence. C'est à cette condition seulement qu'il pourra critiquer utilement les solutions de la pratique; en les confrontant avec les besoins sociaux du moment et du milieu."[1])

Wir geben Jèzes Auseinandersetzung seiner Auffassungen in extenso wieder, weil diese als Prototyp der Theorien mit einem soziologischen Anstrich gelten können. Wir stellen uns jedoch diametral dieser Anschauungsweise gegenüber. Die Rechtspraxis zeigt allerdings die Neigung, fehlerhaften Organsakten nicht jeden „Effekt" abzusprechen [2]). Wir wollen dies aber dem Vorhanden-

---

1) a. a. O., S. 74.

2) Hans Kelsen, Ueber Staatsunrecht, Grünhuts Zeitschrift, 40. Band, 1914, insbesondere S. 47 ff.

sein zweier einander inhaltlich widerstreitenden Normen in einem System gleichstellen. Eins sowohl wie das andre verstösst gegen die Grundsätze der Logik.

Auch KELSEN unterscheidet in einer seiner Jugendschriften [1]) zwischen nichtigen und anfechtbaren Staatsakten, im Zusammenhang mit ihrer „Wirkung". Ein nichtiger Staatsakt — der vom rechtslogischen Standpunkt aus Nicht-Staatsakt ist, ist ein Akt, der mit der Prätension auftritt, als Staatsakt zu gelten. Ein jeder kann sich weigern, dem Staate solch einen Akt zuzurechnen. Zur Feststellung dieser Nichtigkeit, sagt KELSEN, bedarf es keines besonderen Verfahrens von Staats wegen. „Die Frage, ob Nichtigkeit vorliegt oder nicht, ist eine Frage der Rechtslogik; sie wird vom Verstande jedes urteilenden Individuums, nicht aber autoritär vom Staate entschieden."

Hiermit berührt KELSEN tatsächlich die Quintessenz der Sache. Es fragt sich, wer darüber zu entscheiden hat, ob eine von einem obrigkeitlichen Organ festgesetzte Norm gültig ist oder nicht. Mit der oben angeführten Lösung der Frage können wir uns nicht einverstanden erklären. Neben Fehlern, die die Nichtigkeit der damit behafteten Organsakte mit sich bringen, räumt KELSEN hier Fehlern, die dies keineswegs tun, Platz ein. Für die letzte Kategorie würde Feststellung der Nichtigkeit von Staats wegen erforderlich sein. Solange dies noch nicht geschehen ist, solange der Staat die „vermeintlichen oder prätendierten" Fehler nicht autoritativ festgestellt hat, würden diese Handlungen auch von denen die sie als fehlerhaft bezeichnet haben, als Staatsakte zu betrachten und zu respektieren sein. Die Frage, ob ein derartiger Fehler oder ein Mangel dieser Handlung wohl oder nicht anhaftet, würde keinesfalls „bloss" [2]) eine rechtslogische sein; sie wird nicht durch die Autorität der individuellen Vernunft, sondern vom Staate entschieden. Zwar ist es keineswegs ausgeschlossen, so führt KELSEN aus, dass auch der Zustand von Rechtsgeschäften, denen Nichtigkeitsfehler anhaften, von einem Staatsorgan geprüft und festgestellt wird. Dies ist möglich, aber durchaus nicht notwendig, denn auch ohne die letzte, die Nichtigkeit konstatierende

---

[1]) HANS KELSEN, Ueber Staatsunrecht, Grünhuts Zeitschrift, 40. Band, 1914, insbesondere S. 47 ff.

[2]) a. a. O., S. 55.

Handlung war der zu beurteilende Staatsakt nichtig, und der Rechtsunterworfene würde es riskieren dürfen, eine Handlung, die sich für einen Staatsakt ausgibt, der jedoch seiner Ansicht nach Nichtigkeitsfehler anhaften, einfach zu negieren. „Ob dies zweckmässig ist", fügt der Verfasser vorsichtshalber hinzu, „bleibt eine andere Frage."

Die Aufhebung eines vernichtbaren Staatsaktes kann dann weiter auf Antrag oder aber von Amts wegen erfolgen, und zwar entweder durch dasselbe Organ, das die Handlung vornahm, oder durch ein andres Organ, ex nunc oder mit Rückwirkung, m. a. W. ex tunc.

Wir können KELSEN hierin nicht beistimmen. Die Unterscheidung zwischen Fehlern, die infolge gewisser immanenter Qualitäten, „aus der Natur der Sache", die Nichtigkeit der damit behafteten Staatsakte mit sich bringen, und anderen Fehlern, die dies wegen andrer Qualitäten nicht tun, ist nichts anderes als „klares Naturrecht". Und akzeptiert man für einen Augenblick diese ungereimte Voraussetzung, so erhebt sich die Frage, weshalb die Entscheidung im ersteren Falle einem jeden zusteht? Weil es eine Frage der Rechtslogik ist? Ist denn die Entscheidung über das Vorhandensein von Fehlern der anderen Art: der Fehler, welche die Handlung anfechtbar machen, nicht eine Frage der Rechtslogik?

Sind es Qualitäten der Handlungen, *andere* als die (erst später zu konstatierenden) Fehlerhaftigkeitskriterien, die zu einer Teilung in nichtige und vernichtbare Handlungen führen? In diesem Fall würde man sich die Unterscheidung derart zu denken haben, dass die Handlungen der einen Kategorie bei eventueller Fehlerhaftigheit nichtig sind, die der anderen grippe erst nachdem von einem Rechtsorgan die Fehler festgestellt worden sind. Das Urteil betreffs der Frage, zu welcher Kategorie eine gewisse Handlung gehört, geht dann aber dem Urteil über eventuelle Fehlerhaftigkeit voran. Aber wie nun, wenn ein gewisses Individuum behauptet, dass die Handlung zu der ersteren Gruppe gehört, und das Rechtsorgan, dem diese Frage vorgelegt wird oder das sich amtlich diese Frage stellt, meint, die Handlung gehöre zu der zweiten Gruppe? Auch bei dieser Annahme bleibt die Schwierigkeit bestehen, wer über die Vorfrage: zu welcher Gruppe gehört die Handlung? zu entscheiden hat. Die Schwierigkeit ist bloss verschoben, jedoch nicht beseitigt.

Eine zweite Möglichkeit würde diese sein, dass es die Fehler selbst sind, welche die Kriterien für die Nichtigkeit, a contrario die Vernichtbarkeit, bilden. Dann fällt das Einteilungs- (= Zuständigkeits-) Urteil mit dem die Fehlerhaftigkeit wohl oder nicht konstatierenden Urteil zusammen. Dies letztere Urteil ist gleichfalls das Urteil über die Zuständigkeit. Und auch dann kommt die Frage auf: wem steht die Entscheidung zu, dem Rechtsorgan, welches behauptet, dass die Fehler die beurteilte Handlung vernichtbar machen, oder aber dem beliebigen Individuum, welches meint, dass die Fehler Nichtigkeitsfehler sind?

Jede Rechtsordnung muss notwendigerweise ein letztes „Organ" anweisen, das über seine eigne Kompetenz autoritativ entscheidet. Diese Funktion kann nie geteilt werden, denn dann würde es wieder ein Organ geben müssen, das statuierte, welches der beiden Organe zu entscheiden berechtigt sei, wenn die zwei Organe uneinig wären. Sogar gibt es dann voraussetzungsgemäss kein Organ mehr, das über die Frage entscheidet, ob dies „letzte" Organ wirklich das von der Rechtsordnung aangewiesene „letzte" Organ ist. Man wird sich mit der subjektiven Prätension des sich als „letztes" anmeldenden Organes, dass dies wirklich das „letzte" Organ sei, zufrieden geben müssen.

KELSENS Auffassungen, wie diese in der erwähnten Jugendschrift entwickelt werden, leiden u. E. an einem zweifachen Uebel [1]). HERRNRITTS Ansicht ist insoweit vorzuziehen, dass sie nur eine der oben geschilderten Unrichtigkeiten enthält, nämlich die Unterscheidung der Fehler, die je nach ihrer Art Nichtigkeit oder aber Vernichtbarkeit mit sich bringen. Uebrigens muss nach HERRNRITT auch die sogenannte Nichtigkeit autoritativ festgestellt werden, und ist bei diesem Autor der Unterschied zwischen Nichtigkeit und Vernichtbarkeit

[1]) In seiner „Staatslehre" kommt KELSEN von dem früher von ihm vertretenen Standpunkt mehr oder weniger zurück (S. 277). In seinem „Wesen und Entwickelung der Staatsgerichtsbarkeit" nennt er wieder die Handlung nichtig, „die mit der Prätension auftritt, d. h. deren subjektiver Sinn es ist, ein Rechts- und namentlich ein Staatsakt zu sein, dies aber objektiv nicht ist, und zwar deshalb nicht, weil sie dem Rechte zuwider ist, d. h. nicht den Bedingungen entspricht, die eine Rechtsnorm höherer Stufe vorschreibt".

Die nichtige Handlung sollte von vornherein jeden Rechtscharakter entbehren, so dass es nicht nötig ist, dass dieser ihr durch eine andere Handlung genommen wird. Jedermann, sowohl Rechtsunterworfener als Staatsorgan, sollte befugt sein, die Handlung auf ihre Rechtmässigkeit zu prüfen, sie unrechtmässig zu finden und als unverbindlich zu behandeln. Doch kann die Rechtsordnung, nach KELSEN, die Befugnis, Akte, die sich als Rechtsgeschäfte (subjektiv) ausnehmen, auf ihre Rechtsmässigkeit zu prüfen und hierüber zu entscheiden, dadurch einschränken, dass sie dies für bestimmte Instanzen reserviert.

auf die sogenannte Wirkung ex tunc, bezw. ex nunc zurückzuführen.

Nichtigkeit eines normsetzenden Organsaktes, in dem Sinne, dass dieser der Fehler halber von Rechts wegen nichtig sei, ohne autoritative Feststellung, ohne neuen Organsakt, ist u. E. ein Wahnbegriff. In einem folgenden Organsakt müssen die Fehler konstatiert werden. [1])

In Wirklichkeit kann also nur von Vernichtbarkeit die Rede sein. Organsakte können ex tunc oder ex nunc vernichtet werden. Wann eines oder das andre der Fall ist, folgt jedoch nicht aus der Natur der Sache, sondern ist lediglich eine Frage der positivrechtlichen Regelung.

Solange nicht die Möglichkeit besteht, dass ein Staatsakt, sei es von Amts wegen, sei es auf Antrag, vernichtet wird, hat es durchaus keinen Sinn, von den Fehlern eines Organsaktes zu sprechen.

Vernichtbarkeit ist aber kein rechtslogischer Begriff. Logisch ist ja jede prätendierte, rechtsnormsetzende Handlung, die nicht mit dem Komplex der sie bestimmenden Normen im Einklang ist oder demselben entsprechend erzeugt wurde nichtig: in dem Sinne, dass das Produkt dieser Handlung ungültig, Nichtrecht ist.

Hier trennen sich die Wege der Rechtsanwendung und der Rechtswissenschaft. Nichtigkeit ist ausschliesslich ein Begriff der Rechtswissenschaft. Die Rechtsanwendung kennt nur den Begriff der Vernichtbarkeit.

Der Begriff Vernichtbarkeit bezieht sich also auf ein bestimmtes Institut des positiven Rechtes, welches Institut es ermöglicht, dass eine Organshandlung von einem anderen Organ, oder aber von dem Organ selbst, das die Handlung vorgenommen hat, wohl oder nicht auf Antrag, auf ihre Rechtmässigkeit untersucht wird. Das Prädikat vernichtbar deutet mithin auf das Bestehen eines positivrechtlichen Institutes, nämlich das Institut der juristischen Kontrolle.

Wenn auf der Basis des Komplexes determinierender Normen nur eine Lösung möglich ist, nur eine Norm die richtige sein kann, so kann die Richtigkeit dieser Norm auch nur das Objekt der

---

[1]) Kelsen, Staatslehre, S. 277: „Wenn die Rechtsordnung bestimmt, dass ein Akt unter bestimmten Bedingungen nichtig sein soll, muss sie zugleich bestimmen, wer darüber zu entscheiden hat, ob die Bedingungen und daher die Nichtigkeit als Folge eingetreten sei.''

Kontrolle sein. Der Organsakt in seinem Ganzen kann der Kontrolle unterliegen, und das kontrollierende Organ übt keine andere Funktion aus als das kontrollierte Organ. Wenn dagegen die zu setzende Norm durch den Komplex von Normen, welche die Erzeugung dieser Norm regeln, nicht eindeutig bestimmt ist, und das normsetzende Organ innerhalb der von den höheren Normen gesteckten Grenzen diskretionäre Befugnis besitzt, so ist nur eine beschränkte Kontrolle möglich. Nehmen wir ein Beispiel: wenn ein Organ im Interesse des Volkswohnungsbaues zur Erzeugung von Normen, zwecks Vermeidung von Gefahr oder Ungemach befugt oder verpflichtet ist, so lässt sich bloss kontrollieren, ob die Norm in dieses Gebiet fällt, keinesfalls dagegen, ob das Organ vielleicht besser getan hätte, eine andere, gleichfalls in dieses Gebiet fallende Norm zu erlassen. Um diesen Tatbestand anzudeuten, drückt man sich häufig dahin aus, dass das kontrollierende Organ die Rechtsregel ausschliesslich in Bezug auf ihre Rechtmässigkeit, nicht aber in Bezug auf ihre Zweckmässigkeit zu kontrollieren hat. Ganz einwandfrei ist diese Vorstellungsweise jedoch nicht. Bezieht sie sich doch lediglich auf den Fall, dass das Zuständigkeitsgebiet des zu kontrollierenden Organes mit einem gewissen Zweck oder einem gewissen Interesse zusammenfällt, wie z. B. die Volkswohnungsverhältnisse, Verhütung von Alkoholmissbrauch, Förderung der guten Sitten, die Hygiene in Fabriken und Arbeitsräumen, usw. Auch dann ist der Ausdruck nicht richtig, da hier Rechtmässigkeit die Zweckmässigkeit, d. h. die Uebereinstimmung mit dem Zweck, in sich schliesst. Die Norm muss, wenn sie rechtmässig sein soll, zweckmässig, im Einklang mit dem Zwecke sein, zu dessen Förderung nur das Organ kompetent ist. Man meint aber, dass die Untersuchung, ob die Norm in Hinsicht auf ein engeres Ziel zweckmässig sei, oder aber die Untersuchung, ob eine Norm möglich sei, mit der dem gesetzten Ziel vielleicht besser gedient wäre, nicht unter die Kontrolle fällt. Doch ist der Zweck nur dann juristisch relevant, wenn die höhere Norm auf ihn verweist, oder wenn er den Inhalt der höheren Norm bildet. Wenn z. B. die Befugnis regional ist, kann von Zweckmässigkeit gar nicht die Rede sein, weil die höhere Norm hierauf nicht verweist.

Die Anzahl der Kontrollierungsinstanzen kann grösser oder

kleiner sein, doch hat schliesslich ein einziges Organ das letzte Wort. Die Verrichtungen dieses letzten, von der Rechtsordnung angewiesenen Organes werden nicht mehr kontrolliert und ebensowenig wird, was auf dasselbe hinausläuft, seine Organschaft untersucht. Wenn die Reihe der Kontrollinstanzen durchlaufen ist, wird man dem endgültigen Organsakte Rechtskraft zuerkennen müssen. Es ist in diesem Sinne, dass SAVIGNY den Begriff der Rechtskraft als die Fiktion der Wahrheit beschreiben kann, indem er auf die Tatsache zielt, dass in diesem Stadium die Frage, ob der Organsakt richtig ist, von dem positiven Rechte nicht mehr gestellt wird, allerdings vernünftigerweise natürlich noch gestellt werden kann.

Nach dem oben Ausgeführten gilt die juristische Kontrolle als zielbewusstes, positivrechtliches Institut. Implizite enthält jede Rechtserzeugungshandlung ein Kontrollelement, weil diese, die auf Grund einer oder mehrerer höheren Normen geschieht, stets das Urteil enthält, dass diese letzteren auch gültige Normen sind. Soweit das niedere Organ etwas, das sich subjektiv als anzuwendende Norm präsentiert, nicht für rechtsgültige Norm hält, wird es auf der Basis hiervon keine Normen erzeugen.

Jeder Rechtserzeugungsakt enthält zweierlei logisches Urteil, nämlich dass dasjenige, was das eine Stufe höher stehende Organ erzeugt hat, gültige Norm ist, und was das rechterzeugende Organ selbst erzeugt, rechtsgültige Norm ist.

Das normanwendende Organ wird die von ihm anzuwendende Materie daher auf ihre Rechtmässigkeit prüfen können und müssen. Doch sieht man in der Praxis, dass das positive Recht manchmal anders bestimmt. So wird es dem Richter oft verboten, das Gesetz in Bezug auf seine Uebereinstimmung mit der Verfassung zu kontrollieren. Muss man daraus denn schliessen, dass die Verfassung, oder vielmehr der Komplex von Normen, die man unter dem Namen Verfassung zusammenfasst, kein gültiges Recht ist, weil die Nichtbeobachtung derselben als Erzeugungsregel nicht die Nichtigkeit der Norm der niederen Stufe mit sich bringt? Auf den ersten Blick erscheint diese Schlussfolgerung nicht unberechtigt. Sie trifft aber nicht zu, wenn in vielen Fällen, sagen wir in den meisten Fällen, die Bestimmungen der Verfassung tatsächlich befolgt werden. Dann liegt eher die Annahme auf der Hand, dass das Rechtssystem an einem inneren Widerspruch leidet. Es entsteht dann ein Konflikt zwischen den Bestimmungen der Verfassung und dem Verbot, laut dem der Richter das Gesetzrecht nicht an Hand der Verfassung prüfen darf.

Nur wenn keine der konstitutionellen Bestimmungen faktisch je mehr zur Anwendung gebracht werden, wird man diese oberste „Schicht" von dem geltenden Rechtssystem entfernen müssen. Der ordentliche Gesetzgeber wird dann oberstes Rechtserzeugungsorgan, und die Grundnorm des Systemes wird derart gewählt werden müssen, dass sie den Gesetzgeber als oberste normfestsetzende Autorität einsetzt.

Steht die ganze Rechtserzeugung, bis zur Setzung der konkreten, individuellen Norm einschliesslich, nur einem Organe zu, — mit Einschluss von dem Urteil, nach welchem A gegen B die Zwangshandlung zu vollstrecken haben wird — so ist nach positivem Rechte jede von diesem Organ ausgehende Norm Recht, und ist die Zwangshandlung, die auf Grund der von diesem Organ gesetzten Normen vollstreckt wird, rechtmässig. Und zwar deshalb, weil das positive Recht unterlässt, festzustellen, wer sonst autoritativ über die Rechtmässigkeit zu urteilen hat. Gesetzt die Tatsache, dass die Norm eine Emanation des Rechtsorganes ist, so ist Recht all dasjenige, was dieses Organ als solches setzt. Schwierigkeiten entstehen hier nicht, weil die Befugnis dieses ersten und letzten Organes unbeschränkt ist. Die materielle Handlung, die prätendiert, eine auf einer Rechtsnorm lagernde Zwangshandlung zu sein, wird von „dem" Rechtsorgan als Unrecht, als die Erfüllung der Bedingung für Zwangsanwendung qualifiziert werden, wenn dieses Rechtsorgan meint, dass diese Prätension nicht fundiert gewesen sei.

Wenn die Rechtserzeugung stufenweise verläuft und die Organkompetenz immer mehr Beschränkungen erfährt, je weiter man in den Rechtserzeugungsprozess hinabsteigt, wird das Problem etwas komplizierter. Stets gibt es ein letztes Organ, das letzte der Organe des Instanzenzuges, dessen Normen sich selbst legitimieren, da das positive Recht die Frage der Rechtmässigkeit dieser Organsemanation nicht mehr stellt. Die Wissenschaft kann selbstverständlich an der Hand der ihr zu Gebote stehenden Kriterien in dieser Angelegenheit urteilen. Allein sie kann sich nicht an die Stelle des positiven Rechtes setzen.

Muss nun alles, was sich als Rechtsnorm anmeldet, als solche akzeptiert werden? Das klassische Beispiel einer derartigen Scheinnorm ist der Befehl des Hauptmannes von Köpenick zur Abgabe von Geldern. Es ist mit Rücksicht auf derartige Fälle, dass KELSEN [1]) meint, die Rechtswissenschaft könne den Begriff Nichtigkeit als Grenzbegriff nicht entbehren. Der Widerspruch mit der Norm, auf der diese Scheinnormen angeblich basiert seien, ist dann so augenfällig, dass die Rechtsordnung hiervon keine Notiz nehmen kann, und dieselben nicht zwecks Entscheidung über ihre Gültigkeit einem Rechtsorgan vorgelegt zu werden brauchen. Die Rechtswissenschaft vermag jedoch nicht zu bestimmen, bei welchem Fehlerhaftigkeitsgrad die Vernichtbarkeit endigt und die absolute Nichtigkeit beginnt. „Denn die Rechtsordnung könnte dies nicht anders, als indem sie zugleich ein Organ bestimmt, das feststellt, ob die Grenze eingehalten, das also absolute — dadurch aber zur blossen Vernichtbarkeit gewordene — Nichtigkeit ausspricht. Die *Rechtswissenschaft* aber kann nicht darauf verzichten, solche an der Grenze des Systems der Rechtsakte stehende Tatbestände als Akte zu charakterisieren, die *im Widerspruch zu dem Sinn, den sie beanspruchen*, nicht Rechtsakte, d. h. *nichtige Akte sind*." [1])

Wir halten dieses der traditionellen Lehre der Vernichtbarkeit und Nichtigkeit gemachte Zugeständnis für unnötig. Der Nichtigkeitsbeschluss ist u. E. ein logisches Urteil der Rechtswissenschaft. Jeder Akt, der mit der subjektiven Prätension auftritt, Rechtsakt zu sein, dies aber nach den Kriterien der Rechtswissenschaft nicht ist, ist, in Hinsicht auf die Rechtsordnung und im Zusammenhang mit dieser gesehen (d. h. in Hinsicht auf dasjenige, was bis jetzt von der Rechtswissenschaft als Recht erkannt worden ist) Nichtrecht. Das Mass oder der Grad der Fehlerhaftigkeit ist dabei irrelevant. Vernichtbarkeit ist ein empirischer Begriff der Rechtsanwendung und zielt auf die Tatsache, dass von der Rechtsordnung ein „niederes" Organ statuiert worden ist, welches logischerweise eine fehlerhafte Norm (d. h. eine Nichtnorm) nicht

---

[1]) KELSEN, Staatslehre, S. 277—278.

zu einer niederen Norm wird verarbeiten können, oder aber diese mit Fehlern behaftete Norm als Nichtnorm erkennen wird. Doch zielt Vernichtbarkeit auch wohl mal auf die (überflüssige) positivrechtliche Prufüngsermächtigung. Gegensätzlich sieht dann der Begriff der Nichtvernichtbarkeit auf das der Rechtslogik widersprechende Verbot, gemäss welchem der Rechtsanwender das ihm zur Anwendung angebotene Material nicht auf seine Rechtmässigkeit prüfen darf. In diesem Fall enthält das Rechtssystem einen inneren Widerspruch (wieder ein Begriff der Rechtswissenschaft), oder aber die nicht beobachtete höhere Norm hat nie die Erzeugung der niederen Norm bedingt, d. h. ist Nichtnorm.

Im Prinzip legitimiert sich ein Organsakt selbst, es sei denn, dass das positive Recht dies anders bestimmt, indem es eine niedere, rechtanwendende oder eine kontrollierende Instanz statuiert. Ersteres ist stets der Fall, wenn auf den Rechtserzeugungsakt eines niederen Organes verwiesen wird. Der zweite Rechtsakt legitimiert dann den ersteren. Der letztere, positivrechtlich eingesetzte Rechtsakt muss dann doch sich selbst legitimieren. „Das Prinzip der Selbstlegitimation der Rechtsakte hat seine Grenzen", sagt KELSEN. „*Letzten Endes* ist es doch die rechtstheoretische Vernunft, die den auf Grund ihrer Hypothesis zum einheitlichen System zusammengeschlossenen Tatbeständen ihren rechtlichen Sinn, ihre spezifische Bedeutung verleiht, oder in ihrer Tendenz, solches Sinnes teilhaftig zu werden, bestätigt, ihren in dieser Tendenz entstandenen subjektiven Sinn objektiv legitimiert." [1]) Was nichts anderes bedeuten kann, als dass auf jeder Stufe das dem Rechte unterworfene Individuum — wenn das Recht in delegierender Form gesetzt ist, das zur Rechtserzeugung berufene Organ, wenn das Recht in abstrakter oder konkreter, vollständiger Form gesetzt ist, das Individuum, dessen (materielle) Handlung Inhalt der Norm ist — zu eignen Nutzen und Lasten zu beurteilen hat, ob dasjenige, was sich subjektiv als Rechtsnorm präsentiert, als solche zu betrachten sei. Und zwar auf Risiko einer eventuellen Sanktion. Dies ist auch der Kern der Wahrheit in KELSENS Abhandlung in Grünhuts Zeitschrift von 1914. Die Frage nach der Rechtmässigkeit jeder Rechtsnorm, auf welcher Stufe es auch sei, wird in diesem Sinne durch die Vernunft des urteilenden Indivi-

[1]) KELSEN, Staatslehre, S. 278.

duums, das diese Norm angeht, entschieden [1]). Das Kriterium für die Unterscheidung zwischen vernichtbaren und nichtigen Rechts- oder Staatsakten liefert dies jedoch nicht.

---

[1]) Siehe auch A. MERKL (Rechtskraft, S. 289): „Die Misslichkeit widersprechender Auffassungen wird in der Rechtswissenschaft wie überhaupt im Wissenschaftsbetrieb (im Gegensatz zur Rechtspraxis, wo ein bestimmter Faktor sozusagen das letzte entscheidende Wort hat) dadurch erhöht, dass es an einem Faktor fehlt, der massgeblich auszumachen hat, *wer Recht hat*. Die ewige Zweifelsfrage: was ist Wahrheit? lässt sich zwar nicht materiell, aber formell, zwar nicht für den einzelnen Fall, aber abstrakt dahin beantworten: *Recht ist, was die Rechtswissenschaft als wahr erkennt.*"

ABSCHNITT VI

DER ORGANSBEGRIFF

Der kennzeichnende Unterschied zwischen Naturrecht und positivem Rechte sollte also darin liegen, dass ersteres nach dem statischen, letzteres nach dem dynamischen Prinzipe aufgebaut ist [1]). Bei dem statischen, naturrechtlichen System ist der Geltungsgrund ein materieller, bei dem dynamischen System dagegen ist der Geltungsgrund formeller Natur. Die Ursprungsnorm eines statischen Systemes ist selbst eine abstrakte, vollständige Norm und verweist nicht auf einen weiteren „Organs"akt. Die Grundnorm eines Systems des positiven Rechts dagegen verweist auf ein „Organ". Sie delegiert eine bestimmte Autorität, die dadurch zum Organ wird, zur Erlassung von Rechtsregeln. Und wenn man von einer stufenweisen Rechtserzeugung spricht, so will dies heissen, dass das delegierte Organ seinerseits wieder delegiert.

---

[1]) BARNA HORVÁTH ist der Ansicht, dass jedes denkbare Normsystem sowohl statisch als dynamisch zugleich ist, so dass man weder von einem absolut dynamischen, noch von einem absolut statischen System sprechen kann: „Es besteht kein qualitativer, sondern höchstens nur ein quantitativer Unterschied zwischen dem Enthaltensein des lüftigsten Untersatzes in seinem Obersatze und zwischen dem Enthaltensein der Wirklichkeit in der Wahrheit. Glaubt man wirklich im Ernst daran — worauf hier alles ankommt — dass aus dem *genus proximum* (aus dem Allgemeinbegriff) die *differentiae specificae* auf rein logischem Wege *produziert* werden können, dann kann man mit demselben Rechte die logische Produzierbarkeit, die rein logische Entfaltung eines dynamischen wie eines statischen Normsystems verfechten. Denkt man nämlich den Untersatz zum Obersatz hinzu, dann ergibt sich auch im Falle eines dynamischen Systems der Schluss mit derselben logischen Notwendigkeit und Strenge wie im Falle eines statischen Systems. Und umgekehrt ist es schon aus dem Umstande allein, dass im Syllogismus: Handle so wie es die Norm der Wahrhaftigkeit fordert; Die Norm der Wahrhaftigkeit fordert, dass du dein Versprechen haltest; Also halte dein Versprechen — dass in diesem Syllogismus dem Untersatze genau dieselbe Rolle zukommt wie im folgenden: Handle so wie es die Eltern fordern; Die Eltern fordern, dass du dem Lehrer gehorchst; Also gehorche dem Lehrer — aus diesem Umstande allein ist zu ersehen, dass der erstere Untersatz, der von der abstrakten zur konkreten Norm eines statischen Systems hinüberleitet, genau so den Charakter eines Normsetzungsaktes hat wie der letztere Untersatz der von der abstrakten zur konkreten Norm eines dynamischen Systems die Brücke schlägt. Entweder sind nämlich beide Normsetzungsakte oder keiner von ihnen. Und auf diesem Wege kommt man zu dem Ergebnis, dass man jedes statische System als ein dynamisches konstruieren kann, innerhalb dessen die Delegation immer auf jeden beliebigen Menschen ergeht, der die Subsumtion der abstrakten Norm richtig oder gerecht zu vollziehen vermag."

„Zur Konkretisierung der abstrakten Norm eines statischen Systems ist — als Organ dieses Systems — unterschiedslos jedermann ermächtigt, der sie nur richtig oder gerecht zu vollführen vermag, wobei es gleichgültig bleibt, *was* das Ergebnis dieser richtigen oder gerechten Konkretisierung sein wird. Zur Konkretisierung eines dynamischen Systems ist dagegen — als Organ dieses Systems — ein konkreter Mensch oder eine Mehrheit von konkreten Menschen ermächtigt, wobei es gleichgültig bleibt, ob die Konkretisierung gerecht oder ungerecht vollzogen wird."

BARNA HORVÁTH, Gerechtigkeit und Wahrheit, Revue internationale de la théorie du droit, IV 1929/1930, S. 9—10.

„Die Einheit des dynamischen Systems", sagt KELSEN, „ist die Einheit eines Delegationszusammenhanges."

Mündet das System in eine vollständige, abstrakte Norm, so ist aber die letzte Stufe — die Konkretisierung dieser abstrakten Norm — u. E. statischer Natur.

Auf jeden Fall kann man sagen, dass einem System des positiven Rechts der Organsbegriff inhärent ist, weil das Charakteristische dieses Systemes ist, dass es Rechtserzeuger: Organe anweist.

Nach dem Vorbilde SOMLÓS [1]) unterscheidet die moderne Rechtswissenschaft zwischen Rechtswesen- oder Rechtsformenlehre und Rechtsinhaltslehre. Die Ergebnisse, zu denen die Rechtswesenlehre gelangt haben für das Recht im Allgemeinen, d. h. für jede denkbare positive Rechtsordnung Geltung. Die Rechtsinhaltslehre dagegen befasst sich mit gewissen typischen Erscheinungen, die viele moderne Rechtssysteme aufweisen, die aber nicht rechtsnotwendig sind. Die Rechtsinhaltslehre handelt also von Norminhalten, die für viele Rechtssysteme bezeichnend sind.

Der Organsbegriff nun gehört in die Rechtswesen- oder Rechtsformenlehre. Es ist ja das Merkmal des positiven Rechts, dass der Zusammenhang der zu einem solchen System gehörenden Normen formeller Natur ist, d. h. dass die Verwandtschaft der Normen in der Einheit der Erzeugung liegt. Die Rechtsordnung wird von Menschen erzeugt, die von einer auf höherer Stufe stehenden Rechtsnorm für hierzu befugt erklärt oder hierzu verpflichtet werden. Diese höhere Norm bestimmt die Grenzen der Zuständigkeit, sowie die Art und Weise, wie die Norm der niederen Stufe zustande gebracht wird. Die Rechtsordnung weist Organe an, stempelt Menschen oder Gruppen von Menschen zum Staats- oder Rechtsorgan, im Zusammenhang mit der ihnen von der Rechtsordnung zuerteilten Funktion. Die höchste Norm, die die Einheit des Rechtssystems konstituiert, wird aber nicht erzeugt, sondern vorausgesetzt [2]). Wäre dies nicht so, dann würden die Staats- oder Rechtsorgane (oder der Staat) als primäres Phänomen die Rechtsordnung erzeugen, während umgekehrt auf Grund einer Norm ein normsetzender Akt zum Organsakt gestempelt wird.

---

1) FELIX SOMLÓ, Juristische Grundlehre, 1917.

2) HANS KELSEN, Staatslehre, S. 263.

Der auf diese Weise verstandene Organsbegriff hängt augenscheinlich mit der dynamischen Natur der Rechtsordnung zusammen. Dieser Begriff verliert u. E. seine praktische Brauchbarkeit, wenn man, im Gegensatz zu den traditionellen Auffassungen, unter der Kategorie der Rechts- oder Staatsakte nicht nur die Akte verstehen müsste, die man gewöhnlich als Gesetzgebung, Verwaltung oder Rechtsprechung andeutet, sondern gleichfalls gewisse Akte der Rechtsunterworfenen, die scheinbar Normerzeugungsakten sind: die sogenannten Rechtsgeschäfte (actes juridiques). KELSEN meint, dass die „Rechtsgeschäfte" (in engerem Sinne), die sogenannten Akte der Privatautonomie, tatsächlich als Akte zur Erzeugung der Rechtsordnung angesehen werden müssen, als eine Fortsetzung des mit der Verfassungsgesetzgebung beginnenden Rechtserzeugungsprozesses. „Die Erkenntnis des stufenweisen Fortganges der Rechtsbildung", sagt er, „zeigt das Rechtsgeschäft in einer Reihe mit den als staatlich geltenden Akten der Normsetzung, wie Gesetz und Verordnung" [1]. „Die zahlreichen Zwischenformen, die die neuere Rechtsentwickelung zwischen Gesetze und Verordnung einerseits und die früher allein üblichen Formen des Rechtsgeschäftes eingeschoben — wie Kollektivvertrag, Vereinsstatut usw. — haben die Einsicht in die Relativität des Gegensatzes von Gesetz als Rechtserzeugung und Rechtsgeschäft als Rechtsanwendung wesentlich gefördert."

Es ist nun, nach KELSEN, ein ganz andrer Begriff als der Rechtswesensbegriff „Organ", wenn man hier unterscheidet zwischen Staatsakt und Rechtsgeschäft (im engeren Sinne). Es ist ein Rechtsinhaltsbegriff „Staatsorgan", den man im Auge hat, wenn man zwischen Staatsorgan und Untertan eine Grenzlinie zu ziehen versucht; eine Unterscheidung, die sich aus dem primären Rechtswesensbegriff nicht ergibt.

Es sollten bestimmte, qualifizierte Rechtserzeugungsakte sein, die man gewöhnlich als Staatsakte andeutet, deren Merkmale jedoch nicht aus dem Rechtswesensbegriff „Organ" hervorgehen, sondern nur für bestimmte Rechtsordnungen charakteristisch sind und davon gewisse Norminhalte sind. Der Rechtswesensbegriff „Organ" vermag, nach KELSEN, nicht eine essentielle

[1]) Staatslehre, S. 263.

Unterscheidung von normsetzendem Staatsorgan und normsetzendem Untertan, und im Zusammenhang hiermit die Unterscheidung von Staatsakt in engerem Sinne, zu begründen.

„Staats"organ nennt man dann nicht jeden „Fortbauer" der Rechtsordnung, nicht jedes Normsetzungswerkzeug, sondern nur das Organ, welches in höherem Masse und nachdrücklicher als andere Staats- oder Rechtsfunktionen ausübt [1]). Indem in einigen Rechtsordnungen sich die Rechtsfunktionen in bestimmten Individuen oder Körperschaften verdichten oder zusammenziehen, wird dieses Individuum oder diese Körperschaft zum Staatsorgan in rechtsinhaltlichem, mithin in engerem Sinne. KELSEN hält es nicht für möglich und sieht deshalb davon ab, feste, allgemein gültige Kriterien für diese qualifizierten Rechtsorgane anzugeben. Nur einige typische Momente sind anweisbar. Als solche nennt der Autor die Pflichtmässigkeit der Funktion, d. h. dass die Anwendung gewisser Zwangsmassnahmen dadurch bedingt ist, dass die Funktion nicht oder nicht richtig vollführt wird. Dennoch ergibt die Pflichtmässigkeit der Funktion kein hinreichendes Kriterium für die Staatsorganschaft in engerem Sinne. Das Parlament z. B., ein Körper, dessen Organsqualität doch niemand in Zweifel ziehen wird, ist nicht verpflichtet, seine Funktion zu vollführen. Als zweites Merkmal wird die Berufsmässigkeit der Funktion oder aber der Umstand erwähnt, dass der Träger der Funktion für seine Arbeit honoriert wird. Berufsmässigkeit und Honorierung brauchen nicht notwendig zusammenzugehen. MERKL [2]) meint, dass das besonders Charakteristische der Rechtsfunktion und des Rechtsorganes; die man speziell als Staatsfunktion und Staatsorgan betrachtet, dieses ist, dass der Träger dieser Funktion aus dem Zentralfonds bezahlt wird, den man gewöhnlich als Staatskasse oder Fiskus bezeichnet und der, wenigstens teilweise, mit Pflichtbeiträgen gespeist wird, während die Erfüllung dieser Zahlungspflicht Inhalt einer Rechtsnorm ist. MERKL glaubt, dass die Mitgliedschaft eines Organkomplexes, dessen Kosten durch unter Zwangsandrohung zusammengebrachte Geldbeiträge gedeckt werden, das einzige, allen gemeine Merkmal derjenigen Rechtsorgane ist, die man gewohnt ist, zu dem Organkomplex

---

[1]) a. a. O., S. 271.

[2]) A. MERKL, Allgemeines Verwaltungsrecht, S. 295.

zusammenzufassen, welchen man nach traditioneller Auffassung als „Staat" qualifiziert.

Wenn bei diesem Kriterium auch Zweifelsfälle vorkommen werden, in denen an der Hand dieses Merkmales schwerlich oder gar nicht auszumachen ist, ob man es tatsächlich mit „Staatsorganen in engerem Sinne" zu tun hat, so sind doch seiner Ansicht nach bei anderen Kriterien die Schwierigkeiten viel grösser und die Abweichungen von der traditionellen Staatsterminologie bedeutend zahlreicher, als bei dem Merkmal der Honorierung aus der Staatskasse der Fall ist.

Man soll allerdings Rücksicht darauf nehmen, dass es sich hier nicht um Rechtswesens- oder Rechtsformbegriffe, d. h. um solche Begriffe handelt, die dem Wesen des Rechtes immanent, die darin begründet sind, sondern dagegen um Feststellung rechtsinhaltlicher Begriffe, die sich möglichst eng an den Sprachgebrauch anschliessen. Der Sprachgebrauch hebt aus der Gesamtheit der Funktionsträger, die mit Rücksicht auf die dynamische Struktur der Rechtsordnung Rechtsorgane oder Rechtserzeugungsorgane genannt werden, eine gewisse Gruppe von Organen aus, die dann als Staats- oder Rechtsorgane in engerem Sinne oder als Staatsorgane ohne Weiteres angesehen werden. Es handelt sich hier bloss darum, das Merkmal zu suchen, das all diesen Staatsorganen in engerem Sinne gemein ist und sie von allen anderen Rechtsorganen unterscheidet, die diesem Merkmal nicht entsprechen; damit auf diese Weise der Sprachgebrauch gerechtfertigt werde. Die Rechtsformenlehre, die Lehre, die sich mit den Eigenschaften desjenigen, was man Recht nennt, und mit dessen Erzeugungsweise befasst, weist, wenigstens nach KELSEN und MERKL, dieses Merkmal nicht auf. Durch Vergleichung der Inhalte verschiedener modernen Rechtsordnungen müsste das gesuchte Kriterium gefunden werden.

MERKL hält es für unzweckmässig, neben dem Merkmal der besonderen Kostendeckungsweise noch andere Kriterien aufzustellen, wie die Honorierung überhaupt, oder aber die Pflichtmässigkeit der Funktion. Verengert sich doch dadurch der Kreis der Staatsorgane in engerem Sinne immer mehr und, was eben zu vermeiden ist, vergrössern sich die Abweichungen vom Sprachgebrauch. Der Verfasser meint, dass man es nicht als Merkmal auffassen soll, sondern nur so als Erfahrungsregel konstatieren darf, dass die Funktionen der Staatsorgane in engerem Sinne gewöhnlich oder meistens der Inhalt einer eine Rechtspflicht des Organes statuierenden Rechtsregel sind und gewöhnlich oder meistens gegen Geldvergütung und als Beruf, sogar als Hauptberuf, vollführt werden.

Auch die moderne französische Doktrin, namentlich die mit KELSENS Lehre in mancher Hinsicht ziemlich nahe verwandte Lehre von LÉON DUGUIT [1]) und die seines Anhängers GASTON JÈZE, bringt klar die Schwierigkeit zum Ausdruck, eine genaue Scheidelinie zu ziehen zwischen den Akten des normsetzenden „Regierers" und den Akten der Privatautonomie auf Grund der höheren, anzuwendenden Normen und in Uebereinstimmung mit denselben, m. a. W. den Akten der normsetzenden „Regierten".

DUGUITS Ausgangspunkt ist die Unterscheidung von materiellen Akten und Rechtsakten (actes juridiques). Vorläufig definiert er die Rechtsakte als Willenskundgebungen, die darauf gerichtet sind, eine Aenderung in der Rechtsordnung vorzunehmen, und schliesslich nennt er all diejenigen Handlungen actes juridiques, die in der Absicht unternommen werden, im Rechtsgebiete eine Aenderung zu vollbringen [2]), oder alle Willensakte, die in der Absicht getätigt werden, eine Aenderung in der Rechtsordnung vorzunehmen, wie diese bis dahin bestanden hat oder wie sie in einem künftigen Zeitraum gewesen sein würde [3]), wenn der diesbezügliche Akt nicht stattgefunden hätte. Offenbar betrachtet DUGUIT hier, ebenso wie KELSEN, die Rechtsordnung aus dem Gesichtspunkt ihrer dynamischen Struktur.

Materielle Akte sind nach dem Verfasser sämtliche Willenskundgebungen, die nicht bezwecken, eine Aenderung in der Rechtsordnung vorzunehmen [4]).

DUGUIT unterscheidet weiter drei Gruppen von Rechtsakten: die actes-règle, die actes-condition und die actes subjectives. Der

---

[1]) Siehe für DUGUITS Rechtslehre und Staatslehre das Exposé ROGER BONNARDS, mit dem Titel: La doctrine de DUGUIT sur le droit et l'état, in Revue internationale de la théorie du droit, I, 1926/1927, S. 19—40, und in derselben Zeitschrift: JOSEF L. KUNZ, Die Rechts- und Staatslehre LÉON DUGUITS, S. 140—152 und 204—221.

[2]) L. DUGUIT, Traité de droit constitutionnel, 3. Auflage 1927, 1. Band, S. 261—262.

[3]) a. a. O., S. 325—326.

[4]) a. a. O., S. 241—242.

acte-règle hat eine Aenderung des objektiven Rechts zum Zweck und auch zur Folge, „ohne dass die juristischen Situationen eines oder mehrerer bestimmten Individuen berührt werden". Der Autor hat hierbei die Erlassung oder Aufhebung einer abstrakten, generalen Norm im Auge.

Obwohl es hier nicht am Platze ist, DUGUITS Lehre zu analysieren, und wir uns auf eine Beschreibung ohne Weiteres beschränken können, bemerken wir dennoch beiläufig, dass offenbar laut Ansicht des Verfassers eine juristische Situation nur aus konkreten Normen bestehe, die das Verhalten eines Individuums zum Inhalt haben. Versteht man aber unter „juristischer Situation" den ganzen Komplex von Normen, die das Verhalten eines bestimmten Individuums zum Inhalt haben (KELSENS Teilrechtsordnung), so ist nicht einzusehen, weshalb die abstrakten Normen davon ausgeschlossen sein sollten, wenn auch die Konkretisierung der abstrakten Normen erforderlich ist [1]).

Zur Gruppe des actes-règle rechnet DUGUIT: im Publikrecht die Reglements (Regierungsmassnahmen), die reglementarischen Klauseln einer Konzession; im Privatrecht die Satzungen eines Vereins (association) oder einer Gesellschaft (société), die Klauseln eines kollektiven Arbeitsvertrages. Actes-condition sind diejenigen Akte, welche die Betätigung gewisser, vorher gesetzter Rechtsregeln in Bezug auf ein bestimmtes Individuum bedingen. Zu dieser Gruppe von Rechtsakten gehören die Ernennung von Beamten, die Anerkennung eines unehelichen Kindes, die Ehelichkeitserklärung desselben, die Ehe, die Naturalisation. Diese beiden Arten von Rechtsakten schaffen nach DUGUIT objektive Situationen. Der subjektive Akt dagegen ruft subjektive Situationen ins Leben. Durch den subjektiven Akt entsteht zu Lasten eines Individuums eine spezielle Verpflichtung, die vielleicht nicht im objektiven Rechte ihren Ursprung findet und deren Tragweite nicht durch das objektive Recht bestimmt wird. Als Prototyp dieses Rechtsaktes wird der Vertrag genannt.

DUGUIT gründet seine Haupteinteilung in materielle Akte und

---

[1]) DUGUIT ist in diesem Punkte bei Weitem nicht klar. Er stellt das objektive Recht und die juristischen Situationen nebeneinander: „Ces situations juridiques forment avec le droit objectif l'ordonnancement juridique d'une société; mais il importe de comprendre qu'elles sont de deux sortes et qu'il faut les distinguer soigneusement. Ce sont: 1°. Les situations juridiques objectives. 2°. Les situations juridiques subjectives." (a. a. O., S. 308).

Rechtsakte auf ein metajuristisches, individuell-psychologisches Moment: die Intention der handelnden Personen. Hier lässt sich eine Parallele mit der sogenannten Interessentheorie ziehen, der Lehre, die das subjektive Recht als ein durch das Recht geschütztes, individuelles Interesse erklärt. Auch hierbei ist in Wirklichkeit von Beschützung individueller Interessen nicht die Rede. Ein gewisser individueller, psychischer Zustand wird vom Rechte nicht vorausgesetzt oder zur Bedingnug gemacht. Das objektive Recht setzt ein Interesse voraus, geht davon aus, dass ein gewisses Interesse vorhanden ist. Dies ist also ein objektiviertes Durchschnittsinteresse. D. h. man könnte sagen, dass man bei der Setzung der Rechtsnorm einen bestimmten Zweck im Auge gehabt hat, in der Hoffnung, dass die zwangvermeidende Handlung vollführt werden möge oder der zwangvermeidende Unterlassungsfall eintreten werde. So ist es, so kann es nicht anders sein, mit der vorausgesetzten Intention, eine gewisse Rechtsfolge herbeizuführen. In abstracto setzt das Recht vielleicht voraus, dass mit dem sogenannten Rechtsakte (acte juridique) diese Intention vorliegt, doch gibt sich das Recht mit einem gewissen äusseren Akte (Vertrauenstheorie versus Willenstheorie) zufrieden, so dass die wirkliche Absicht juristisch irrelevant ist. Es sei denn, dass das Recht die Nachweisbarkeit einer tatsächlichen Absicht als Bedingung für den Eintritt einer gewissen Rechtsfolge fordert. Dies ist z. B. im Strafrecht der Fall. Doch wird dort diese sicherlich nicht als auf die Zwangsfolge gerichtet angenommen.

Mit Bezug auf den acte-condition ist es sogar zweifelhaft, ob das Recht die auf die Herbeiführung der Rechtsfolge gerichtete Intention der handelnden Personen wohl voraussetzt. Was ist doch hierbei der Fall? Die Handlung, die geboten ist, d. h. die durch Zwangsandrohung sanktioniert wird, kann bedingungsweise verlangt werden; m. a. W. unter bestimmten Umständen, oder nachdem eine bestimmte Tat vollführt worden ist, oder nachdem eine gewisse Tatsache stattgefunden hat. So sind z. B. die Verpflichtungen des Mannes gegenüber der Frau und umgekehrt erst in Kraft, nachdem die Heiratsformalitäten erfüllt worden sind. Die mit dem Arbeitsvertrage verknüpften gesetzlichen Bestimmungen werden erst nach den Willenserklärungen wirksam. Doch setzt das Recht nirgends voraus, dass diese gesetzlichen Verpflichtungen vom Arbeitsvertragschliessenden — der Arbeitsvertrag ist, soweit er das Inkrafttreten dieser gesetzlichen Verpflichtungen bedingt, acte-condition — bezweckt worden sind. Man fragt sich, welcher Unterschied vorliegt zwischen diesem Rechtsakte: dem Abschluss eines Arbeitsvertrages, der die Wirksamkeit eines Komplexes gesetzlicher Bestimmungen hervorruft, und z. B. dem Akte, durch den man sich in eine Strasse begibt, wo es geboten ist, das rechtseitige Trottoir zu halten. Auch in diesem letzteren Falle wird die Verpflichtung, sich rechts zu halten, erst mit der Tatsache wirksam, dass man sich in die Strasse begibt, für die diese Regel gilt, während selbstverständlich bei diesem Akte die Absicht ebensowenig als auf die Erzeugung dieser Verpflichtung gerichtet angenommen wird. Es ändert nichts an der aus einem juristischen Gesichtspunkt prinzipiellen Gleichartigkeit dieser Akte, dass im letzteren Falle die Rechtsregeln sich auf die Vornahme dieser Handlung selbst beziehen, denn man kann dieses Beispiel durch viele andere ersetzen. Man ist z. B. verpflichtet, Gebäudesteuer zu entrichten, nachdem man das Eigentum an einem Grundstücke erworben hat.

Und sagt man, dass man beim Abschluss weiss, dass gewisse Normen in Kraft treten; dass diese auf jeden Fall bei dem Vertragschliessenden als bekannt vorausgesetzt werden, so kann man mit genau demselben Recht das Gleiche von der strafbaren Handlung behaupten, die doch von niemand als Rechtsakt (acte juridique) betrachtet wird.

Die Intention des handelnden Individuums ist u. E. ein wertloses Kriterium.

Wir haben die Prinzipien der Lehre Duguits etwas ausführlich wiedergegeben, weil sich auf die Unterscheidung von actes matériels und actes juridiques auch seine Lehre der obrigkeitlichen Akte gründet. Duguit vermag jedoch nicht, einen kennzeichnenden Unterschied zwischen dem auf Grund einer höheren Norm normsetzenden Staatsorgan und dem normsetzenden Untertan festzustellen.

Die Staatsfunktionen sind nach Duguit nichts anderes als von obrigkeitlichen Organen vorgenommene Rechtsakte:

„L'état exerce la fonction législative, quel que soit l'organe qui intervient toutes les fois qu'il fait un acte-règle, toutes les fois qu'il formule une disposition normative ou constructive, modifiant sur un point quelconque et d'une manière quelconque le droit objectif, tel qu'il existe au moment où il intervient.

L'état exerce la fonction administrative toutes les fois qu'il accomplit un acte-condition ou un acte subjectif ou quand ses agents procèdent pour assurer le fonctionnement d'un service public, à l'accomplissement d'actes purement matériels.

Enfin, par la fonction juridictionnelle l'Etat résout une question de droit qui lui est posée. Pour cela, il déclare qu'il y a eu ou non violation d'une règle de droit, naissance ou non d'une situation juridique objective ou subjective, atteinte ou non à une situation de droit objectif ou de droit subjectif. Il prend une décision qui est la conséquence logique de la solution donnée à la question de droit et qui est destinée à en assurer la réalisation." [1])

Der Staat ist ein Komplex von öffentlichen Diensten, von Funktionen also, die mittels Rechtsakte (in dem Sinne, den DUGUIT mit diesem Begriff verbindet) vollzogen werden. Die Staatsfunktionen sind die Rechtsakte der Regierer, Rechtsakte, die sich von den seitens der Regierten vorgenommenen nicht unterscheiden. Die Qualifikation „Regierer" (gouvernant, gérant des services publics) steht bei DUGUIT in keinerlei Beziehung zu deren Funktionen, während doch im Wesentlichen der Träger der Funktion erst zum Organ wird eben durch die Tatsache, dass er vom Rechte mit dieser Funktion beauftragt wird. Wie gesagt, sind in der Lehre DUGUITS die Staatsfunktionen nichts anderes als die Rechtsakte der Regierer, aber nicht dadurch sind die Regierer Staatsorgane, dass sie Träger dieser Funktionen sind. Der Begriff „Regierer" ist bei DUGUIT eine metajuristische, eigentlich eine vorjuristische Qualifikation. Ueberall, wo sich die soziale Differenzierung zwischen Schwachen und Starken vollzogen hat, ist der Staat entstanden: „Il y a un certain nombre d'individus qui, dans un groupement donné détiennent la plus grande force; on dit alors que ce groupement est constitué en Etat." [2]). Die Stärksten, ein oder mehrere Individuen, die in einer gewissen Gruppe durch ihre Macht den übrigen Mitgliedern dieser Gruppe ihren Willen auferlegen können, sind die Regierer.

---

[1]) Traité, 2. Band, 3. Auflage 1928, S. 156.

[2]) Traité I, S. 670.

Ebenso wie die ihnen (faktisch) Unterworfenen, stehen die Regierer unter dem objektiven Rechte. Der Staat ist auch nach DUGUIT lediglich eine Abstraktion. Die Wirklichkeit, das sind die Individuen, die die Staatsgewalt (*Gewalt* schlechthin) ausüben; sie entkommen aber ebensowenig dem Griff des Rechtes wie die ihnen unterworfenen Mitglieder der Gruppe [1]). Der Regierungswille hat Rechtsfolgen; es gibt einen Rechtsakt, wenn, ebenso wie bei allen übrigen Individuen, dieser Wille einen Zweck hat, sei es unmittelbar oder mittelbar, in Uebereinstimmung mit dem Rechte, und wenn der Akt auf ein gesetzmässiges Ziel gerichtet ist. Das heisst also, wenn er mit den Bedingungen im Einklang ist, denen genügt werden muss, wenn ein Akt Rechtsakt sein soll; jedoch keinesfalls, weil der Akt von einem Regierer ausgeht. Der Rechtsakt bleibt das, was er von Natur ist. Die Tatsache, dass er von einem Regierer ausgeht, kann an seinem Charakter nichts ändern.

Jeder Regierungsakt, der mit dem Recht im Einklang ist, ist gesetzmässig. Hat er den Charakter eines materiellen Aktes, so hat er keine einzige soziale Reaktion zur Folge. Entspricht der Regierungsakt den Merkmalen eines Rechtsaktes, so hat er alle Folgen eines solchen, nämlich: es besteht ein Rechtsmittel, das die Verwirklichung des Zweckes, zu welchem der Rechtsakt vorgenommen worden ist, sichert.

DUGUIT macht also keinen Unterschied zwischen den Akten, materiellen- und Rechtsakten, der Regierer und der Untertanen. Regierer ist der, welcher sich die politische Gewalt zu sichern gewusst hat. Die Regiererqualität ist demnach bei DUGUIT ein soziales Faktum. Im Wesentlichen liegt zwischen den Rechtsakten der Regierer und der Regierten kein Unterschied vor. Die Rechtsakte der Regierer sind die Staatsfunktionen, weil sie von den Regierern ausgehen. Die Regiererqualität steht in keinem Zusammenhang mit dieser Funktion, sie geht aus derselben nicht hervor. Bloss als soziologische Tatsache hat man das Bestehen von Regierern (= Gewaltherrschern) zu akzeptieren.

Ausser dem dynamischen Organbegriff — dem Organbegriff, der mit der dynamischen Struktur der Rechtsordnung in Ver-

[1]) a. a. O., S. 673.

bindung steht — kennt Kelsen noch einen statischen Organbegriff [1]). Organfunktion in statischem Sinne ist die Vollstreckung des Zwangsaktes oder die Exekution; Organ in statischem Sinne der Vollführer dieser Funktion. „Es ist der Standpunkt der fertigen Ordnung, ohne jede Rücksichtnahme auf die Erzeugung dieser Ordnung, von dem aus das Problem des Staatsorgans sich folgendermassen darstellt: Organ des Staates ist, wer einen Staatsakt setzt. Staats- oder Rechtsakt ist ein auf den Staat — als auf die Einheit der Rechtsordnung — beziehbarer, dem Staat zuzurechnender Tatbestand." [2])

Auch in statischem Sinne unterscheidet Kelsen einen umfassenderen und einen engeren Organbegriff. Im engeren Sinne ist das Organ der Vollzieher der Unrechtsfolge. Im weitesten Sinne aber ist die Vollführung des Unrechtes, das die Vollstreckung des Zwang- oder Exekutionsaktes bedingt, gleichfalls Organsakt. Geht man also nicht von der primären, sondern von der sekundären Norm aus, so ist auch das zwangvermeidende Verhalten Rechtsakt. Bei diesem weitesten statischen Organbegriff verfliessen wieder die Grenzen zwischen Staatsorgan und Untertan. Es scheint für Kelsen festzustehen, dass aus einem Rechtswesensbegriff nie die Unterscheidung zwischen Staatsorgan und Untertan hervorgehen kann. Er schreibt nämlich: „Denn auch der statische Organbegriff ist ein Rechtsform- oder Rechtswesensbegriff, dessen Sinn ist: dass alle in der staatlichen Ordnung als gesollt statuierten Tatbestände als Organfunktionen in Betracht kommen oder, m. a. W.: dass die im Organbegriff sich ausdrückende systematische Einheitsbeziehung für alle im System des Staates als der Rechtsordnung gesollt gesetzten Tatbestände Geltung haben muss. Ihr Charakter als Organfunktion und sohin ihre Beziehung

---

[1]) Wie es uns vorkommt, gibt Kelsen an einem anderen Orte dem Organproblem eine andere Lösung. Er lässt den Unterschied zwischen statischem und dynamischem Organbegriff, beide als Rechtswesensbegriff gemeint, fallen: „In diesem weitesten Sinne des Wortes — er bezeichnet den Rechtswesens- oder Rechtsformbegriff, den *primären Grundbegriff des Organs* — ist jede Setzung eines rechtlich normierten Tatbestandes Organfunktion, bedeutet der Organbegriff nichts anderes als: Zurechnung eines Tatbestandes zur Einheit der alle Tatbestände regelnden Ordnung kraft der Gesetztheit dieses Tatbestandes im System." Doch kann man innerhalb dieses weiten Organbegriffes einen rechtsinhaltlich qualifizierten, engeren Organbegriff unterscheiden: *„die Setzung des Zwangaktes und seine verfahrensmässige Vorbereitung. Es ist der Staatsakt als Reaktion des Rechts."* Die Vollführung des Zwangaktes wird hier also als Rechtsinhaltsbegriff vorgestellt, nicht als von dem dynamischen Organbegriff zu unterscheidender Rechtswesensbegriff. (Grundriss einer allgemeinen Theorie des Staates, 1926 § 59 und § 60. Erschienen unter dem Titel „Théorie générale de l'Etat" in der Revue du droit public, Band XLIII no. 4, 1926.

[2]) Allgemeine Staatslehre, S. 264.

auf die Einheit des Systems, ihr vom Staate ‚Gewolltsein' ihre Zurechnung zum Staate ist nur der Ausdruck ihrer Stellung im System, dass dieser Tatbestand in systematischer Verbindung mit anderen in der Einheit einer und derselben Ordnung als gesollt gesetzt ist." [1])

Die statische Organfunktion ist also, nach KELSEN, der Akt, der Inhalt einer Rechtsnorm ist: sowohl der Akt, der Inhalt der sekundären Norm ist, als auch der Straf- oder Exekutionsakt, der den Inhalt der primären Norm bildet, wobei das kontradiktorische Gegenteil des in der sekundären Norm als „gesollt" Gesetzten das „Gesolltsein" von Zwang oder Exekution bedingt.

Soweit es den letztgenannten Akt betrifft, stimmt dieser Organbegriff mit dem seiner „Hauptprobleme der Staatsrechtslehre" überein, wo der Verfasser als spezifische Organstätigkeit diejenigen Akte betrachtet, mit denen sich die Realisierung des in der Rechtsregel ausgesprochenen Staatswillens vollzieht [2]).

Damit [3]), sagt KELSEN in seinem Jugendwerk, *ist dann ein prinzipieller Unterschied zwischen Staatsorgan und übrigen Subjekten — den Untertanen — geschaffen* [4]) (womit nach seiner Meinung gleichfalls die grössere Brauchbarkeit der Formulierung der Rechtsnorm als hypothetisches Urteil betreffend den Willen des Staates in Bezug auf eignes Verhalten, gegenüber der Anschauungsweise der Imperativtheorie bewiesen wird).

Wir wollen nunmehr noch einen Augenblick bei den Auffassungen über den Organbegriff bei GEORG JELLINEK und bei ADOLF MERKL verweilen.

Ebenso wie die Lehre DUGUITS hat die Organstheorie bei GEORG JELLINEK [5]) einen soziologischen Anstrich. Der Autor bemerkt, dass die Vorstellung, laut der die Handlungen eines Einzelwesens nicht nur als solche, sondern zugleich als Handlung einer Gruppe (eines Verbandes) gelten würden, nicht das Produkt des juristisch geschulten Denkens auf höherer Kulturstufe ist. Im Gegenteil

---

[1]) KELSEN, Allgemeine Staatslehre, S. 264.

[2]) KELSEN, Hauptprobleme der Staatsrechtslehre, S. 464/465.

[3]) Kursivdruck unsrerseits.

[4]) Siehe auch ERICH VOEGELIN: Reine Rechtslehre und Staatslehre, Zeitschrift für öffentliches Recht IV 1925, S. 80—131.

[5]) GEORG JELLINEK, Allgemeine Staatslehre, S. 540 ff.

findet man diesen Gedanken schon bei den primitiven Naturvölkern. Man findet diese Vorstellung in der Blutrache verkörpert, bei der das Vergehen nicht nur dem Täter, sondern auch seinen Blutsverwandten zugerechnet, nicht nur der Lädierte, sondern seine ganze Familie als von der Uebeltat betroffen erachtet wurde. Auch der Krieg ist im Grunde eine Form von kollektiver Verantwortlichkeit, während aus dem Alltagsleben diese primitive Vorstellungsweise niemals gänzlich verschwunden ist. Man macht immer noch Familien, Stämme, Nationen, Religionen, Stände, Berufe, soziale Klassen für die Handlungen ihrer Mitglieder oder Anhänger verantwortlich und haftbar. Strenge, individualisierende Beurteilung menschlichen Verhaltens, bemerkt JELLINEK, hat stets nur im Vermögen einzelner gestanden. Lange bevor im Entwickelungsprozess der Menschengeschichte von einer Rechtsordnung die Rede war, meint der Autor, haben sich in den Gruppen tatsächlich Organe gebildet, und erst auf verhältnismässig vorgerückter Kulturstufe erhebt sich die Organisation zu einem Rechtsvorgang [1]).

Mit Recht bemerkt KELSEN, dass, wenn die wissenschaftliche Anschauung einer primitiven Gruppe oder einer Tiergesellschaft — JELLINEK führt nämlich eine Beschreibung des sozialen Lebens der Affen aus Brehms Tierleben an — die Stellung, das Verhalten eines Mitgliedes dieser Gruppe als Organfunktion — richtiger wäre es noch, von der Ausübung derselben zu sprechen — betrachtet, dies doch ohne Deutungsschema nicht möglich sei, und man ein solches denn auch voraussetzen müsse. Wie die Rechtsordnung überhaupt nichts anderes als ein Deutungsschema für menschliches Verhalten sei. Nur mittels eines vorausgesetzten Systems von Funktionen könne man ein gewisses Verhalten als die Ausübung dieser Funktionen ansehen.

Die Vorstellung, laut der das soziale Organ ein Naturtatbestand

---

[1]) „Da, wo in früher Zeit oder auf früher Kulturstufe organisierte Gruppen, also Verbände in unserem Sinne angetroffen werden, da ist der Vorgang der Organisierung anfänglich stets ein rein tatsächlicher. Dass zuvörderst eine Organisationsordnung festgesetzt und erst auf Grund dieser die Organe bestellt werden, mit einem Worte: die Erhebung der Organisation zu einem Rechtsvorgang, findet man erst bei verhältnismässig entwickelter Rechtsordnung, wenn auch durch persönliche Vorzüge oder die Sitte zu Organen erhobene Personen, kraft der Rechtswirkung des Tatsächlichen, selbst dem primitiven Rechtsbewusstsein als rechtmässige Besitzer ihrer Stellung erscheinen mögen." (GEORG JELLINEK, Staatslehre, 3. Auflage 1914—1919, S. 542.)

„Bei entwickelter Kultur wird allerdings, die erwähnten Ausnahmefälle abgerechnet, regelmässig der tatsächliche Vorgang der Organisation unlöslich mit Rechtsnormen verknüpft sein; derart dass die Berufung des einzelnen zur Organstellung nur auf Grund einer rechtlichen Berufungsordnung erfolgen kann." (S. 543.)

sei, sagt KELSEN, ist falsch. Die Sache steht nicht so, dass sich die soziale Organbildung erst als Tatbestand vollzieht, und erst später eine ideale Ordnung hinzugefügt wird [1]). Setzt doch, nach dem Worte HERMANN COHENS [2]), das Bestehen von Organen einen Organismus voraus, als das System seiner Organe. Die Nachweisbarkeit von Organen weist auf das Bestehen einer Organisation hin; der Begriff Organisation bedeutet nichts anderes als Ordnung [1]).

MERKL schliesst sich KELSENS Organslehre sehr eng an. Als Organfunktion betrachtet er jeden Anteil an der Verwirklichung der Rechtsordnung. In diesem weiten Sinne ist dann jede Rechtsfunktion Organfunktion, „weil sich das Recht zu seiner Realisierung menschlicher Handlungen bedienen muss" [3]).

Versteht man das Organ im Sinne von Realisator der Rechtsordnung, sagt MERKL, so ist es von keiner Bedeutung, auf welcher Stufe die Rechtsordnung vollzogen wird, welche Rechtserscheinung in der Vollzugshandlung angewendet wird. Ebensowenig, durch welche Handlung sie vollzogen wird, d. h. ob diese Handlung wieder Rechtserzeugung ist, oder vielmehr in dieser Handlung — obwohl unzweifelhaft juristisch relevant — kein Recht mehr erzeugt wird. Und ebensowenig ist es von Wichtigkeit, ob diese Vollzugshandlung (in engerem Sinne) eine zwangvollstreckende (Exekution oder Strafe), oder vielmehr eine zwangvermeidende Handlung ist.

In diesem wohl sehr weiten Sinne, nämlich von Rechtsrealisierung, ist nicht nur der Abschluss eines Kauf-, Miet-, Arbeitsvertrages Rechts(oder Staats)funktion, sondern fällt offenbar, nach MERKLS Meinung, gleichfalls das Handeln gemäss dem in einer Rechtsregel Bestimmten unter diesen Begriff. Rechts(oder Staats)organ, sagt MERKL, ist der Vater, der Vormund, der Erblasser nicht weniger als der Gesetzgeber und die rechtfestsetzenden Gerichts- und Verwaltungskollegien, „denn nur in der Methode, nicht aber im Wesen des Rechtsvollzuges, macht es einen Unterschied, ob das Recht in Ausübung der Privatautonomie von so-

---

[1]) KELSEN, Allgemeine Staatslehre, S. 267, § 38, D.
[2]) HERMANN COHEN, Logik der reinen Erkenntnis, 2 Auflage, S. 349.
[3]) ADOLF MERKL, Allgemeines Verwaltungsrecht, S. 291.

genannten Privatparteien oder etwa in Befolgung eines Disziplinarrechtssatzes von einem durch Disziplinarpflicht gebundenen Organe vollzogen wird".

Gegen einen so vielumfassenden [1]), man könnte fast sagen allumfassenden, Organbegriff wie bei MERKL und KELSEN lässt sich aber wohl einiges einwenden. Wenn MERKL meint, dass auch das zwangvermeidende Verhalten, das Sichrichten nach dem Inhalt einer sekundären Rechtsregel, Ausübung einer Rechtsfunktion, mithin Organfunktion sei, so ist dagegen anzuführen, dass damit der Organbegriff ganz und gar verfliesst, denn das sogenannte zwangvermeidende Verhalten kann ebensogut ein Unterlassen, ein Sichenthalten wie ein Tun sein. Und so müsste ein jeder, der sich nicht eine von einer Rechtsnorm verbotene Handlung oder Handlungsweise zuschulden kommen lässt, Rechts- oder Staatsorgan genannt werden und dies auch stets sein, soweit er sich der mit Zwang oder Exekution bedrohten Handlung oder Unterlassung enthält. Unseres Erachtens ist ein derartiger Rechtsorganbegriff und Rechtsfunktionbegriff von einem heuristischen Standpunkt null und nichtig.

Doch halten wir ebenfalls vom heuristischen Standpunkt einen Organbegriff für wertlos, bei dem der traditionellen Unterscheidung von Regierer und Regiertem nicht Rechnung getragen wird, d. h. einen Organbegriff, der diese u. E. heuristisch wertvolle Unterscheidung nicht zum Ausdruck zu bringen weiss. Wir möchten diese Unterscheidung nicht, wie dies bei KELSEN und MERKL geschieht, dadurch fundieren, dass wir neben dem umfassenden Rechtswesens-Organbegriff, der dies nicht vermögen sollte, einen engeren Rechtsinhalts-Organbegriff einführen, laut dem das Recht selbst nicht wesentlich, sondern bloss typischer Inhalt einer Anzahl moderner Rechtsordnungen sei. Wohl dagegen, indem wir entweder aus dem Rechtsbegriff, den Rechtsnormbegriff selbst, oder aus dem besonderen, gegenseitigen Zusammenhang der zu einem System des positiven Rechtes gehörigen Normen Merkmale heraussichten und auf diese Weise den umfassenden Organbegriff von KELSEN und MERKL verengern. Es wird dann die Tragweite des Organbegriffes in dem Sinne eingeschränkt, dass dasjenige, was

[1]) MERKL, Allgemeines Verwaltungsrecht, S. 292.

durch die traditionelle Auffassung als Untertan oder Regierter betrachtet wird, nicht unter diesen Begriff fällt. Wie bereits bemerkt, hält KELSEN dies nicht für möglich.

KELSENS zwei Organbegriffe, der dynamische und der statische, scheinen ungleichartig zu sein. Er sagt selbst: „Der dynamische Begriff, abgestellt auf die Erzeugung der staatlichen Ordnung, kann natürlich nicht die Organe der reinen Vollziehung erfassen" [1]. Vielleicht empfiehlt es sich daher nicht, solche ungleichartigen Objekte mit demselben Worte zu bezeichnen. Wo dem Begriffe „Organ" zu verschiedenen Zeiten und auch von verschiedenen Autoren, die zu einer Periode zu rechnen sind, verschiedene Bedeutung beigelegt worden ist, da kann man schwerlich sagen, dass das Wort nur in diesem oder in jenem Sinne verwendet werden darf. Aber wie verschiedenartig sich die weitere Ausarbeitung auch gestalten möge, gewöhnlich versteht man unter Organ ein Individuum, bei dem bestimmte Verrichtungen aus gewissem Grunde nicht ihm selbst, sondern einem Kollektivwesen zugerechnet werden. Der Organbegriff wird häufig in der Soziologie verwendet. Diese Wissenschaft hat diesen Begriff von der Biologie übernommen, doch weiss sie diesen Begriff nicht anders brauchbar zu machen, als indem sie sich den Gegenstand ihrer Betrachtungen — die Gruppe — in Analogie mit den Objekten der Biologie als ein selbständiges Wesen vorstellt. Die Staatslehre hat sich ihrerseits den Organbegriff dienstbar gemacht, indem sie den Gegenstand ihrer Betrachtung — den Staat — als ein Kollektivwesen, in der Bedeutung, die die soziologische Anschauungsweise demselben beilegt, vorstellt. Und nicht nur die Verfechter der organischen Staatslehre tun dies, sondern auch die Lehre ihrer Bekämpfer, der Befürworter der anorganischen Staatslehre, hat einen soziologischen Anstrich, soweit sie sich des Organbegriffes bedient [2]. In dieser Hinsicht ist zwischen der Lehre des Staates als Organismus und der Lehre des Staates als Person nur ein geringer Unterschied zu verzeichnen [3]. Mit Recht sagt SANDER, dass die Stel-

---

[1]) Rechtsgeschichte gegen Rechtsphilosophie? Eine Erwiderung 1928, S. 19. Das 1928 erschienene Werk ERNST SCHWINDS: „Grundlagen und Grundfragen des Rechtes" (München 1928) veranlasste KELSEN zur Verfassung dieser Broschüre.

[2]) Siehe KELSEN, Hauptprobleme der Staatsrechtslehre.

[3]) Einer der bedeutendsten Vertreter der Lehre der Staatspersönlichkeit, GEORG JELLINEK, bemerkt (System der subjektiven öffentlichen Rechte, 2. Auflage 1905, S. 37), dass es kein Rückfall in die organische Staatslehre sei, wenn man nach wie vor den Ausdruck „Organ" gebraucht. Das Wort Organ (ὄργανον) bedeute ja nichts anderes als Werkzeug.

lungnahme der Anhänger der Lehre der Staatspersönlichkeit gegen die organische Staatslehre, indem auch die zuerst erwähnte Theorie den Organbegriff in die Mitte der Staatsrechtslehre stellt, von Unaufrichtigkeit zeuge und nichts anderes, sei als eine eitele Spiegelfechterei [1]).

Der dynamische Organbegriff setzt aber kein mystisches Wesen voraus und bedarf auch eines solchen Wesens nicht, welches hinter dem Funktionsträger steht, und dessen Wille durch die von dem Funktionsträger gesetzte Norm zum Ausdruck gebracht werden sollte. Wenn man die Rechtsordnung aus dem dynamischen Gesichtspunkt betrachtet, ist der Staatsbegriff (als Rechtswesensbegriff) eigentlich eine Verwirrung stiftende Ueberflüssigkeit, eine überflüssige Duplizität. Der Staatsbegriff als personifikativer Ausdruck für die Einheitlichkeit der Rechtsordnung ist u. E. gänzlich unnötig. Die Einheitlichkeit der Rechtsordnung geht schon aus dem dynamischen Zusammenhang hervor. Dass eine Norm zu einem positivrechtlichen System gehört, folgt aus der Ableitbarkeit der Ursprungsnorm, wenn man will, der positiven Verfassung. Die Tatsache, dass eine Norm Rechtsnorm ist, setzt schon diese Ableitbarkeit voraus, und das Wort „Rechtsnorm" enthält also bereits den Ausdruck der Einheit. Die Organshandlung wird niemand anders als dem Funktionsträger selbst zugerechnet, der dazu von einer Rechtsnorm höherer Ordnung legitimiert wird, welche Norm wieder auf die hypothetische Ursprungsnorm und, sollte man dies nicht akzeptieren auf die positivrechtliche Verfassung zurückzuführen ist. Die Norm ist innerhalb des Rahmens und in der Weise gesetzt, wie es in der anzuwendenden Norm für die Erzeugung der niederen Norm zur Bedingung gemacht worden ist. Es ist daher nicht ganz richtig, den von der Rechtsordnung als solchen statuierten Funktionsträger als Organ zu bezeichnen, weil der Sprachgebrauch mit diesem Ausdruck eine andere Bedeutung, mehr oder weniger die eines Repräsentanten verbindet. Doch liegen keine Bedenken dagegen vor, den Träger der Rechtssetzungsfunktionen nach wie vor Organ zu nennen, wenn man dabei die ursprüngliche Bedeutung dieses Wortes im Auge hat und es im Sinne eines Werkzeuges versteht.

---

[1]) Fritz Sander, Staat und Recht, 1922, 1. Band, S. 247.

Wie bereits bemerkt, halten die Begründer der Stufenlehre es für richtig, zwischen den Handlungen der sogenannten Privatautonomie und den Rechtserzeugungsakten der sogenannten Obrigkeit keinen Unterschied zu machen. D. h. man hält die einen Vertrag schliessende Privatperson ebensogut und aus demselben Grunde für Rechts- oder Staatsorgan (mit Bezug auf den Rechtswesensbegriff „Staat") wie die Volksvertretung, die Regierung oder den Richter. „Die gleiche Verweisung, Delegation oder Ermächtigung", sagt KELSEN, „liegt aber auch vor, wenn die Rechtsordnung als gesollt statuiert, was durch den Willen der Parteien erst bestimmt wird. Auch der Begriff des Rechtsgeschäftes bedeutet eine solche Verweisung, Delegation oder Ermächtigung" . . . „In allen diesen Fällen enthält die ursprüngliche Ordnung nur ein — mehr oder weniger leeres — Blankett. Sie statuiert, dass etwas solle, das Wie jedoch lässt sie offen. Sie verweist auf einen anderweitig zu beschaffenden Inhalt des Blanketts oder — wie man sich personifizierend ausdrücken kann — sie delegiert oder ermächtigt eine Autorität zur Ausfüllung des Rahmens, den allein sie zunächst aufstellt. Autorität ist der durch die Verfassung delegierte ‚Gesetzgeber' ganz ebenso, d. h. aus demselben Rechtsgrunde wie die zur Verordnungserlassung ermächtigten Minister, die Sitte, auf welche das Gesetz verwiesen hat, oder schliesslich die Parteien, die von der Rechtsordnung ermächtigt werden, im Vertrag ihre gegenseitigen Pflichten und Rechte zu bestimmen." [1])

Wie auch bereits erwähnt, teilen wir diese Ansicht nicht. KELSENS Ausgangspunkt ist die Gleichartigkeit sämtlicher Rechtsfunktionen, die alle ausnahmslos, in höherem oder geringerem Masse, in der Ausfüllung eines Blanketts bestehen sollten, welches von der höheren Norm offen gelassen worden ist. Nach unsrer Meinung ist diese Anschauungsweise nicht richtig. Die Stufenlehre generalisiert hier auf u. E. unzulässige Weise, indem sie die Qualitäten einer einzigen Gruppe von Rechtsfunktionen als das Wesen der Rechtserzeugungsfunktionen im Allgemeinen hinstellt. Es gibt Fälle, wo die niedere Rechtsnorm von der auf höherer Stufe

---

[1]) Das Problem der Souveränität, S. 116.

Im gleichen Sinne KELSEN in „Grundriss einer allgemeinen Theorie des Staates", S. 33: „. . . . in diesem — als ‚Privatautonomie' bezeichneten — Tatbestand liegt nichts anderes vor als eine Delegation des Gesetzes an die vertragschliessenden Parteien, den Inhalt der individuellen Rechtsnormen selbst zu bestimmen, d. h. den Prozess der Rechtserzeugung fortzusetzen". (Französische Uebersetzung in der Revue du droit public, 33. Jahrgang, Nr. 4, S. 599).

stehenden eindeutig bestimmt worden ist, wobei also von der Ausfüllung eines Blanketts, in dem Sinne, dass der Funktionsträger in höherem oder geringerem Masse in seiner Wahl frei wäre, nicht die Rede ist.

Beide Fälle findet man auch bei den Handlungen der Privatautonomie. In der Tat lassen die Bestimmungen, kraft deren ein Vertrag zustande gebracht wird, den Parteien oft eine gewisse Freiheit. Am umfassendsten ist dieses Blankett, wenn es den Parteien gänzlich überlassen ist, zu bestimmen, wozu man verpflichtet sein soll, und die alleinige darauf bezügliche Norm ist: pacta sunt servanda. Ebenso ist dies der Fall, wenn das Gesetz den Vertrag mit Bestimmungen umgibt, über die die Parteien verfügen können, d. h. wenn es dem Parteiwillen überlassen ist, von diesen Normen abzuweichen, sie durch andere zu ersetzen oder sie völlig ausser Kraft zu setzen.

Anders liegt die Sache, wenn mit dem Vertrag Bestimmungen zwingenden Rechtes verbunden werden, wodurch das bei der Regel pacta sunt servanda dem Parteiwillen überlassene Blankett eingeschränkt wird. Nun lässt sich tatsächlich feststellen, dass die modernen Gesetzgebungen die Tendenz aufweisen, im Vertragsrecht das von den Parteien auszufüllende Blankett zu verengern. Soweit der Vertrag das Inkrafttreten derartiger legalen Verpflichtungen bedingt, ist er anderen Handlungen gleichzustellen, die das Inkrafttreten eines Komplexes von Rechtsnormen bedingen, Handlungen wie z. B. die Ehe. Es ist unsrer Ansicht nach durchaus ausgeschlossen, dass solche Handlungen Rechtssetzungsakte sind. Vielmehr sind diese Handlungen die Erfüllung der Bedingung für das Inkrafttreten sekundärer Rechtsnormen, d. h. ein Glied in der Reihe der Bedingungen, die nacheinander erfüllt werden müssen, wenn die Zwangs- oder Exekutionshandlung „gesollt" sein will. Der Vertrag, soweit er acte-condition im Sinne von Duguits Lehre ist, d. h. das Inkrafttreten eines sogenannten legalen Status bedingt, ist eine Handlung gleichen Ranges wie die widerrechtliche Handlung des bürgerlichen Rechtes. Die bürgerliche widerrechtliche Handlung ist die erste in der Reihe von Bedingungen für das „Gesolltsein" des Exekutionsaktes. Die zweite Bedingung in dieser Reihe ist die Nichterfüllung der Verpflichtung zum Ersatz des zugefügten Schadens. Ebenso ist der Vertrag — soweit er acte-condition ist — die erste Bedingung in einer Reihe von Bedingungen; die Nichterfüllung der gesetzlichen Bestimmungen, die mit dem Abschluss des Vertrages in Kraft treten, ist die zweite Bedingung für die schliessliche Zwangsvollstreckung. Wie schon oben gesagt, kann das Moment der Intention des handelnden Individuums, worin der essentielle Unterschied zwischen dem Vertrag und der bürgerlichen widerrechtlichen Handlung liegen sollte, als metajuristischer Faktor ausser Betracht bleiben. Ist doch die Absicht ausschliesslich dann juristisch relevant, wenn die höhere Norm dies zur Bedingung macht, wenn es zum Inhalt der Norm gehört. Auch würde feststehen müssen, auf welches Element des Vertrages die Intention gerichtet sein müsste, oder ob sie auf den Vertrag in seinem Ganzen zu richten wäre. Es würde uns zu weit führen, hierauf näher einzugehen, doch wollen wir nebenbei darauf hinweisen, dass von alters her die Zivilisten einen Unterschied zu machen pflegen zwischen den essentialia des Vertrages, demjenigen, was die Parteien mit dem Abschluss des Vertrages bezwecken, und den accidentalia: den Rechtsfolgen, die das Gesetz gelegentlich des Vertrages ins Leben ruft [1]).

Es ist sicher, dass der Vertrag — soweit er acte-condition ist — *nicht* die Ausübung einer Organfunktion in der dynamischen Bedeutung ist; nämlich die Beteiligung an der Erzeugung der Rechtsordnung.

Liegt die Sache anders mit Bezug auf dasjenige Element des Abschlusses eines Vertrages, welches aus der Erzeugung von Normen besteht, deren Inhalt durch den Parteiwillen bestimmt wird? Und mit Bezug auf denjenigen Teil des Vertrages — DUGUITS acte-subjectif — der die Erzeugung eines Komplexes von Normen bedingt, deren Tragweite, wie DUGUIT es ausdrückt, durch die Intelligenz (nicht durch den Willen) des handelnden Individuums bestimmt wird (situation subjective)? Augenscheinlich ist es dieser Teil des Vertrages, den KELSEN im Auge hat, wenn er den Vertragsakt als Rechtserzeugungsakt betrachtet, als die Ausübung einer Organfunktion. Er stellt den Vertragsakt dem Akte, mit welchem ein Verwaltungsorgan individuelle Normen setzt, und dem richterlichen Urteil gleich: Akten also, in denen das Recht konkretisiert wird.

---

[1]) BLONDEAU, Essais sur quelques points de législation et de jurisprudence, 1850.

Der Unterschied zwischen der ersten und den zwei letzten der erwähnten Handlungen liegt unseres Erachtens darin, dass die Privatperson sein eigenes Verhalten normiert. Man muss u. E. beim Vertrage nicht die Tatsache besonders hervorheben, dass die Gegenpartei hierdurch gebunden wird, d. h. dass ihre zukünftigen Handlungen Inhalt einer sekundären Norm werden, denn das Wesentliche des Vertrages liegt darin, dass er eine Handlung ist, die das Inkrafttreten von Normen betreffend das eigne Verhalten des handelnden Individuums bedingt, wenn auch von diesem Individuum selbst bestimmt wird, welches dieses Verhalten sein soll. Der Vertrag ist im Wesentlichen eine Willenserklärung über künftiges eignes Verhalten, die auf Grund einer vordem gesetzten Norm bindend ist, wenn gewissen Bedingungen, unter denen u. a. auch die übereinstimmende Willenserklärung der Gegenpartei, entsprochen worden ist. Bindend in dem Sinne, dass das gegenteilige Verhalten mit Exekution oder Strafe bedroht ist.

Auch von demjenigen Teil des Vertrages, dessen Inhalt durch den Parteiwillen gesetzt worden ist, gilt, dass die Eingehung desselben das Inkrafttreten gewisser Normen bezüglich des eignen Verhaltens des Vertragschliessenden bedingt.

Es steht mit dem heteronomen Charakter des Rechtes im Widerspruch, den Vertrag als einen Teil der Erzeugung der Rechtsordnung zu betrachten. Das Recht hat eine objektive Geltung, unabhängig von dem Willen desjenigen, dessen Verhalten der Inhalt desselben ist. Auch im Erzeugungsprozesse der positiven Rechtsordnung, der aus einer Reihe von Rechtssetzungsakten von dazu kompetenten Menschen besteht, muss die heteronome, objektive Natur der Rechtsnorm zum Ausdruck gelangen. Demzufolge ist es nicht angängig, die Handlungen der Privatautonomie als zum Erzeugungsprozess der Rechtsordnung gehörig anzusehen und sie als Organfunktion in dynamischem Sinne zu deuten.

Der Vertrag in seinem Ganzen, auch soweit Inhalt und Tragweite durch den Parteiwillen bestimmt werden, ist also mit der bürgerlichen widerrechtlichen Handlung gleichartig, d. h. es ist Erfüllung der Bedingung für das Inkrafttreten sekundärer Rechtsnormen betreffend ein gewisses Verhalten desjenigen, der die Bedingung erfüllt; er stellt ein Glied in der Kette von Bedingungen für das Stattfindensollen der Zwangshandlung dar.

Rechtsorgan ist u. E. allein der Träger der Funktion, die in der Setzung solcher Normen besteht, die das Verhalten andrer betreffen.

Rechtsorgan (in .dynamischem Sinne) sind also nicht die Arbeitgeber- oder Arbeitnehmerorganisationen, die mit beiderseitigem Einvernehmen Normen setzen, die von den Mitgliedern dieser Organisationen beim Abschluss von Arbeitsverträgen zu beobachten sind. Durch die Annahme der Mitgliedschaft dieser Organisationen unterwirft sich ja das Mitglied im voraus und freiwillig den Regeln, die seine Organisation aufstellen wird.

Die Organisation wird zum Rechtssetzungsorgan, wenn der Kollektivvertrag publikrechtliche Wirkung haben wird und auch für das Verhalten Nichtangeschlossener Norm sein wird.

ABSCHNITT VII

DER STAAT ALS RECHTSINHALTSBEGRIFF BEI DER WIENER SCHULE

Wir haben gesehen, dass nach KELSENS und MERKLS Meinung in Bezug auf die Rechtswesensbegriffe Staat und Staatsorgan (letzteres in dynamischem Sinne) die Handlungen der Privatautonomie ebenso wie z. B. die Gesetzgebung und die Rechtsprechung als Organfunktion angesehen werden müssen, und dass man nur einen engern, rechtsinhaltlichen Begriff „Staat" im Auge hat, wenn man diesen Handlungen die Eigenschaft als Organfunktion (Rechtserzeugungsfunktion) abspricht.

Der Rechtsinhaltsbegriff „Staat" bildet die Grundlage der Lehre HENRICHS über die juristische Bedeutung des Staatsgebietes [1]). Im Gegensatz zu KELSEN aber hält HENRICH den Rechtsinhaltsbegriff für den einzig möglichen Staatsbegriff und weist er den Rechtswesensbegriff „Staat" ab. Nach diesem Autor sind bezüglich des Verhältnisses zwischen Recht und Staat drei Auffassungen möglich [2]). In erster Linie die Anschauungsweise, dass sich die Begriffe Recht und Staat decken. Mit Recht sagt der Autor, dass man es bei dieser Auffassung mit einem einzigen Begriff zu tun hat, für welchen zwei logisch gleichwertige Bezeichnungen vorliegen. Die traditionelle Staatslehre hat sich durch diese zwei Ausdrücke für den gleichen Begriff irre machen lassen, was auch KELSENS Standpunkt ist. HENRICH weist jedoch KELSENS Identitätslehre ab und meint, dass diese mit einem Rechtsinhaltsbegriff „Staat" nicht vereinbar ist.

Bei der Lehre des Staates als Rechtswesensbegriff ist die Staatslehre identisch mit der juristischen Erkenntnislehre, und ist eine Staatslehre, sowohl allgemein als besonder, wie z. B. die Wissenschaft des englischen, französischen, deutschen Staatsrechtes,

---

[1]) WALTER HENRICH, „Theorie des Staatsgebietes", mit dem Untertitel „entwickelt aus der Lehre von den lokalen Kompetenzen der Staatsperson", 1922.

[2]) a. a. O., S. 14.

eigentlich nicht wohl denkbar, während hierbei die Unterscheidung zwischen dem Staatsrecht einerseits und den weiteren Disziplinen wie Privatrecht, Strafrecht, Wechselrecht, Handelsrecht andrerseits, keinen Sinn hat.

Unsrer Ansicht nach wird die Identitätslehre mit diesen Argumenten noch nicht widerlegt. All diese Disziplinen werden nach den Gegenständen unterscheiden, die in den Normen ihre Regelung finden. Man muss nicht an einer Benennung hängen bleiben. Was man unter Staatsrecht versteht, wechselt nach Ort und Zeit und variiert überdies bei verschiedenen Schriftstellern. DUGUIT z. B. versteht unter der Bezeichnung „droit constitutionnel" auch die allgemeine Rechtslehre.

Natürlich ist, wenn man Recht und Staat identifiziert, das Staatsrecht in engerem Sinne nicht in höherem Masse Lehre des Staates, als das bürgerliche Recht, das Strafrecht oder das Handelsrecht. Im Allgemeinen versteht man unter Staatsrecht die Wissenschaft, die sich mit dem Rechte auf höchster Stufe: der Verfassung, beschäftigt, sowie mit einigen Gesetzen, welche die — meist örtliche — Zuständigkeit einiger niederen Organe regeln. Scharfumrissen ist das, was man mit der Bezeichnung Staatsrecht andeuten will, nicht. Mit der Identitätslehre hat dies aber nichts zu schaffen.

Auch die Lehre des Staates als des mehr umfassenden, des Rechtes als des weniger umfassenden Begriffes, in welcher Form es auch sei — in gröberer Form in der Lehre der Selbstverpflichtung des Staates verkörpert, in feinerer Form in der Lehre, bei der der normlogische Begriff des Rechtes als Form den normlogischen Begriff des Staates als Form voraussetzt — die Lehre also des logischen Prius des Staatsbegriffes, weist HENRICH ab.

Es bleibt nunmehr allein die dritte Möglichkeit übrig: „das Recht ist die Rechtsform und der Staat als der engere Begriff einer von den möglichen Inhalten der Rechtsordnung" [1]); wofür also vom Verfasser nicht ein direkter, sondern ein indirekter Beweis erbracht wird, nämlich ein Beweis, der sich auf die prätendierte Unhaltbarkeit der übrigen Theorien stützt.

Nicht mit Unrecht bemerkt der Verfasser, dass sowohl die Identitätslehre als auch die Lehre des Staates als Rechtsform den Rechtsinhaltsbegriff Staat neben dem ursprünglichen, weiten

---

[1]) a. a. O., S. 18.

Staatsbegriff nicht entbehren können. In der Tat hat KELSEN in seinen späteren Werken verschiedene Erscheinungen, wie z. B. die von ihm als „unmittelbare Verwaltung" bezeichnete, nicht anders als durch einen beschränkteren Staatsbegriff erklären können. Auch die übliche Unterscheidung zwischen dem Staat „als solcher" oder „als Obrigkeit" und dem Staat „als Fiskus" weist auf zwei Staatsbegriffe hin, auf einen weiteren und auf einen beschränkteren. Nun gibt es aber Erscheinungen, die nicht rechtslogisch notwendig, nicht jedem erdenklichen Rechtssystem immanent sind. Doch fragt es sich u. E., ob dort, wo KELSEN eine Erscheinung nicht anders denn als Rechtsinhalt zu erklären vermag, dies wirklich nicht anders möglich ist. Ausserdem ist es fraglich, ob das, was KELSEN als einen Rechtsnorminhalt bezeichnet, solches auch in der Tat ist.

HENRICH hält es jedoch für ein schwieriges Problem, den Rechtsinhalt „Staat" näher zu bestimmen. „Es scheinen die unter dem Namen Staat auftretenden Rechtsinhalte bei näherer Betrachtung derartig verschieden und von so heterogener Provenienz zu sein, dass man beinahe an der Möglichkeit zweifeln möchte, sie auf den gemeinsamen Nenner des gesuchten Staatsbegriffes bringen zu können, ohne aus dem Rechtsinhalt erst recht wiederum in die Rechtsform überzugreifen." [1]) Aus demjenigen also, was der so wechselnde und unstete Sprachgebrauch zum „Staat" stempelt, glaubt der Autor, nachdem er zuerst festgestellt hat, dass der Staat ein Rechtsinhaltsbegriff ist, diesen Begriff zu konstruieren. In Wirklichkeit verfährt er jedoch ganz anders: „Der Staat ist ein Rechtssubjekt und zwar ein solches Rechtssubjekt, das im Gegensatz und zum Unterschied von anderen Rechtssubjekten als *juristische Person* zu bezeichnen ist" [2]).

Was hat man nun unter dem Begriff „Rechtssubjekt" zu verstehen? Hier folgt der Verfasser ganz und gar dem Gedankengang der normativen Rechtslehre. Der Urstoff des Rechtes sind menschliche Handlungen. Bei der juristischen Methode ist mithin der natürliche Mensch bloss ein Zurechnungspunkt (der Verfasser meint wahrscheinlich, dass diese Methode den natürlichen Menschen, der Objekt der Naturwissenschaften ist, nicht kenne), in

---

[1]) a. a. O., S. 21.
[2]) a. a. O., S. 21.

welchem bestimmte Handlungen zusammenkommen, um als Einheit zusammengefasst zu werden, d. h. denkmöglich zu werden. „Es handelt sich um nichts anderes als um Synthesen aus den bisher angeführten Rechtssubjekten, welche letztere wir zur Unterscheidung auch als Einzelrechtssubjekte bezeichnen können."

Verfolgt man nun den Weg der Hierarchie der Begriffe, so kommt man zu einem Begriff, der alle übrigen in sich schliesst. Dieser Begriff nun, sagt der Autor, kann ein Einzelrechtssubjekt, jedoch auch eine juristische Person sein. Ist letzteres der Fall, so sagt man, dass die betreffende Rechtsordnung ein „Staat" ist. „Der Staat ist sonach nichts anderes als diejenige juristische Person, die die Voraussetzung aller übrigen Rechtssubjekte, d. h. sowohl Einzelrechtssubjekte als auch juristische Personen darstellt." [1])

Schliesslich sind wir hiermit wieder bei KELSENS Rechtswesensbegriff „Staat" angekommen, wenn der Verfasser auch meint, dass seine Begriffsbestimmung, obwohl weit genug, um die historischen Formen, die die Staatsidee im Laufe der Geschichte angenommen hat, zu umfassen, doch nicht so vielumfassend sei, dass hiermit ausnahmslos in jeder Rechtsordnung der Staatsbegriff anweisbar wäre. Wie dies möglich ist, wo ja der Staatsbegriff die Spitze des Kegels der Begriffe des Systems bildet, so dass, wenn man sich ihn aus dem System hinwegdenkt, solches das Auseinanderfallen desselben zur Folge hat, — ist uns rätselhaft.

Trotzdem setzen, nach dem Autor, die Identität der Rechtsordnung und die des Staates einander gegenseitig voraus. Allein diese innige Verbindung von Rechtsinhalt und Rechtsform hat nach HENRICHS Ansicht nichts Mystsiches und darf uns, wie er sagt, nicht dazu verleiten, den Staat in dem Sinne zu teilen, dass er auf die Grenze von Form und Inhalt würde zu stehen kommen und von beiden etwas hätte. Der Verfasser will uns auch diese „innige Verbindung" erklären. „Die Rechtsform hat ja nur einen Sinn unter der Voraussetzung eines Rechtsinhaltes. Mag nur dieser Rechtsinhalt noch so variabel gedacht werden, alle diese Veränderungen können schliesslich doch nichts anderes sein, als verschiedenartige Entfaltungen eines im Grunde genommen unveränderlichen Kernes, den wir der Form nicht zu entziehen ver-

[1]) a. a. O., S. 21.

mögen, wenn wir sie nicht leer laufen lassen, d. h. sinnlos machen wollen." [1])

Die Erörterung des Verfassers ist auf die Relativität des Gegensatzes von Form und Inhalt zurückzuführen. Doch setzt der Rechtsformbegriff kein absolutes Vakuum voraus. Die allgemeine Form der Rechtsnorm ist tatsächlich nicht inhaltlos, sondern enthält das Zwangsmoment. Das Zwangsmoment ist aber kein Rechtsinhaltsbegriff, weil dieses Moment die Rechtsnorm im Wesentlichen ist. So würde man auch bei dem Rechtswesensbegriff „Staat" nicht an eine absolut leere Form zu denken brauchen.

Kelsen scheint den in seine späteren Werke eingeführten Rechtsinhaltsbegriff „Staat" von Somló übernommen zu haben, womit in der Tat Henrichs Bemerkung: „Sie können das ihnen dargebotene Material mit ihrem Staatsbegriff nicht meistern und müssen, wenn ihnen in der Rechtsordnung der Staatsinhaltsbegriff wirklich begegnet, neben ihrem ursprünglichen Staatsbegriff einen zweiten heranziehen" [2]) in Hinsicht auf Kelsen eine in Erfüllung gegangene Prophezeiung geworden ist.

Wie man gesehen hat, ist Kelsen der Meinung, dass der Rechtswesensbegriff „Organ" in dynamischem Sinne — wir sprechen lieber nicht von „Staatsorgan", weil u. E. der personifikative Einheitsausdruck „Staat" für die Rechtsordnung aus dem dynamischen Gesichtspunkt überflüssig ist — es nicht ermögliche, den Unterschied zwischen demjenigen, was die traditionelle Lehre als normsetzenden Regierer einerseits und den eine Handlung der Privatautonomie vollführenden Regierten andrerseits einander gegenüberstellt, aufrecht zu erhalten. Wie gesagt, glaubt er — u. E. mit Unrecht —, dass nur ein dem Rechte nicht wesentlicher Begriff, m. a. W. ein Rechtsinhaltsbegriff „Organ" es gestattet, die Gruppe der in Privatautonomie normsetzenden „Regierten" auszuscheiden.

Es gibt aber noch eine andere Erscheinung, die Kelsen veranlasst, mit dem Rechtsinhaltsbegriff „Organ" und, hiervon ausgehend, mit dem Rechtsinhaltsbegriff „Staat" zu operieren. Doch ist hierbei der Ausgangspunt der statische Organbegriff oder besser gesagt die Organfunktion in statischem Sinne, die aus der

[1]) a. a. O., S. 25.
[2]) a. a. O., S. 19.

Vollführung des Zwangsaktes besteht. Bei primitiven Rechtsordnungen, bemerkt KELSEN, erfolgt die Vollführung des Zwangsaktes seitens desjenigen, der durch das mit Zwangssanktion bedrohte Verhalten geschädigt worden ist. Bei moderneren Rechtssystemen wird diese Funktion in der Regel auf ein einziges Individuum oder auf mehrere Individuen zusammengezogen. Nicht derjenige, welcher in seinen Interessen (dies im weitesten Sinne) beeinträchtigt worden ist, sondern bestimmte andere Personen werden mit der Vollziehung des Zwangsaktes beauftragt. (KELSEN sagt wörtlich: „den bedingenden Tatbestand festzustellen und darauf den Zwangsakt zu realisieren" [1]). Es kommt uns vor, dass die statische und die dynamische Organfunktion hier vermischt werden. Die Feststellung des Tatbestandes, der den Zwangsakt, d. h. zuerst die individuelle, konkrete, zwangbefehlende Norm bedingt, ist u. E. nicht Organfunktion in statischem, sondern in dynamischem Sinne.)

So würde sich eine besondere, rechtsinhaltliche Qualifikation bilden. Die Individuen, die mehr als andere mit der Realisierung von Zwangsakten beauftragt werden und dadurch häufiger als andere „Organ" sind, werden auf diese Weise zum „Organ in engerem Sinne", zum „Staatsorgan in engerem Sinne" oder aber zum „Staatsorgan" schlechthin.

Allerdings kann man diese „Organe", die im Gegensatz zu anderen Organen besondere Eigenschaften aufweisen, zu einer gesonderten Gruppe vereinigen und diese Organe „Organe in engerem Sinne", wenn man will, „Staatsorgane" nennen, im vorliegenden Fall, wenn Verdichtung der Funktionen stattfindet und diese sich auf eine kleine Anzahl von Individuen konzentrieren. Gleichfalls ist es richtig, dass diese Qualifikation kein Rechtswesensbegriff ist, nicht im Wesen des Rechtes enthalten ist. Doch ist es nicht weniger wahr, dass man es hier nicht mit einem rechtsinhaltlichen Begriff zu tun hat. Aus einem gewissen Rechtsinhalt kann man schliessen, dass das Organ häufig zu einer gewissen Rechtsfunktion berufen ist. Aus einem Rechtsinhalt an und für sich betrachtet kann aber nie die Folgerung gezogen werden, dass ein Individuum *mehr als andere, oder aber ausschliesslich* mit einer

---

[1]) Allgemeine Staatslehre, S. 53. Siehe auch Grundriss einer allgemeinen Theorie des Staates, S. 16.

gewissen Funktion beauftragt ist. Die Grundlage von KELSENS Unterscheidung findet man in der Vergleichung verschiedener Rechtsinhalte. Die besondere Qualifikation beruht also auf einem komparativen Elemente, das in dem einzelnen Rechtsnorminhalt natürlich fehlt. Demnach ist das, was der Verfasser einen rechtsinhaltlichen Begriff nennt, dies in Wirklichkeit nicht. Vielmehr ist die Unterscheidung soziologischer, m. a. W. metajuristischer Natur. Was KELSEN rechtsinhaltliche Qualifikationen nennt, sind in Wirklichkeit soziologische Fakta. Durch die Konzentrierung der Funktion auf bestimmte Individuen werden diese aus einem soziologischen Gesichtspunkt qualifiziert, keineswegs aber vom juristischen Standpunkt. An der Funktion selbst wird nichts geändert. Die Funktion besitzt keine neuen, eignen Merkmale, die, nicht aus dem Wesen des Rechtes hervorgehend, in einem besonderen Rechtsinhalt lägen; keine Eigenschaften juristischer Natur, die „gewöhnliche" Organe, welche, obwohl aktuell nicht bestehend, virtuell stets gedacht werden können, nicht aufweisen; keine Eigenschaften oder Merkmale, die die Organfunktion in der primitiven Rechtsordnung, wo das soziologische Gesetz der Arbeitsteilung noch nicht durchgewirkt hat, noch nicht besitzen. Die Funktion entspricht in der modernen Rechtsordnung keinesfalls Merkmalen, die sie im primitiven Rechtssystem nicht aufweist. Und wo nichts Besonderes an der Funktion ist, da ist ebensowenig — vom juristischen Standpunkt besehen — etwas Besonderes an dem Träger dieser Funktion. Es ist u. E. eine das Recht und die Rechtswissenschaft transzendente Qualifikation, die KELSEN im Auge hat.

Der Verfasser verbindet dann mit der sogenannten rechtsinhaltlichen Qualifikation „Staatsorgan" obendrein noch sehr weitgehende Folgerungen. Für ihn kann, wo er der sekundären Norm, das zwangvermeidende Verhalten als „gesollt" setzend, jede selbständige Bedeutung abspricht, allein der Zwangsakt Rechts- oder Staatsakt sein, d. h. ein Akt, der dem Staate auf Grund einer Rechtsnorm zugerechnet wird. Nach unsrer Meinung ist auch in diesem statischen Sinne der Staatsbegriff als Rechtswesensbegriff eine Verwirrung bringende Ueberflüssigkeit. Ein (Zwangs)Akt ist Rechtsakt, weil eines und das andre auf Grund einer Rechtsnorm geschieht (der das Zwangsmoment wesentlich ist).

Gegenüber diesem rein formellen Begriff des „Staats"aktes als des Zwangsaktes: des Rechtsaktes überhaupt [1]), stellt KELSEN den Begriff des Staatsaktes in engerm, rechtsinhaltlichem Sinne. Es sollten dies die Akte sein, die von den als Staatsorgane spezifisch qualifizierten Individuen vollführt werden. Diese Akte, so sagt der Verfasser, brauchen nicht nur Zwangsakte zu sein, sondern es fallen auch andersartige Akte unter diesen Begriff, nämlich die Akte, zu welchen diese spezifisch qualifizierten Individuen von der Rechtsordnung verpflichtet oder berechtigt werden. Daraus, sagt KELSEN, tritt der Begriff des Staates in rechtsinhaltlichem Sinne als einer inhaltlich qualifizierten Teilrechtsordnung hervor, dies im Gegensatz zu dem Staate als Ausdruck für die Gesamtrechtsordnung [2]).

Wie im Obigen bereits bemerkt, kann man, nach KELSEN, noch einen Unterschied machen zwischen der statischen Organfunktion in weitem Sinne und der in engerm Sinne. In engerm Sinne ist es die Realisierung des Zwangsaktes. Dieser Organfunktionsbegriff geht unmittelbar aus KELSENS Konstruktion der Rechtsregel hervor, die „durch das ‚Soll' einen bedingenden Tatbestand mit einer als Zwangsakt charakterisierten Folge verknüpft. Darin kommt die Anschauung zum Ausdruck, dass das Recht wesentlich eine Zwangsordnung, der Staat ein Zwangsapparat ist. Staatsakt oder Staatsfunktion ist demnach die spezifische Reaktion des Rechts: der Zwangsakt (bzw. seine verfahrensmässige Vorbereitung, sei es durch Gericht, sei es durch Verwaltungsbehörden)." Der weitere (statische) Begriff der Organfunktion würde dann jeden juristisch relevanten Akt mit einbegreifen, insbesondere aber den zwangvermeidenden Akt, welcher der Inhalt der — nach KELSEN jede selbständige Bedeutung entbehrenden — sekundären Norm ist.

Wir haben dies nur kurz in Erinnerung bringen wollen. Die statische Organfunktion als Rechtsinhalt, d. h. die Akte der sogenannten „rechtsinhaltlich qualifizierten Organe", anders als Zwangsakte, zu denen diese Organe zufolge einer Rechtsnorm befugt oder verpflichtet sind, deckt sich nicht mit der statischen Organfunktion in weiterem Sinne. Umfasst doch diese letztere ausser den materiellen Akten (andere als Zwangsakte) dieser qualifizierten

[1]) Staatslehre, S. 53—54.
[2]) Staatslehre, S. 54.

Organe ebenfalls die Akte von Individuen-Nichtorganen, die Inhalt einer sekundären Norm sind.

Die Sache geht gänzlich parallel mit dem, was der dynamische Organbegriff uns zu sehen gegeben hat. Dort waren es die normsetzenden Akte der Privatautonomie, die Schwierigkeiten ergaben, Schwierigkeiten, die KELSEN auch da glaubt, nur mittels eines engern, (vermeintlich) rechtsinhaltlichen Organbegriffes und eines rechtsinhaltlichen Staatsbegriffes meistern zu können. Wir meinten, dass dies zur Lösung des Problems, das die Akte der Privatautonomie im Rahmen des Rechtserzeugungsprozesses ergeben, nicht notwendig sei. Es betraf dort einen Akt, der nur scheinbar ein Rechtserzeugungsakt ist, nur scheinbar ein Glied in der Reihe der Akte ist, die der Rechtserzeugungsprozess insgesamt bildet. Diese äussere Aehnlichkeit hielt u. E. nicht stand, als man die Sache bei Lichte besah.

Hier nun findet bei KELSEN der (vermeintlich) rechtsinhaltliche Organbegriff auf ganz andere Weise Anwendung.

Es sei nämlich von einer Staatsfunktion die Rede, nicht im Sinne einer formellen Rechtsfunktion, sondern in spezifisch rechtsinhaltlichem Sinne, wenn man unter sehr bestimmten Bedingungen dem Staate Tatbestände zurechnet, die nicht Zwangsakte sind, sondern ein gewisses zwangvermeidendes Verhalten. Doch seien diese Akte nicht dadurch endgültig qualifiziert, dass sie der Inhalt sekundärer Normen sind. Die diese Akte vollführenden Individuen wären ja nicht dadurch Staatsorgane, dass sie diese Akte vollziehen, sondern umgekehrt wären diese Akte Staatsakte, weil die sie realisierenden Individuen rechtsinhaltlich qualifiziert sind.

Unzweifelhaft bietet das Problem der Akte, die nicht Zwangsakte sind und dennoch dem Staate als Beziehungspunkt zugerechnet werden müssen, d. h. von der traditionellen Lehre als Staatsakte angesehen werden, sehr grosse Schwierigkeiten, wenn es gilt, dafür eine passende juristische Konstruktion zu finden. Doch kommt KELSENS Lösung uns unannehmbar vor. Sein Ausgangspunkt ist der von ihm als rechtsinhaltlich betrachtete Organbegriff, den wir dagegen als von soziologischer, folglich metajuristischer Natur ansehen. Gewisse Akte, die von diesen u. E. soziologisch, jedoch nicht juristisch qualifizierten Organen ausgehen, werden nun als Staatsfunktion bezeichnet, ohne Rechtsfunktion zu sein.

Gegen diese Vorstellungsweise liegen ernstliche Bedenken vor. Ist doch eine Person oder eine Körperschaft Rechts- (oder Staats)-organ wegen der Funktion, deren Träger sie auf Grund einer Rechtsnorm ist. Sie ist aber nur Rechts- (oder Staats)organ, soweit sie der Träger dieser Funktion ist, da die Funktion das logische Prius der Organschaft ist. Das Recht kennt ja nicht den natürlichen Menschen, sondern bloss menschliche Handlungen. War es nicht der grosse Irrtum der organischen Staatslehre, dass sie auf unkritische Weise eine Rechts- oder Staatswissenschaft auf dem Stramin der Biologie glaubte sticken zu können, ohne die Tatsache zu beachten, dass nicht alle Handlungen, sondern nur bestimmte Handlungen eines Individuums Rechtsakte sind und, wenn man will, dem Staate zugerechnet werden. Das Individuum ist allein Rechts-, wenn man will, Staatsorgan, soweit es diese Rechtsakte vollführt. Nie kann somit ein Individuum dadurch, dass es in einigen seiner Handlungen Träger einer Rechtsfunktion, d. h. Rechts- (oder Staats)organ ist, andere Handlungen, die es *nicht* zum Träger der Rechtsfunktion, d. h. zum Rechts- oder Staatsorgan stempeln, zu Staatsakten erheben.

KELSENS Konstruktion ist u. E. ungenügend, weil der Rechtswesensbegriff das von ihm als Rechtsinhaltsbegriff Gedeutete nicht umfasst [1]). Sogar dann nicht, wenn man sämtliche Handlungen, die den Inhalt sekundärer Normen bilden, gleichfalls als Rechtsakte bezeichnen wollte. KELSENS Konstruktion der Rechtsregel macht es ausserdem auch wohl kaum möglich, die Akte, die den Inhalt einer sekundären Rechtsnorm bilden, Rechtsakte zu nennen, wo er nur dem kontradiktorischen Gegenteil als dem Verhalten, das das „Gesolltsein" des Zwangsaktes bedingt, Bedeutung beilegt.

Nun müssen wir nebenbei kurz darauf hinweisen, dass in KELSENS Schule diese Konstruktion keinen ungeteilten Beifall gefunden

---

[1]) Wie schon oben konstatiert wurde, lässt KELSEN in seinem „Grundriss" (S. 52) den Gegensatz zwischen der Organfunktion in dynamischem und in statischem Sinne fallen und nennt er jeden Normvollführungsakt, einschliesslich der Realisierung des letzten Vollstreckungsaktes, Organfunktion. Innerhalb dieses Begriffes sondert er den Zwangsakt als Organfunktion in engerm, rechtsinhaltlichem Sinne ab: „Innerhalb dieses weitesten Begriffes der Organfunktion hebt sich zunächst — rechtsinhaltlich qualifiziert — ein engerer Begriff ab: die Setzung des Zwangsaktes und seine verfahrensmässige Vorbereitung. Es ist der Staatsakt als Reaktion des Rechts." (S. 52.) Hier umfasst tatsächlich der Rechtswesensbegriff den Rechtsinhaltsbegriff, allein die Verschmelzung des dynamischen und des statischen Organfunktionsbegriffes zu einem Rechtswesensbegriff „Organfunktion", indem der zwangvollstreckende Akt in das System des Rechtserzeugungsprozesses aufgenommen wird, bringt nur scheinbar die Synthese.

hat. So legt z. B. SCHREIER [1]) der sekundären Norm grössere Bedeutung bei. Dieser Autor, der nach HUSSERLS phänomenologischer Philosophie orientiert ist, konstruiert die Rechtsnorm als Relation: „Durch die Rechtsrelation werden als relative Begriffe die Rechtsvoraussetzung, der hypothetische Vordersatz, und die Rechtsfolge, der hypothetische Nachsatz, gesetzt" [2]).

Er konstruiert die Rechtsregel folgendermassen: Wenn der Tatbestand da ist, soll die Person unter Sanktion die Leistung vollführen, oder schematisch dargestellt: T (Tatbestand) . . . A (Person) L (Leistung) S (Sanktion). Sanktion bedeutet die Verweisung auf eine zweite Norm, die sich auf das Nichterfülltsein der ersten Norm bezieht. Beide Normen sind hypothetische Regeln und sind derart miteinander verknüpft, dass die Hypothese der zweiten Regel das kontradiktorische Gegenteil der ersten Regel ist. Die vollständige Formel ist dan T . . . A L S, non A L . . . B L S [3]). So löst SCHREIER KELSENS primäre Rechtsnorm in eine Normkette, in eine Reihe selbständiger Normen auf [4]). Aber auch diese Konstruktion, obwohl sie es gestattet, das Verhalten, das Inhalt einer sekundären Norm ist, als Rechtsakt zu erfassen, gibt uns nicht das Mittel an die Hand, davon bestimmte Akte als dem Staat zuzurechnende Organfunktionen abzusondern [5]).

Gegen KELSENS Lösung dieses Problems lassen sich noch viele Bedenken vorbringen. Bei primitiven Rechtsordnungen, in denen von Arbeitsteilung noch nicht die Rede ist, gebe es keine Akte, als Inhalt sekundärer Normen, die nicht dem vollführenden Individuum, sondern dem Staate (in engerm, rechtsinhaltlichem Sinne) zuzurechnen wären. Doch werden bei einer solchen primitiven Rechtsordnung ebenfalls die von KELSEN gemeinten Akte getätigt: Werke von sogenanntem öffentlichem Interesse, wie Verteidigungswerke im Kriegsfalle, Wasserwehren, usw. Wenn KELSENS Lehre der Staatsorgane und Staatsfunktionen in rechtsinhaltlichem Sinne vom theoretischen Standpunkt auch haltbar

---

[1]) Dr. FRITZ SCHREIER, Grundbegriffe und Grundformen des Rechts. Entwurf einer phänomenologisch begründeten formalen Rechts- und Staatslehre, 1924.

[2]) a. a. O., S. 55.

[3]) a. a. O., S. 70/71.

[4]) a. a. O., S. 102.

[5]) Siehe auch FELIX KAUFMANN, Logik und Rechtswissenschaft, 1922, S. 91: „Der ‚reine einfache' Rechtssatz lautet: Ein Subjekt A soll ein Verhalten V I an den Tag legen; tut es dies nicht, so soll ihm gegenüber ein Verhalten V 2 platzgreifen."

wäre, so würde sie dennoch nicht genügen, um das zu erklären, was er mit derselben erklären will: den Komplex von Handlungen, die die traditionelle Lehre als die Wohlfahrtspflege durch den Staat bezeichnet. Trotzdem erfordern diese Handlungen eine juristische Erläuterung, und wir wollen dazu im Abschnitt IX den Versuch machen.

Die Unterscheidung dieser zwei Arten von Staatsakten, Organsakte als Rechtswesensbegriff und als Rechtsinhaltsbegriff, entspricht der von einigen französischen Autoren eingeführten Gruppierung der Staatsakte als actes d'autorité einerseits, actes de gestion andrerseits. Diese Unterscheidung findet man bei LAFERRIÈRE und insbesondere bei BERTHÉLEMY [1]), der hiermit weitgehende Konsequenzen verknüpft. Obwohl wir die Lehre, die der letztgenannte Autor dieser Unterscheidung zugrunde legt, nicht unterschreiben können, so glauben wir dennoch, dass dieselbe einen richtigen Kern enthält [2]).

---

[1]) H. BERTHÉLEMY, Traité élémentaire de droit administratif, 11. Auflage, 1926, S. 46 ff.: „L'état, le département, la commune, les établissements publics, doués de la personnalité morale, peuvent être propriétaires, créanciers, débiteurs. Ils peuvent accomplir par représentants les actes ordinaires de la vie civile; ils les accomplissent comme un particulier pourrait le faire dans l'administration de son patrimoine; ces actes ainsi accomplis sont des actes de gestion."

[2]) Siehe Abschnitt VIII.

ABSCHNITT VIII

DIE LEHRE DER RECHTSFUNKTIONEN BEI EINIGEN MODERNEN JURISTEN

Wie wir gesehen haben, bezweckt die Stufenlehre, eine Analyse vom Bau der Rechtsordnung zu geben, die in einer Reihe von Prozessen stufenweise erzeugt wird, wobei das in einem vorigen Verfahren Erzeugte der Angriffspunkt für das Verfahren auf folgender oder niederer Stufe ist. Nicht sosehr das Wesen des Erzeugten, als vielmehr das Wesen des Erzeugungsverfahrens mit Bezug auf die anzuwendende „höhere" Norm wird bei der Stufentheorie besonders betont. Ihre Adepten lehren, dass auf jeder Stufe das Erzeugungsverfahren die gleichen Merkmale aufweist, was in dem Verhältnis des auf einer vorhergehenden Stufe Erzeugten zu dem auf darauffolgender Stufe Produzierten zum Ausdruck gelange; dieses Verhältnis sei stets gleichartig. Die Analyse jedes Verfahrens ergebe nämlich eine produzierende und eine reproduzierende Komponente.

In der Stufenlehre konnten wir den Zusammenhang der verschiedenen Rechtserscheinungen akzeptieren, doch halten wir die These der Gleichartigkeit der verschiedenen Rechtserzeugungsverfahren für unannehmbar.

Bevor wir unsern Standpunkt in dieser Beziehung näher auseinandersetzen, wollen wir eine kurze Darstellung der Versuche zur Einteilung oder Zusammenfassung der Rechtsfunktionen in einigen Gruppen und des gegenseitigen Verhältnisses dieser Gruppen geben, wie sie von einigen modernen französischen und deutschen Autoren angestellt worden sind.

Zunächst wollen wir der Lehre des französischen Juristen LÉON DUGUIT, dessen Auffassungen eine so grosse Uebereinstimmung mit der Lehre KELSENS zeigen, eine kurze Betrachtung widmen [1]).

Wenn bei DUGUIT von den Funktionen des Staates die Rede ist [2]), so ist er sich dessen bewusst, dass angesichts der von ihm

[1]) Siehe für die Punkte, welche die Lehre DUGUITS und die KELSENS miteinander gemein haben: GEORGE TASSIC, Revue internationale de la théorie du droit.

[2]) Traité de droit constitutionnel, 2. Band, 3. Auflage (1928), S. 151.

aufgeworfenen Thesen über das Wesen des Staates dieser Ausdruck nicht am Platze ist. Um richtig zu gehen, müsste er von der juristischen Aktivität der Regierer sprechen. Man muss den Autor denn auch nicht nach dem Buchstaben nehmen, wo er sagt, „dass der Staat eine Rechtsfunktion ausübt, wenn er eine Willenskundgebung vollführt, die einen Rechtsakt konstituiert" [1]). Hier tritt zu Tage, wie sehr der Autor sich KELSEN nähert, wenn er den Staat für „une coopération de services publics" erklärt. Wie bereits früher bemerkt, erklärt DUGUIT, obgleich bei ihm der Gedanke des Staates als eines Komplexes von Funktionen hervorgehoben wird, die Qualität eines Funktionärs nicht daraus, dass dieser jene Rechtsfunktionen innehat, sondern vielmehr aus einem dem Rechte transzendenten Faktum, nämlich daraus dass er zur Gruppe der Vorherrschenden, der sozial Stärkeren gehört. Diese „gérants des services publics" bekleiden Rechtsfunktionen, wenn sie den öffentlichen Dienst organisieren, um das regelmässige Funktionieren desselben zu ermöglichen. Sie erfüllen damit eine Rechtsfunktion, „puisqu'alors il ne fait qu'exécuter les obligations qui leur incombent d'après les principes mêmes du droit supérieur qui s'impose à eux". Es ist wohl eine eigentümliche Konstruktion, die DUGUIT hier aufbaut. Die „Regierer" regieren dadurch, dass sie die Stärkern sind, doch sind sie dennoch bei der Ausübung der Regierungsfunktion einem höheren Rechte, einem Naturrechte „unterworfen" (was der Autor hiermit eigentlich meint, ist uns nicht kla[2]): „Les gouvernants formulent les règles de droit (positives Recht) parce que leur première mission est d'assurer la réalisation du droit (Naturrecht)" [3]). Und handeln sie gemäss diesem Naturrechte, so sind diese Handlungen „Rechtsakte", die nach rechtstechnischen Kriterien in actes législatifs, actes-condition und actes subjectifs zu unterscheiden sind [4]). DUGUIT

---

[1]) a. a. O., S. 152.

[2]) Siehe J. CHARMONT, La renaissance du droit naturel, 2. Auflage 1927, S. 194—203. G. PLATON, Pour le droit naturel (A propos du livre de M. HAURION: Les principes du droit public), 1911.

[3]) Droit constitutionnel, S. 172.

[4]) Die vielfachen Widersprüche bei dem grossen französischen Juristen sind daraus zu erklären, dass u. E. seine Rechtslehre und seine Staatslehre keine Einheit bilden, sondern, jede von einem anderen Prinzip ausgehend, entwickelt werden. Seine Rechtslehre ist teils soziologischer, teils naturrechtlicher Art. Die Grundnorm (materieller Natur) seines Systems könnte man formulieren: Handle so wie es mit Bezug auf die soziale Solidarität oder Interdependenz geboten ist. Seine Staatslehre ist auf einem soziologischen Seinsfaktum basiert, nämlich dass das Gesellschaftsleben eine Differenzierung in einer Gruppe herrschender Stärkeren und einer Gruppe beherrschter Schwächeren aufweist.

bemerkt, dass, wenn er von den Staatsfunktionen spricht, er ausschliesslich die Rechtsfunktionen des Staates im Auge hat. Offenbar erfüllen die Regierer noch andere, nichtjuristische Funktionen, aber dennoch Staatsfunktionen [1]). Wie er sich diese metajuristischen Manifestationen des Staates denkt, bleibt so ziemlich im Dunkeln [2]). Sind es möglicherweise die eventuellen Handlungen der Regierer, die gegen das „höhere Recht" verstossen, d. h. bei ihm die Handlungen, die mit den Anforderungen im Widerspruch stehen, welche das richtige Funktionieren des öffentlichen Dienstes stellt?

DUGUIT hält es für fruchtlos und verwerflich, die Staatsfunktionen nach den verschiedenen Diensten zu unterscheiden, die vom Staate geleitet werden. (Hier taucht die von KELSEN mit Recht getadelte verdoppelnde Personifikation auf: zuerst der Staat, der mit der Gesamtheit der öffentlichen Dienste identisch ist, dann der Staat als primäres Phänomen, Organisator und Leiter der öffentlichen Dienste.) Mit Recht bemerkt der Autor, dass eine derartige Methode auf die Determinierung der Staatsfunktionen nach ökonomischen Gesichtspunkten hinauslaufen würde. Um die verschiedenen Staatsfunktionen vom juristischen Standpunkt zu unterscheiden, muss man den internen, juristischen Charakter der Handlungen, aus denen der öffentliche Dienst besteht, zum Ausgangspunkt nehmen.

DUGUIT akzeptiert die in Frankreich und anderweitig übliche Einteilung der Staatstätigkeit in eine legislative, eine administrative und eine rechtsprechende Funktion.

Der Staat [3]) übt die legislative Funktion aus, wenn er einen acte-règle vornimmt, d. h. wenn er eine normative oder konstruktive Verfügung formuliert, die in einem bestimmten Punkte das objektive Recht, wie dies im Augenblick der Handlung besteht, abändert.

---

[1]) a. a. O., S. 152.

[2]) Gibt folgender Passus hierüber vielleicht Aufklärung?: „Cependant, ce serait assurément une définition trop étroite des fonctions juridiques de l'Etat si l'on disait qu'elles n'apparaissent que lorsqu'il fait un acte ayant véritablement, d'après sa nature interne, le caractère d'actes juridiques. Très souvent sans doute les fonctions juridiques de l'Etat s'exercent au moyen d'actes ayant le caractère d'actes juridiques accomplis par les gouvernants ou par leurs agents. Mais, très souvent aussi, les gouvernants ou leurs agents accomplissent des actes qui n'ont point en eux-mêmes le caractère d'actes juridiques et qui cependant se rattachent aux fonctions juridiques de l'Etat, soit parce qu'ils sont l'exécution d'un acte juridique proprement dit, soit parce qu'ils préparent ou rendent possible un acte de cette nature." (a. a. O., S. 153). Dagegen erklärt DUGUIT auf S. 154 kategorisch: „En un mot, toutes les fois que l'Etat intervient en vue d'un service public, il exerce une fonction juridique."

[3]) a. a. O., S. 156.

Der Staat übt die administrative Funktion aus bei der Vornahme eines acte-condition oder eines acte subjectif, oder wenn seine Agenten, um das Funktionieren des öffentlichen Dienstes sicherzustellen, rein materielle Handlungen vornehmen.

Mit der jurisdiktionellen Funktion löst der Staat eine ihm gestellte Rechtsfrage. Daneben trifft er eine Entscheidung, die die logische Konsequenz der von ihm der Rechtsfrage gegebenen Lösung ist, und die bezweckt, die Realisierung derselben zu sichern [1]).

Wenn DUGUIT zur gesonderten Besprechung der Staatsfunktionen übergeht, werden seine Betrachtungen für uns weniger interessant. In den Mittelpunkt dieser Betrachtungen stellt der Autor nicht den Setzungsakt, den Akt, in welchem das Recht erzeugt wird, sondern das Resultat dieses Aktes an und für sich. Mit der traditionellen Lehre unterscheidet DUGUIT zwischen dem Gesetze in formalem Sinne, besser gesagt in organisatorischem Sinne, worunter sämtliche von einem bestimmten Organ: dem Parlament, in Zusammenarbeit mit dem sogenannten Staatshaupt, ausgehenden Emanationen zu verstehen sind; und dem Gesetze in materiellem Sinne, „dem Akte, mit dem der Staat eine Regel objektiven Rechtes formuliert oder aber Regeln schafft, Einrichtungen organisiert, die zum Zweck haben, die Inkraftsetzung einer Regel objektiven Rechtes zu sichern" [2]).

In erster Linie verwechselt DUGUIT hier das Gesetz, d. h. das Erzeugte, mit dem legislativen Akte: „das Gesetz ist der Akt, durch den . . ." Seine Definition umfasst ausserdem offenbar viele Ungleichartigkeiten und Unbestimmtheiten. Wahrscheinlich entspricht es der Absicht des Autors, die zwei Arten von Rechtsregeln, zwischen denen er einen Unterschied macht: die normativen und die konstruktiven Regeln, in seiner Definition zusammenzufassen [3]). Eine Regel des objektiven Rechtes ist nach DUGUIT naturgemäss generell und imperativ [4]), und er versucht nunmehr darzulegen, dass jedes Gesetz in materiellem Sinne diese beiden Eigenschaften besitze; dass es nicht möglich sei, dass das Gesetz diese Qualitäten nicht hat, so dass das Gesetz stets eine Verfügung

[1]) a. a. O., S. 157.
[2]) a. a. O., S. 165.
[3]) Siehe für diese Unterscheidung: Traité, Band I, 3. Auflage, 1927, S. 105 ff.
[4]) Traité, 1. Band 1927, S. 89 ff.

im Wege einer generellen und abstrakten Regel ist. Die individuelle und konkrete Entscheidung ist nicht ein Gesetz in materiellem Sinne; es ist ein Gesetz in formellem Sinne, wenn sie von dem legislativen Organ ausgeht; aus einem materiellrechtlichen Gesichtspunkt ist es entweder ein administrativer, oder ein jurisdiktioneller Akt [1]).

Selbstverständlich kann man die „Staats"akte einteilen in solche aus denen eine abstrakte und generelle Disposition hervorgeht, und in solche die eine individuelle, konkrete Entscheidung herbeiführen, abgesehen davon, ob diese Unterscheidung heuristisch fruchtbar ist, was wir entschieden bezweifeln möchten. Der Grund, den DUGUIT für seine These anführt, ist auf jeden Fall verwerflich. Das individuelle Gebot sollte s. E. nicht eine Regel sein, sondern die Anwendung einer Regel: " . . . l'impératif individuel n'est pas une règle; il est formulé en application d'une règle, ce qui est tout à fait différent. L'impératif moral adressé à un individu ne se conçoit que comme l'application d'une règle générale s'appliquant à tous les individus se trouvant dans une certaine situation et l'Etat de droit n'existe que si les injonctions individuelles d'ordre juridique ne peuvent être formulées que dans les limites d'une disposition par voie générale qui est la règle de droit." [2])

Es ist der von KELSEN und seiner Schule angewiesene, bei vielen Schriftstellern vorkommende Irrtum, laut dem bloss die Regel in allgemeiner Form, die Rechtsordnung auf einer Stufe, Rechtsnorm sei. Bei DUGUIT steht diese Auffassung mit politischen Desiderata im Zusammenhang. Der Staat sei erst Rechtsstaat, wenn die individuelle Regel nur kraft und innerhalb des Rahmens einer vorhergehenden (vollständigen) generellen Norm erlassen werden könne.

Es ist kraft des Prinzips der willkürausschliessenden Gleichheit, dass gewöhnlich (und u. E. mit Recht) die Anforderung gestellt wird, dass die Rechtsregel auf die Weise einer generellen Verfügung gegeben werden soll [3]). Dieser Generalitätscharakter, der dann die Essenz des Gesetzes sein sollte, hat nach DUGUIT ein

---

[1]) Traité, 2. Band, S. 167.

[2]) a. a. O., S. 172, gelegentlich einer Polemik mit RÉNÉ CAPITANT anlässlich seines Werkes: L'illicite I, l'Impératif juridique, 1928.

[3]) „Le tyran est celui qui prend des décisions individuelles en dehors des lois", a. a. O., S. 173.

vernünftiges und ein historisches Fundament. „La règle de droit est individuelle parce qu'elle s'applique aux individus; mais elle est sociale parce qu'elle dérive de la société elle-même. Etant sociale, elle est générale. Elle ne vise pas une espèce particulière, devant devenir sans valeur quand elle a été appliquée à cette espèce. Elle est un élément de la vie sociale et doit avoir la même étendue que la vie sociale elle-même." [1])

Mit Bezug auf die Verwaltungsfunktion unterscheidet DUGUIT zwischen der administrativen Funktion in formellem und der in materiellem Sinne. Erstere umfasst die Akte sämtlicher Organe, denen das Landesgesetz den administrativen Charakter zuschreibt. Es versteht sich von selbst, dass diese Unterscheidung jede Bedeutung entbehrt, wenn das Recht nur ein bestimmtes Organ, das auf gewisser, niederer Stufe als die Gesetzgebung steht, so betitelt. Will man dabei beharren, dass die Benennung „Verwaltungsorgan" auf gutem Grunde beruht, weil dieses Organ der Träger der Verwaltungsfunktion ist, so dreht man sich im Kreise herum, wenn man die Emanationen dieses Organes wieder Verwaltungsakte nennt, weil sie von dem Verwaltungsorgan ausgehen. Sagt man dann doch nichts anderes, als dass die Handlungen des Organs A administrativ sind, weil dieses Organ der Träger der administrativen Funktion ist.

Wir wollen uns daher auf DUGUITS Verwaltungsakte in materiellem Sinne beschränken. Der Autor begreift unter dem Namen administrative Akte, die das Objekt der administrativen Funktion sind, sämtliche von Organen, agents publics, vorgenommenen Rechtsakte, andere als actes-règles (welche letzteren das Objekt der legislativen Funktion sind), nämlich: die actes-condition und die actes subjectifs.

Obwohl es logisch erscheint, im Zusammenhang mit den drei Arten von Rechtsakten drei Staatsfunktionen zu unterscheiden, meint der Autor, er müsse dies dennoch mit Rücksicht auf die grosse Verwandtschaft zwischen actes-condition und actes subjectifs, die beide konkreter, individueller Natur sind, unterlassen.

Es möge hier nochmals auf die Unzulänglichkeit dieser Analyse hingewiesen werden. Nach der Definition des Autors sind die administrativen Akte, die den Inhalt der administrativen Funktion

---

[1]) a. a. O., S. 172—173.

bilden, alle actes-condition und actes subjectifs, welche von einem Organ oder agent public vollführt werden. Dennoch werden nicht sämtliche von einem Organ vorgenommenen Rechtsakte (im Sinne DUGUITS) administrative Akte sein und zur Ausübung der administrativen Funktion gerechnet werden müssen. Die Ehe ist acte-condition. Doch wird man die Eingehung einer Ehe durch einen agent public nicht als Ausübung der öffentlichen Funktion betrachten wollen. Sagt man nun: nur wenn ein Organ „als solches" oder „in Funktion" einen acte-condition oder acte subjectif vollführt, ist dies ein administrativer Akt, so drängt sich sofort eine zweite Frage auf, nämlich: wann handelt ein agent public „als solcher" und wann nicht? Lautet die Antwort nun: wenn der agent public die administrative Funktion vollführt, so ist es klar, dass man sich wieder im vitiösen Kreise bewegt. Sagt man dann doch nichts anderes, als dass das Individuum als Organ handelt, wenn es als Organ handelt.

Immer wieder rächt sich der Fehler, dass die Organqualität in keinerlei Verbindung mit der Organfunktion gedacht wird.

Es kommen jedoch noch mehr Bedenken auf. Sollte man meinen, dass die administrative Funktion sich bei DUGUIT restlos in der Vollführung von actes-condition und actes subjectifs erschöpft (d. s. Akte, die, wie wir an anderem Orte dargelegt haben, nicht Rechtserzeugungsakte sind: so z. B. das Erfüllen — durch den als Beamten Angestellten — der Bedingung für das Inkrafttreten oder die Aktualisierung sekundärer Normen) so erfährt man bald, dass der Autor einer anderen Auffassung huldigt. „Man ist sich darüber einig, so sagt er, dass alle Operationen materieller Natur, die vorgenommen werden, um das Funktionieren der öffentlichen Dienste zu sichern, gleichfalls als administrative Akte bezeichnet werden, und diese Akte treten, aus einem juristischen Gesichtspunkt besehen, in den Inhalt der administrativen Funktion." [1]) Darin, so argumentiert DUGUIT, steckt nichts Unlogisches, „denn der Staat ist verpflichtet, kraft einer Regel höheren Rechtes das Funktionieren der administrativen Funktion zu verbürgen" [1]).

Und die letzterwähnten Akte, so fährt der Autor fort, sind unzählbar. Dazu gehören die militärischen und maritimen Verrichtungen, der Unterricht, öffentliche Arbeiten, Transportver-

---

[1]) Traité II, S. 289.

richtungen, materiell exekutorische Akte persönlicher und sachlicher Natur, materielle Verrichtungen der Polizei, alle „actes d'ordre matériel que font les agents publics pour assurer le fonctionnement des services publics".

Excusez du peu. Diese Reihe ungleichartiger, sämtlich sehr verwickelter Akte, oder besser gesagt: Komplexe von Akten, glaubt DUGUIT zusammenfassend unter die teleologische Formel bringen zu können: die Gewährleistung des richtigen Funktionierens der öffentlichen Dienste, zu denen der „Staat", wohlverstanden die Gesamtheit der gesellschaftlich Vorherrschenden, kraft des „höheren Rechtes" verpflichtet sei, welchem Rechte die Herrscher, trotz des Faktums ihrer grösseren Kraft oder Gewalt, dennoch unterworfen seien.

Es ist im Wesentlichen der metajuristische Staat, das rechtfreie Schalten-und-Walten der Herrscher, das von keinem (positiven) Rechte gezügelte Ermessen der Regierer, was DUGUIT nicht zu meistern vermag [1]). Hier tritt die rechtfreie Staatsfunktion hervor, die im Einklang mit dem „höheren Rechte", oder lieber ohne mit diesem in Widerspruch zu geraten, auszuüben ist. Aeltere deutsche Juristen würden hier von der „nicht hoheitlichen Verwaltung" sprechen, das ist die Förderung des „öffentlichen Interesses" innerhalb des Rahmens des Rechtes, was hierbei nicht Zweck, sondern Begrenzung ist.

Teilweise deckt sich dieser Teil der Verwaltungsfunktion auch mit KELSENS rechtsinhaltlichem Staate oder besser gesagt mit seiner rechtsinhaltlichen Organfunktion in statischem Sinne. Die Funktion bestehe nämlich in dem Handeln gemäss dem Inhalt einer sekundären Norm und sei, nach KELSEN, deswegen Organfunktion weil sie von Individuen vollführt wird, die Organe sind, indem sie (jedoch auch — und dies vergass KELSEN — nur soweit sie) eine Rechtsfunktion wahrnehmen, nämlich die Rechtsfunktion in rechtswesentlichem Sinne: Rechtsetzung.

Ebenso wie KELSENS Erklärung des Staates, der Schulen baut, Wasserbauwerke anlegt, erscheint uns diejenige DUGUITS unannehmbar. Letzterer nimmt eine unkritische Metabasis eis allo genos

---

[1]) DUGUIT ist sich dessen keineswegs bewusst. Im Gegenteil verwirft er nachdrücklich einen weiteren Begriff bei den Schriftstellern, die die Idee des Staatszweckes zum Ausgangspunkt nehmen: „Le critérium du but ne peut intervenir lorsqu'il s'agit de déterminer les fonctions juridiques de l'Etat." (a. a. O., S. 292).

vor und springt auf naive Weise vom positiven Rechte auf ein schwebendes Naturrechtssystem über.

DUGUIT hat, wie er selbst sagt, keine Bedenken dagegen anzuerkennen, dass diese Akte dem Griffe des administrativen Rechtes nicht entgehen, sich an die administrative Funktion heften, ohne dass dies auch nur im Geringsten an der Richtigkeit der einmal von ihm gegebenen Begriffsbestimmung dieser Funktion Abbruch tue [1]). Sind doch meistens, so führt er aus, diese materiellen Verrichtungen mit einem administrativen Akte im „eigentlichen Sinne des Wortes" verbunden (se rattachent à), d. h. mit den Akten, die eine neue juristische Situation ins Leben rufen. Sehr oft, sagt der Autor, sind sie die Vorbereitung zu einem administrativen Akte, bilden sie die formelle Bedingung für die Gültigkeit dieser Akte. „La validité de l'acte administratif étant subordonnée à la régularité de ces opérations, elles tombent naturellement sous la prise du droit administratif." [2]) Offenbar verbindet er hier diese Akte wieder mit dem positiven administrativen Rechte. Sollte DUGUIT mit actes administratifs hier Rechtserzeugungsakte im Auge haben, so würden die sogenannten materiellen Akte als die Erfüllung der in den Normen auf höherer Stufe enthaltenen Bedingungen zu qualifizieren sein, ohne deren Erfüllung das im folgenden Prozesse Erzeugte keine gültige Rechtsnorm ist. Weiter sind die von DUGUIT gemeinten persönlichen und sachlichen Zwangsvollstreckungsakte mit demjenigen identisch, was KELSEN die Organfunktion in statischem Sinne nennt (Organfunktion als Rechtswesensbegriff).

Stellen wir über DUGUITS Lehre der Staatsfunktionen die Rechnung auf, namentlich über seine Ideen wegen der Verwaltungsfunktion, so darf nicht geleugnet werden, dass versucht worden ist, eine Unterscheidung verschiedener Staatsfunktionen auf wirklich juristischer Grundlage zu fundieren. Ausdrücklich weist er darauf hin, dass der Staat mehrere Funktionen ausübt, die sich durch Unterschiede juristischer Natur kennzeichnen. Aufs entschiedenste weist er jede Gruppierung nach Inhalt oder Zweck der Handlungen, als ökonomischer, nicht juristischer Natur, ab [3]).

---

[1]) a. a. O., S. 289.
[2]) a. a. O., S. 290.
[3]) a. a. O., S. 295/296, gelegentlich einer Kritik, betreffend HAURIOUS Auffassungen.

Verwunderung muss es erregen, dass DUGUIT jeden Zusammenhang der administrativen mit der gesetzgebenden Funktion glaubt in Abrede stellen zu müssen. Auch wir meinen, dass die früher übliche Bezeichnung „vollziehende Gewalt" oder „vollziehende Funktion", obgleich nicht fehlerhaft, dennoch ungenügend, eigentlich nichtssagend ist. Jede Rechtsfunktion ist ja Vollziehung in Hinsicht auf die Rechtsform auf höherer Stufe, mit der diese Funktion in Verbindung steht und die gleichsam in das folgende Rechtsverfahren aufgeht, so dass das Prädikat „vollziehend" nicht bezeichnend ist für eine bestimmte Funktion. Aber andrerseits geht der Verfasser zu weit, wenn er behauptet, dass die administrativen Akte (sogar das, was er hierunter versteht) keineswegs Vollziehung des Gesetzes seien, was er gelegentlich der Besprechung der Theorien HAURIOUS und ARTHURS tut [1]).

Die gesetzgebende und die administrative Funktion umfasst jedoch bei DUGUIT noch nicht die ganze Staatsaufgabe. Er unterscheidet ausser den obengenannten noch die jurisdiktionelle oder rechtsprechende Funktion.

DUGUIT ist selbst, wie er sagt, mehr oder weniger erstaunt darüber, dass es noch eine andere Staatsfunktion als die bereits erwähnten geben sollte, die doch alle die drei Kategorien von Rechtsakten umfassen, welche von Regierern oder agents publics vorgenommen werden. Es handelt sich aber darum, dass er allmählich den Kurs wechselt. Vom *materiellen* Standpunkt nun würde der rechtsprechende Akt nichts anderes als ein administrativer Akt sein. Allein aus einem *formellen* Gesichtspunkt betrachtet unterscheidet sich, nach der Ansicht des Verfassers, der Rechtsprechungsakt von den übrigen administrativen Akten. Um so mehr ist diese Methodeveränderung befremdend, als der Autor zuerst jede Unterscheidung auf formeller (besser gesagt: organisatorischer) Grundlage abgewiesen hat, und man nie zu einem wertvollen System gelangt, wenn man anfängt, verschiedene Massstäbe anzulegen.

Der Rechtsprechungsakt sei hierdurch charakterisiert, dass er von einem Beamten vorgenommen wird, der nicht zur administrativen Ordnung gehört [2]). Man kann sich jedoch wirklich nur

[1]) a. a. O., S. 293 und S. 297.
[2]) a. a. O., S. 420.

darüber wundern, dass DUGUIT einige Zeilen weiter [1]) ausdrücklich betont, man solle ja nicht von „actes judiciaires" und „fonction judiciaire", sondern von „actes juridictionnels" und „fonction juridictionnelle" sprechen, weil die Bezeichnung „judiciaire" zur Andeutung einer gewissen Gruppe von Beamten, denen das Gesetz einen gewissen Charakter verleiht, reserviert bleiben müsse: „En d'autres termes, si l'on veut éviter des confusions regrettables, il faut employer le mot judiciaire exclusivement au point de vue formel et le mot juridictionnel au point de vue materiel" [2]).

Sind nun doch die Merkmale der actes juridictionnels wieder materieller Natur? Zunächst wollen wir aber die näheren Erörterungen des Verfassers betrachten. Es kann geschehen, dass eine Handlung juristischer oder rein materieller Natur vorgenommen worden ist; dass eine gewisse tatsächliche Situation vorliegt, während nun behauptet wird, dass diese Handlung oder tatsächliche Situation dem Rechte zuwider ist. Es ist hier also nicht von einem Willen die Rede, der manifestiert wird, um eine Aenderung der Rechtsordnung zu bewirken, sondern im Gegenteil (wir folgen hier DUGUIT auf dem Fusse) davon, dass ein Wille sich mit der Behauptung geltend macht, dass ein Eingriff in die Rechtsordnung gemacht worden sei; dass gehandelt oder unterlassen worden sei, kurz, dass eine gegen die Rechtsordnung verstossende Situation vorliege [3]).

In einer Gesellschaft ohne Staatsregime, sagt DUGUIT, könnte auch eine Privatperson dies behaupten, jedoch ohne Erfolg, da der Privatier nicht befugt ist oder sein kann, eine juristische Handlung vorzunehmen, die zum Zweck hat, diesen Eingriff in das Recht zu bestrafen, zu reparieren oder zu vernichten. Möglich ist aber ein Willensakt eignen, juristischen Charakters, ein Rechtsakt sui generis, „parce qu'il se rattache d'une manière logiquement indivisible à la constatation de l'atteinte portée au droit, et par là on aperçoit le vrai domaine de la fonction juridictionnelle" [4]).

Wenn nun, sagt der Verfasser, ein Staatsregime einmal begründet ist, so ist es klar, dass sich dem Staate eine Funktion juristischer Ordnung aufdrängt, eine Funktion, die daraus besteht, die Ein-

[1]) a. a. O., S. 421.
[2]) a. a. O., S. 421.
[3]) a. a. O., S. 421/422.
[4]) a. a. O., S. 422.

griffe in das Recht zu konstatieren und eine Handlung zu vollführen, die zum Objekt hat, die logischerweise aus der festgestellten Situation hervorgehenden Folgen zu realisieren. Es sollte die „Mission" des Staates sein, durch seine „agents" feststellen zu lassen, was wohl oder nicht an dem behaupteten Eingriff in das Recht wahr ist, und diesen agents die Befugnis zu erteilen, diejenigen Rechtsakte vorzunehmen, die durch das Konstatierte logisch bestimmt sind.

Der Rechtsprechungsakt wäre also ein Akt juristischer Natur, der von einem Beamten (agent public) als logische Folge der von ihm wohl oder nicht konstatierten Rechtsverletzung (Verletzung des objektiven Rechtes oder einer subjektiven juristischen Situation) vollführt würde.

Es muss mithin eine auf die Weise einer erhobenen Klage oder aber von Amts wegen aufgeworfene Rechtsfrage vorliegen, wenn von Rechtsprechung die Rede sein soll. Und es genügt auch noch nicht, dass über eine Rechtsfrage entschieden worden ist. Zugleich muss es dabei in der Absicht gelegen haben, diese Rechtsfrage zu lösen. Auch die Intention würde demnach ein Element des Rechtsprechungsaktes sein. Wenn die Lösung einer Rechtsfrage bloss Mittel, nicht aber Zweck war, so ist der Akt nicht Rechtsprechung. Nur dann nimmt das Organ einen Rechtssprechungsakt vor, wenn dies in der Absicht geschieht, eine Rechtsfrage zu lösen [1]).

Wenn z. B. der Präfekt die Heberolle der direkten Steuern für vollstreckbar erklärt, nachdem er konstatiert hat, dass die auferlegten Steuern mit dem Gesetz in Uebereinstimmung sind, so nimmt er keinen Rechtsprechungsakt vor, weil es nicht in seiner Absicht liegt, eine Rechtsfrage zur Lösung zu bringen, sondern es wird nur kontrolliert, ob die Veranlagungen wohl oder nicht den diesbezüglichen gesetzlichen Bestimmungen entsprechen. Er handelt bloss in der Absicht, eine Forderung des Staates gegen die Steuerpflichtigen ins Leben zu rufen. Er löst eine vorläufige Rechtsfrage, jedoch nicht als Zweck, sondern als Mittel. Daher ist er nach dem Autor Administrator und nicht Richter [2]).

Dagegen ist die Aufgabe des Richters nicht damit erledigt, dass er in einer Rechtsfrage eine Lösung an die Hand gibt. Wäre

[1]) a. a. O., S. 424.
[2]) a. a. O., S. 425.

dies der Fall, so würde seine Funktion keine juristische sein, denn sie würde keine Rechtsakte zum Objekt haben. Die „Mission" des Richters besteht ausserdem noch in der Vornahme eines gewissen Rechtsaktes (natürlich dessen was DUGUIT unter Rechtsakt versteht), und zwar eines acte-condition oder eines acte subjectif [1]). Der Richter zieht nämlich die logisch notwendige Konsequenz aus der von ihm gegebenen Lösung, was darin besteht, dass er eine Verfügung trifft [2]).

Die Rechtsprechungsfunktion wäre also komplizierter Natur. Was sie von dem administrativen Akte unterscheidet, ist die unverbrüchliche und logische Einheit, die zwischen der Feststellung und der damit verknüpften Entscheidung besteht. Die Entscheidung an und für sich betrachtet ist ein administrativer Akt [3]). Was die Feststellung eines Tatbestandes, eines Rechtszustandes, eines Eingriffs in das Recht, einer legalen Situation (diese an und für sich betrachtet) betrifft, so entbehrt sie entweder jede juristische Bedeutung, oder sie ist, wenn sie von einem öffentlichen Agenten vorgenommen worden ist, ein acte-condition, daher ein administrativer Akt [4]).

Bestünde zwischen der Lösung der Rechtsfrage (constatation) und der Entscheidung nicht ein unverbrüchlicher, logischer Zusammenhang, so hätte man es nicht mit einem Rechtsprechungsakte, sondern nur mit zwei administrativen Akten zu tun.

Auch der Administrator erlässt ein Urteil in Rechtsfragen und trifft Entscheidungen, die von diesem Urteil die logische Folge bilden [5]). Aber nur die Entscheidung des Richters besitzt Rechtskraft. D. h. die Entscheidung bleibt in Kraft, auch wenn die Lösung der Rechtsfrage, die Feststellung fehlerhaft ist. Die administrativen Beamten: der Präfekt, der Unterpräfekt, der Maire, sie sind nicht mit der Feststellung der Situationen der Administrierten beauftragt; ihnen liegt die Aufgabe ob, Erlaubnis zu erteilen oder zu verweigern, jedoch nur wenn sich der Admini-

---

[1]) a. a. O., S. 430.

[2]) a. a. O., S. 431.

[3]) a. a. O., S. 443.

[4]) a. a. O., S. 444. DUGUIT ist in diesem Punkte sehr schwankend. Bald hat die Feststellung eines Rechtszustandes, an und für sich betrachtet, keinerlei juristische Bedeutung, d. h. sie führt keine Aenderung der Rechtsordnung herbei, bald ist sie acte-condition, folglich Rechtsakt.

[5]) Z. B. das Verweigern oder Erteilen einer Jagderlaubnis, die Vollstreckbarerklärung der Steuerliste, usw.

strierte in bestimmten Rechtsverhältnissen befindet, gewissen Bedingungen entspricht. Wenn die Feststellung fehlerhaft war und das administrative Organ gemäss dieser fehlerhaften Feststellung gehandelt hat, so hat es seine Befugnis überschritten und ist seine Entscheidung, durch welche es z. B. wohl oder nicht eine Erlaubnis erteilt hat, der Annulierung ausgesetzt.

Und wenn, was die Praxis oft zu sehen gibt, der Richter sich auf blosses Konstatieren beschränkt, z. B. wenn es sich um einen Interpretationsfall handelt? In diesem Fall, sagt DUGUIT, hat man es *nicht* mit einem Rechtsprechungsakte zu tun, sondern nur mit einem Element eines solchen. „Es kann dann bloss von Zusammenwirkung zweier Organe an einem gleichen Akte die Rede sein, was nichts Besonderes ist."

Indem er resümiert, definiert DUGUIT den Rechtsprechungsakt als eine Willensmanifestation, nämlich als die logisch notwendige Folge eines vorhergehenden Konstatierens im Gebiete des objektiven oder des subjektiven Rechtes; ein Konstatieren, womit als logisch notwendige Folge eine Entscheidung (décision) verbunden ist. Der Rechtsprechungsakt ist bei DUGUIT also ein Syllogismus, von dem die Rechtsregel der Obersatz, die Konstatierung, sei es eines Aktes, sei es eines regelwidrigen Tatbestandes, der Untersatz ist, während eine Entscheidung, welche die notwendige und logische Konsequenz der Feststellung ist, die Konklusion darstellt.

Hiermit ist so genau und kurz als möglich wiedergegeben worden — soweit DUGUITS ziemlich umständliche und bisweilen sich widersprechende Polemiken dies ermöglichen — was der Verfasser unter der jurisdiktionellen Funktion versteht. Hierzu ist noch zu bemerken, dass DUGUITS Definition des Rechtsprechungsaktes entweder das sogenannte Feststellungsurteil nicht mitumfasst, oder aber von ihm nicht aufrecht erhalten wird. Fehlt doch hierbei die Dezision, die nach dem Autor ein wesentliches Element des Rechtsprechungsaktes ist. Es trifft nicht zu, dass in diesem Fall der Akt von zwei Organen in Zusammenwirkung vollführt wird, weil in vielen Fällen ein sogenanntes verurteilendes Urteil *nicht* dem Feststellungsurteil folgt.

Wir wollen noch dem Momente eine kurze Besprechung widmen, das der Verfasser als den wesentlichen Unterschied zwischen dem administrativen Akte, oder besser gesagt zwischen einer Komposition zweier administrativen Akte und dem Rechtsprechungsakte ansieht. Wenn doch dieses Moment fehlt, hat man es nach DUGUIT nicht mit einem Rechtsprechungsakte zu tun, sondern nur mit zwei in der äusseren Form eines solchen auftretenden, durch ein logisches Band gegenseitig verbundenen administrativen Akten. Es ist das Moment der Intention, wodurch sich der Rechtsprechungsakt von der Komposition zweier logisch verbundenen administrativen Akte unterscheide. Unsrer Ansicht nach ist dieses Moment als Kriterium des Rechtsprechungsaktes nicht haltbar. Als konkretes, psychologisches Moment kommt die Intention gar nicht in Betracht. Welche die Intention bei der Vornahme der Handlungen des Richters als solcher ist, wird wohl von demjenigen abhängen, was ihn gefragt wird. Bei dem Feststellungsurteil gibt er nichts anderes als die Lösung einer Frage in Bezug auf die Qualifikation von Tatbeständen, die Auslegung eines in einer Rechtsregel verwendeten Ausdruckes, usw. Muss der Richter eine Entscheidung treffen, so wird er zunächst die auch hier aufkommende Vorfrage zu lösen haben, ob das, was für eine gewisse Rechtsfolge zur Bedingung gemacht worden ist, in Erfüllung gegangen sei. Solange er hiermit beschäftigt ist, wird seine Intention wohl auf die Lösung der Rechtsfrage gerichtet sein; ist er hiermit fertig, dann wahrscheinlich auf die Rechtsfolge, die mit der Tatsache des Erfülltseins der fraglichen Bedingungen verbunden werden soll.

Aber was sonst tut das administrative Organ, das darüber zu entscheiden hat, ob wohl oder nicht Erlaubnis erteilt werden muss? Auch hier wird die Intention wohl auf das Geben einer Lösung gerichtet sein. Das Erteilen oder Verweigern einer Autorisation, z. B. kraft des französischen Gesetzes vom 19. Dezember 1917 (vordem der décret impérial vom 15. Oktober 1810, bulletin des lois Nr. 6059) oder der deutschen Reichsgewerbeordnung, unterscheidet sich u. E. in keiner Hinsicht von dem richterlichen Urteil. Sicherlich nicht durch das individuelle, psychologische Moment der Intention.

Die grosse Schwierigkeit liegt eben hierin, dass zuweilen die sogenannten richterlichen Organe (z. B. wo es den Gebrauch unbeweglicher Besitztümer betrifft) zu einer Entscheidung auf demselben Gebiete wie die sogenannten administrativen Organe berufen werden. Welchem Organ alsdann das letzte Wort zusteht, ist eine Frage der Gesetzesauslegung oder der positivrechtlichen Statuierung. Diese Konkurrenz von Organgruppen beweist bloss, dass beide Organe im wesentlichen die gleiche Aufgabe haben; dass dasjenige, was man funktionell häufig als Administration und Rechtsprechung unterscheiden will, im Grunde ein und dasselbe ist.

Ist die Erteilung einer sogenannten administrativen Erlaubnis eine Zusammensetzung zweier administrativen Akte (zweier actes-condition), so ist es das sogenannte Leistungsurteil nicht weniger. Ist doch im ersteren Falle die Entscheidung, die auf die Lösung der vorläufigen Rechtsfrage folgt, nicht weniger unverbrüchlich damit verbunden (soweit die höhere Norm eindeutig bestimmt, in welchem Fall diese Erlaubnis erteilt, oder aber verweigert werden soll) als im Falle des verurteilenden Erkenntnisses.

Was die These betrifft, dass die Entscheidung des administrativen Organs bei fehlerhafter Lösung der vorläufigen Rechtsfrage nicht bindend sei, auf jeden Fall der Annulierung ausgesetzt sei, die Entscheidung des Richters dagegen, die sich auf eine fehlerhafte Lösung stützt, trotzdem bindend sei, d. h. Rechtskraft besitze, diese Auffassung ist u. E. unhaltbar. Eines und das andre ist lediglich eine Frage der positivrechtlichen Statuierung, folgt jedoch keineswegs aus der „Natur der Sache". In beiden Fällen liegt die Sache so, dass, wenn eine Berufungsinstanz besteht, d. h. es ein zweites Organ gibt, das dazu berufen ist, das erstere Organ zu kontrollieren, die Entscheidungen beider Kategorien von Organen der Annulierung ausgesetzt sind. Die der einen jedoch nicht weniger als die der anderen. Rechtskraft hat immer nur die Entscheidung des letzten kompetenten Organes.

Gaston Jèze, einer der modernen Autoren, versucht auch eine Einteilung der Staatsfunktionen auf juristischer Grundlage. Er entwickelt eine Theorie, die grosse Uebereinstimmung zeigt mit derjenigen Duguits. Wir wollen versuchen, Jèzes System für den Aufbau der Rechtswissenschaft kurz wiederzugeben.

Das Recht ist nach diesem Autor eine Kompetenzregelung. Das Recht, sagt er, organisiert die Fähigkeiten der Individuen und die Befugnisse der Beamten (agents publics). Und es tut nur das. „Déterminer la *capacité* d'un individu ou la *compétence* d'un agent, c'est-à-dire ce que pourra juridiquement vouloir l'individu ou l'agent dans quelles conditions (de temps, de lieu, de formes, etc.) il devra vouloir pour que la manifestation de sa volonté ait une valeur juridique, c'est-à-dire *ordinairement* pour que la force publique, les agents de la force publique viennent au cas d'inexécution, réaliser les effets juridiques voulus." [1])

Die Fähigkeit und die Kompetenz, sagt der Autor, ist das Wollenkönnen eines Rechtseffektes. Die Ausübung dieses Wollenkönnens ist die Willensmanifestation, d. h. der *Rechtsakt*. Dieses juristische Können der Individuen kann entweder generell und unpersönlich, oder aber individuell sein. Ersteres nennt Jèze generale, unpersönliche, objektive Situationen, letzteres individuelle Situationen. Juristische Situationen sind juristische Befugnisse oder Pflichten, in dem Sinne, dass jede dieser Befugnisse (pouvoirs) und jede dieser Pflichten (devoirs) eine juristische Situation konstituiert. So darf man nicht von der juristischen Situation des Käufers sprechen; es gibt mehrere juristische Situationen, in denen sich der Käufer nach dem Perfektwerden des Verkaufs befindet.

Die Rechtsakte, sagt der Autor, sind Willensmanifestationen von Individuen — Regierern, agents publics, gewöhnlichen Privatpersonen — wobei sie kraft einer legalen Befugnis handeln, um eine Rechtswirkung herbeizuführen. Diese Rechtswirkung besteht entweder in der Kreïerung einer juristischen Situation, oder darin, dass einem bestimmten Individuum eine bereits bestehende juristische Situation auferlegt (investir) wird, oder aber in der Feststellung einer vorher schon vorhandenen Situation. Die Rechtsakte sind zu unterscheiden in: 1. actes législatifs ou réglementaires: Akte, durch die eine generelle juristische Situation geschaffen wird; 2. actes créateurs de situation juridique: einseitige oder aber kontraktliche Akte; 3. actes-condition: Akte, die die Anwendung eines legalen Status auf ein Individuum bedingen; 4. actes juridictionnels.

Während Duguit nur drei Arten von Rechtsakten kennt, unterscheidet Jèze überdies noch die Rechtsprechungsakte als Rechtsakte sui generis.

---

[1]) Les principes généraux du droit administratif, 1. Band, 3. Auflage 1925, S. 7.

Jèzes System weicht anscheinend nicht unerheblich von dem Duguits ab. Während an der Spitze von Duguits System die Tatsache steht, dass es Stärkere gibt, die die Schwächeren beherrschen, gipfelt Jèzes System in dem Rechte, das eine Regelung von Fähigkeiten und Befugnissen ist. Möchte man sagen, dass es bei ihm das Recht selbst ist, das den Unterschied zwischen Regierern und Regierten statuiert? Diese Befugnisse und Fähigkeiten sind ein „Wollenkönnen" eines Rechtseffektes. Die Ausübung dieser Befugnis oder Fähigkeit ist der Rechtsakt: eine Willensmanifestation kraft einer vom positiven Rechte begründeten Befugnis oder Fähigkeit. Dieser Rechtseffekt ist die juristische Situation, selbst wieder entweder ein „Wollenkönnen", d. h. eine Befugnis, oder eine Pflicht.

Dieser Gedankengang hat einen Haken. Das Recht begründet Befugnisse (juristische Situationen) zur gültigen Vornahme von Rechtsakten; die Vollführung von Rechtsakten begründet neben Pflichten wiederum Befugnisse (juristische Situationen). Muss man hierbei dieses „Recht" als den Ansatz des Systems betrachten als etwas, das nicht weiter ableitbar ist, auf nichts zurückzuführen ist, vielleicht als ein Naturrecht? Falls nein, ist dann das „Recht" die Gesamtheit aller juristischen Befugnisse und Pflichten? Welcher ist dann aber der logische Anfangspunkt dieser Befugnisse? Auf welche Weise und von wem werden diese erteilt? Es fehlt hier der logische Ursprung des Systems. Jèze erwähnt nur, was s. E. das Recht in seinem Ganzen, d. h. der Zweck des Rechtssystems ist: eine Regelung von Kompetenzen, nicht aber die Einheit, das Element, woraus dieses System aufgebaut worden ist. „Hinter dem Rechtsakte, sagt er, der eine Willensmanifestation ist, steht immer die juristische Kompetenz, von welcher dieser Akt bloss die Ausübung ist." [1]) Aber wer oder was begründet nun diese erste Kompetenz? Wir wollen Jèzes Werk ein Beispiel entnehmen:

Wenn man sagt, dass ein Individuum irgendwelche Staatsangehörigkeit besitzt, bedeutet dies rechtens, dass dieses Individuum die Berechtigung (pouvoir) hat, gewisse Dinge zu wollen, gewisse Rechtsakte vorzunehmen, seinen Willen zu bekunden, um gewisse juristische Wirkungen zu erzielen (mit der Staatsangehörigkeit verbundene Rechte); und andrerseits will dies sagen, dass andere

[1]) a. a. O., S. 8.

Individuen berechtigt sind, zu wollen, dass derjenige, welcher diese Staatsangehörigkeit besitzt, gewisse Leistungen bewirkt; dass sie befugt sind, gewisse Rechtsakte vorzunehmen. Dies ist dasjenige was man als die aus der Staatsangehörigkeit hervorgehenden Rechte und Pflichten zusammenfasst. Der Status, eine gewisse Staatsangehörigkeit zu besitzen, ist demnach ein Komplex von Befugnissen und Pflichten; allein, da eine Pflicht auf die Berechtigung eines anderen Individuums sieht, eine Leistung zu fordern, führt die juristische Analyse uns immer wieder auf die Befugnis zurück, gewisse juristische Wirkungen zu wollen, auf die Berechtigung, gewisse Rechtsakte vorzunehmen [1]).

Folglich werden durch einen bestimmten Rechtsakt gewisse juristische Situationen begründet, nämlich diejenigen Situationen, die man als den Status zusammenfasst, einem gewissen Staate anzugehören. Aber welche Situation, welche Befugnis geht diesem Rechtsakte voran?

Im Vorstehenden haben wir beiläufig einige Bemerkungen zu JÈZES System im Allgemeinen gemacht. Auch er versäumt es also, den Unterschied zwischen Regierern und Regierten juristisch zu fundieren. Die Qualität des „agent public" leitet er ebensowenig wie DUGUIT aus der Funktion ab. Wer den Rechtsakt vornimmt, ist ihm gleichgültig, was ihn jedoch nicht verhindert, Privatpersonen von „agents publics" zu unterscheiden. Gründet sich diese Unterscheidung bei ihm ebenso wie bei DUGUIT auf metajuristische Momente? Der Autor bleibt uns auf diese Frage die Antwort schuldig. Konsequenterweise spricht er auch nicht von „Staatsfunktionen": „J'avoue tout d'abord ma répugnance pour l'expression ‚acte administratif', qui évoque l'idée d'acte accompli par un agent administratif, c'est-à-dire une question de forme" [2]). Dennoch kann bei ihm die vierte Art von Rechtsakten, der acte juridictionnel, ausschliesslich von obrigkeitlichen Organen (agents publics) vorgenommen werden, wie man annehmen darf.

Nebenbei möchten wir daran erinnern, dass er in diesem Punkte von DUGUIT abweicht, der nur drei Gruppen von Rechtsakten unterscheidet. DUGUIT betrachtete den Rechtsprechungsakt als einen acte-condition, wo neben den allgemeinen Merkmalen noch

---

[1]) a. a. O., S. 8.

[2]) a. a. O., S. 53 Fussnote.

ein besonderes Merkmal hinzukommt, nämlich: die logische Verbindung zweier Elemente, die je acte-condition sind, oder aber die logische Verbindung eines acte-condition mit etwas, das juristisch unqualifiziert ist. Jèze nun definiert den acte juridictionnel als „la manifestation de volonté, en exercice d'un pouvoir légal, qui a pour objet *de constater une situation juridique* (générale ou individuelle) *ou des faits, avec force de vérité légale*" [1]).

Das Wesen des Rechtsprechungsaktes ist also das Konstatieren eines juristischen Status oder von Tatbeständen. Doch ist jede Feststellung noch nicht Rechtsprechungsakt. Diese Feststellung muss die *Kraft einer gesetzlichen Wahrheit* haben. Nur der Gesetzgeber, sagt Jèze, kann diskretionär bestimmen, in welchen Fällen und durch welches Individuum sie die Kraft einer gesetzlichen Wahrheit erlangen soll. „Es hängt mithin allein und ausschliesslich vom Gesetzgeber ab, welche und wessen Feststellung wohl oder nicht als Rechtsprechungsakt gelten soll."

Gewöhnlich ist mit dem Rechtsprechungsakte im eigentlichen Sinne eine Entscheidung, der richterliche Befehl verbunden, welches Kompositum man dann meistens (verurteilendes) Urteil nennt. Dies ist also ein Komplex von Rechtsakten. Mit der Feststellung wird dann der Exekutionsbefehl verbunden, der, in Frankreich, nicht vom Richter, sondern vom Haupte der sogenannten Exekutive (Staatshaupt) erlassen wird.

Duguits Auffassungen werden von Jèze bestritten. Mit Recht bemerkt er, dass, wenn der richterliche Ausspruch ein Syllogismus ist, dies ebenfalls von administrativen Konzessionen und Autorisationen gesagt werden kann. „Wenn ich Professor Duguit richtig begreife", so polemisiert er, „dann sieht er einen Unterschied zwischen dem Konstatieren des Tatbestandes und dem Treffen einer Entscheidung, die hiervon die logische Folge ist, einerseits, und dem Treffen einer Entscheidung, nachdem man einen Tatbestand konstatiert hat, andrerseits." [2]) „Pour moi", sagt Jèze „c'est bonnet blanc et blanc bonnet."

Doch können wir den von Jèze gemachten Unterschied zwischen

---

[1]) a. a. O., S. 48 ff. und Revue du droit public, 1909, S. 667 ff. „L'acte juridictionnel et la classification des recours contentieux."

[2]) a. a. O., S. 52.

den sogenannten richterlichen Urteilen und den sogenannten administrativen Erlaubnissen ebensowenig akzeptieren. Wenn die Rechtsordnung ein Organ anweist, eine Norm zu erzeugen, wofür die Bedingungen in einer oder mehreren „höheren" Normen festgelegt worden sind, so kommt damit u. E. der Entscheidung dieses Organes Rechtskraft zu. Dass es bisweilen vorkommt, dass zwei verschiedene Organe den gleichen Auftrag erhalten, wodurch Konkurrenz von Normen möglich wird, was zu Verwirrung Anlass gibt, ist eine andere Sache. Näheres hierüber geben wir in einem folgenden Abschnitt [1]).

Mehr oder weniger mit JÈZES Lehre verwandt sind die Auffassungen L. PITAMICS [2]). Dieser Autor stellt in den Vordergrund, dass zwischen dem, was man gewöhnlich als Rechtsprechung und dem, was man als Verwaltung andeutet, kein wesentlicher Unterschied vorliegt. Ein gradueller Unterschied mit Bezug auf das Verhältnis der Elemente, aus denen beide Typen von Rechtsakten zusammengesetzt sind, ist s. E. wohl anweisbar. Der Ausgangspunkt des Autors ist dieser, dass jedes Staatsorgan bei der Vollführung seiner Funktion an eine Rechtsregel gebunden ist, während diese Ausführung nie mechanisch ist, und zwar schon deshalb, weil das Organ die anzuwendende Regel auslegen muss [3]). Auch kann eine Rechtsregel nicht alle Fälle ihrer Ausführung voraussehen, so dass das Organ stets eine gewisse Ermessensfreiheit geniesst. Sämtliche Staatsorgane sind also durch das Recht gebunden, doch sind sie innerhalb des Rahmens der anzuwendenden Rechtsregeln auch frei. Die akte der Rechtsprechung, beziehungsweise der Verwaltung, unterscheiden sich nur in dem Masse des Vorhandenseins der beiden Elemente: Freiheit und Gebundenheit: „der Unterschied zwischen ihnen besteht nur *in der Intensität der*

---

[1]) Grosse Uebereinstimmung mit JÈZES Lehre zeigen die Auffassungen Dr. EDM. BERNATZIKS (Rechtsprechung und materielle Rechtskraft, 1886, § 7, S. 63 ff.): „Sie (die Kriterien der Rechtsprechung) liegen *nicht* darin, dass eine Sache nicht im technischen Ermessen der Behörde liegt; nicht darin, dass die Judikatur von einem ‚Gerichte' oder einem Verwaltungs- ‚Gerichte', oder von einer durch besondere gesetzliche Garantien unabhängig gestellten Behörde ausgeht; sie liegen aber auch nicht in der Streitentscheidung, noch auch darin, dass sich mehrere Beteiligte gegenüberstehen oder dass es sich um die Sanirung einer Rechtsverletzung handle."

„Rechtsprechung ist jede nach abstrakt geregelten Verfahren seitens eines von der Rechtsordnung dazu beauftragten behördlichen Organes vor sich gehende Erklärung, mit welcher die beabsichtigte Feststellung eines konkreten Rechtsverhältnisses zum Ausdruck gebracht wird." (S. 64.)

[2]) L. PITAMIC, Zur Lehre von der richterlichen Funktion, KELSENS Festschrift 1931, S. 295—308.

[3]) Siehe auch FRITZ SCHREIER, Die Interpretation der Gesetze und Rechtsgeschäfte, 1927, S. 1—9.

Betonung eines der beiden Elemente" [1]). Je mehr das Element der freien Verfügung hervortritt, oder aber ein Befehl, der bezweckt, gewisses menschliches Verhalten zu fördern, um so mehr ist man geneigt, von einer Verfügung zu sprechen. Je mehr dagegen die Uebereinstimmung mit der in dem Akte zur Durchführung gebrachten Rechtsregel betont wird, um so mehr tritt das Element der Kontrolle, des Richtens, d. h. das Vergleichen von Tatbeständen mit der Rechtsordnung hervor. Urteil ist nun nach dem Autor die ausdrückliche Feststellung, die mündliche oder schriftliche Erklärung der Uebereinstimmung mit der anzuwendenden Norm. „Rechtsprechen" geschieht nun, wo das „Prüfen gemäss dem Gesetze" gegenüber dem „Verfügen" in den Vordergrund tritt.

Bei dem sogenannten Feststellungsurteil handelt es sich anscheinend nur um das Prüfen gewisser Tatsachen, eines Tatbestandes, gemäss dem Gesetze. Hier beruft sich der Autor auf das Moment der Intention: „Jedoch die rechtliche Absicht einer solchen Feststellung liegt nicht in ihr selbst, sondern in der Schaffung einer rechtlichen Grundlage für eventuelle spätere Verfügungen, wenn sich solche im Falle der Verletzung der festgestellten Rechte als notwendig erweisen sollten; eine Feststellung, die keinen solchen vorbereitenden Akt mit dem erwähnten Zwecke darstellen würde, hätte überhaupt keinen autoritativen Rechtscharakter "[2]).

Im Prinzip unterscheidet sich also der Verwaltungsakt nicht von dem Rechtsprechungsakte: ,,Jedem autoritativen staatlichen Akt ist die Verbindung von ,Urteil' mit ,Verfügung' wesentlich, mag auch öfter der eine Teil mehr betont sein als der andere" [3]).

Wenn das Moment der Uebereinstimmung mit der anzuwendenden Norm in den Vordergrund gestellt wird, sind meistens Garantien für diese Uebereinstimmung erforderlich, zum Beispiel wenn das Organ die Gesetzmässigkeit des Ausspruchs nicht nur für sich selbst festzustellen hat, sondern sein Befinden in einem begründeten Bericht, in einer die Motive des Ausspruchs angebenden Urkunde niederlegen muss. Man wird also nicht a priori

---

[1]) a. a. O., S. 296.

[2]) a. a. O., S. 297. Offenbar meint der Autor hier nicht die individuelle Intention des Rechtsanwenders, sondern den objektiven, sozialen Zweck des Institutes des Feststellungsurteils.

[3]) a. a. O., S. 297.

gerichtliche von administrativen Akten unterscheiden können. Wohl aber richterliche und administrative Organe und auf Grund dieser Unterscheidung ihre respektiven Akte [1]). Meistens geht das Erfordernis der ausdrücklichen Feststellung der Gesetzmässigkeit mit der richterlichen Unabhängigkeit (Anstellung auf Lebenszeit) Hand in Hand.

Wir wollen uns hier einer weiteren Besprechung und Kritisierung von PITAMICS Auseinandersetzungen enthalten und verweisen hierfür auf dasjenige, was über die Lehre JÈZES gesagt worden ist, und auf das, was noch über MERKLS System mitgeteilt werden wird.

MERKLS Lehre der Staats- oder Rechtsfunktionen [2]) schliesst sich an die von ihm inaugurierte Stufentheorie an. Der Autor teilt die Rechtsfunktionen in drei Gruppen ein: Gesetzgebung, Verwaltung, Gerichtbarkeit. Den Gegensatz von Gesetzgebung einerseits und Verwaltung und Rechtsprechung andrerseits führt der Autor auf den Abstand dieser Funktionen von der Verfassung zurück. Die Verfassung ist die gemeinschaftliche Basis dieser drei Funktionkomplexe. Für den Prozess der Gesetzgebung ist die Verfassung die unmittelbare Basis, während sie für die Funktionen der Rechtsprechung und Verwaltung die mittelbare Grundlage ist. Es liegt natürlich gänzlich im Rahmen der Vorstellungen der Stufentheorie, dass diese Funktionen einander nicht koordiniert, sondern subordiniert sind. Während die Gesetzgebungsfunktion Ausführung oder Vollziehung der Verfassung ist, sind die zwei anderen Funktionen Vollziehung des Gesetzes und werden dann häufig schlechthin Vollziehung oder Ausführung genannt.

Einen ganz anderen Weg schlägt MERKL ein, um zu einer Unter-

---

[1]) PITAMIC stellt es dar, alsob die übliche Unterscheidung zwischen Justiz und Verwaltung an erster Stelle auf einen organisatorischen Unterschied zwischen den diese Funktionen ausübenden Organen zurückzuführen wäre. Von der Frage abgesehen, ob eine auf wesentlich juristischer Grundlage basierte Unterscheidung auf organisatorischer Grundlage, wo ja die Organqualität nichts anderes ist als das mit Rechtsfunktionen Bekleidetsein, überhaupt möglich ist, kommt es uns vor, dass auf jeden Fall hier das von PITAMIC gemeinte Unterscheidungskriterium evident funktioneller Natur ist. Justiz würde sich durch das konstante Vorhandensein einer Erzeugungsregel bestimmten Inhalts von Verwaltung unterscheiden. S. E. muss bei der Erzeugung der Norm die Uebereinstimmung mit einer gewissen anderen Erzeugungsregel (den sogenannten materiellrechtlichen Regeln) ausdrücklich konstatiert und begründet werden, während eines und das andre aus einer schriftlichen Urkunde hervorgehen muss. Die in einem Justizprozesse erzeugte Norm würde also stets durch eine sogenannte formellrechtliche Erzeugungsregel konstanten Inhalts bedingt.

[2]) ADOLF MERKL, Allgemeines Verwaltungsrecht, 1927.

scheidung der untergesetzlichen Funktionen in Verwaltung und Gerichtbarkeit zu gelangen, wobei die Absicht bei ihm vorliegt, für die traditionell übliche Einteilung eine juristische Basis zu konstruieren. Er warnt davor, die zwei identischen Ausdrücke Justiz und Gerichtbarkeit den Wörtern Rechtsprechung und Rechtspflege gleichzustellen, weil die Funktion, in welcher nach positivrechtlicher Regelung Recht gesprochen wird, häufig ebenso in den Wirkungskreis der Verwaltungsorgane, wie in den der Justizorgane fällt.

MERKL steht vor der Alternative, den Gegensatz Gerichtbarkeit und Verwaltung materiell-funktionell, oder aber formell-organisatorisch zu begründen. Nachdem er mehrere von älteren Schriftstellern versuchte funktionelle Kriterien gewogen und für unbrauchbar befunden hat, gelangt er zur Folgerung, dass Rechtfertigung der üblichen Gruppierung der untergesetzlichen Rechtsfunktionen in Justiz und Verwaltung nur auf formell-organisatorischer Grundlage möglich ist: „Die mittels funktioneller Unterscheidungsmerkmale vorgenommenen Unterscheidungen sind demnach juristisch unfruchtbar, manchmal spielerisch und gewiss kein geeignetes Substrat für besondere juristische Disziplinen der derart geschiedenen Funktionsbereiche. Eine Justizrechtslehre und eine Verwaltungsrechtslehre würden sich wohl niemals auf Grundlage eines materiellen Justiz- und Verwaltungsbegriffes entwickeln, sondern setzen einen formellen Justiz- und Verwaltungsbegriff voraus, wie ja auch die Theorie der Gesetzgebung am formellen Gesetzbegriffe gross geworden ist, während eine an einem materiellen Gesetzesbegriff allein orientierte Theorie des Gesetzes an mangelnder Problematik verkümmert, wenn überhaupt zum Leben gelangt wäre." [1])

Die einzig brauchbare Unterscheidung zwischen dem, was man gewöhnlich als Gerichtbarkeit und als Verwaltung betrachtet — MERKL geht völlig induktiv zu Werke — sollte also auf organisatorischer Grundlage beruhen, nämlich auf „der Rechtstellung der Organe, auf ihrem Verhältnis zu anderen Organen desselben Organkomplexes". In der Justiz sollten die Organe einander nebengeordnet sein; in der Verwaltung sollte neben Koordination gleichfalls Ueber- und Unterordnung bestehen. „Die Justizorganisation

[1]) a. a. O., S. 37.

ist ein durch Koordination gekennzeichneter Organkomplex, die Verwaltungsorganisation eine durch Subordination gekennzeichnete Organhierarchie." [1]) Subordination besteht, wenn ein Organ berechtigt ist, dem anderen zu befehlen, während dieses zweite Organ gegenüber dem ersteren gehorsampflichtig ist. Koordination, wenn ein derartiges Befehlsrecht einerseits, eine Gehorsampflicht andrerseits nicht besteht.

In welcher Hinsicht kann man nun von einem Subordinationsverhältnis zwischen Organen sprechen? Es besteht, so sagt MERKL, primär eine Hierarchie von Rechtserscheinungen, von Formen von Rechtsregeln. Zum Beispiel zwischen Verfassung und Gesetz, Gesetz und Verordnung, Verordnung und individuellem Rechtsakt. D. h. das erstere in den genannten Paaren von Rechtserscheinungen bedingt die Erzeugung des zweiten. Von dieser primären Hierarchie von Rechtserscheinungen lässt sich eine sekundäre Organhierarchie ableiten. „Das zur Setzung des höheren bedingenden Aktes zuständige Organ ist dem zur Setzung des niedrigen, bedingten Aktes zuständigen Organ übergeordnet, jedoch nicht absolut, sondern nur bei Ausübung der Kompetenz zur Setzung des übergeordneten Aktes; und umgekehrt ist das zur Setzung des untergeordneten Aktes berufene Organ bei Setzung des untergeordneten Aktes dem zur Setzung des übergeordneten Aktes zuständigen Organ untergeordnet." [2]) „Die Funktionen der Verwaltung unterliegen potentiell — nicht in jedem einzelnen Fall actuell — einer längeren Reihe determinierenden Funktionen als die Funktionen der Justiz. Und aus dem Funktionellen ins Organisatorische gewendet: Das Verwaltungsorgan hat potentiell und in der Regel auch actuell eine längere Reihe von Vorgesetzten als das richterliche Organ." [3])

Der Gegensatz zwischen Justiz und Verwaltung sollte demnach in der prätendierten richterlichen Unabhängigkeit gegenüber der Abhängigkeit der Verwaltungsorgane liegen. Absolute Unabhängigkeit wird hier jedoch nicht gemeint: „Die Beziehung, in der der Richter im Allgemeinen unabhängiger ist als das Verwaltungsorgan, ist die zu anderen Vollzugsorganen. Die rechtliche Form

---

1) a. a. O., S. 37.
2) a. a. O., S. 37.
3) a. a. O., S. 38.

der zulässigen und massgeblichen Beeinflussung eines Vollzugsorgans von seiten eines anderen Vollzugsorgans ist die sogenannte *Instruktion* oder *Weisung*. Die Weisung ist ein Vollzugsakt, mittels dessen ein Vollzugsorgan einem anderen Vollzugsorgan im Rahmen des dieses Organ bindenden Rechtes massgeblich vorschreibt, ob oder wie es von seiner Kompetenz Gebrauch zu machen habe". [1])

Diese Instruktionen können ferner noch allgemein oder besonder sein. Allgemein sind sie, wenn das übergeordnete Organ für eine Reihe von Fällen vorschreibt, wie das niedere Organ zu handeln habe. Besonder dagegen, wenn von Fall zu Fall eine Vorschrift gegeben wird [2]). Im ersteren Falle spricht man von „Verwaltungsverordnungen" (Ausführungsverordnungen).

Die richterliche Unabhängigkeit ergibt sich nicht „aus der Natur der Sache", sondern besteht überall dort, wo das positive Recht keine Instruktionskompetenz statuiert. Die Abhängigkeit folgt nicht aus dem Wesen der Verwaltungsfunktion, sondern man hat es mit Verwaltung zu tun, wenn das positive Recht diese Abhängigkeit statuiert. Umgekehrt ist eine Gruppe von Organen als Justizorgane zu erkennen, wenn das positive Recht keine Instruktionskompetenz begründet. Eine positivrechtliche Statuierung der Unabhängigkeit in Sachen des Verhältnisses zweier Organe, obgleich oft zu konstatieren, ist eine Ueberflüssigkeit.

„Ob eine Angelegenheit Gerichtbarkeit oder Verwaltung ist, hängt demnach davon ab, ob sie das Recht in den Wirkungskreis eines in der vorgeführten Weise, d. h. von Weisungen unabhängigen, oder in den Wirkungskreis eines abhängigen, will sagen von Weisungen abhängigen oder ausnahmsweise wenigstens zu Weisungen zuständigen Vollzugsorganes stellt. Die positivrechtliche Lösung der Kompetenzfrage ist der Anhaltspunkt für die Beantwortung der rechtswissenschaftlichen Zuordnungsfrage: Justiz oder Verwaltung?" [3])

„Als Verwaltung gelten uns die Funktionen jenes Organskomplexes, innerhalb dessen die durch das Weisungsrecht eines vorgesetzten oder die Gehorsampflicht eines untergeordneten Organs gekennzeichneten Abhängigkeitsbeziehungen obwalten. Oder

---

[1]) a. a. O., S. 39/40.
[2]) a. a. O., S. 40.
[3]) a. a. O., S. 42.

aus der organisationsrechtlichen in die funktionsrechtliche Terminologie gewendet: Verwaltung ist die Summe von Staatsfunktionen, die durch die Rechtssatzform der Weisung determiniert werden können, einschliesslich der durch Weisungen nicht mehr determinierbaren Funktionen der höchsten weisungsberechtigten Organe." [1])

Dennoch muss MERKL zugeben, dass auch an Hand der von ihm aufgestellten Kriterien eine scharfe, restlose Abgrenzung zwischen der Gruppe der Justiz- und der Verwaltungsfunktionen nicht erreicht worden ist. Trifft doch für das oberste Verwaltungsorgan das Merkmal der Abhängigkeit nicht zu, während das letzte in der Reihe der Verwaltungsorgane die Kompetenz zur Erteilung von Weisungen nicht mehr besitzt. Immer gibt es notwendigerweise Verwaltungsorgane, die nicht gehorsampflichtig, andere, die nicht mehr weisungsberechtigt sind. Dies ist nicht dadurch zu umgehen, dass man diese Organe ausscheidet; andere Organe würden dann ja wieder die Merkmale der Grenzerscheinungen übernehmen.

Der Unterschied zwischen Justiz und Verwaltung ist indessen, sagt MERKL, nicht eine Sache, die dem Wesen des Rechtes immanent ist, sondern ebenso wie der Unterschied zwischen Gesetzgebung und Vollziehung (Justiz + Verwaltung) ein historisch gewordenes, nicht-rechtsnotwendiges Faktum. Es sind Rechtsordnungen denkbar, die diese Differenzierung nicht aufweisen.

MERKL zweifelt selbst offenbar an dem Werte der von ihm aufgestellten Kriterien. Es hat, wie er meint, Rechtsordnungen gegeben, die den Unterschied zwischen relativ-abhängigen und relativ-unabhängigen Ausführungsorganen nicht gekannt, trotzdem aber Justiz und Verwaltung einander gegenübergestellt haben, augenscheinlich an der Hand anderer Kriterien. Man wird vielleicht, auch wenn die aufgestellten Unterscheidungskriterien nicht mehr für jede Staatsform anwendbar sein werden, ja, wo heutzutage sowieso schon der Gegensatz zwischen abhängigen und unabhängigen Ausführungsorganen sehr abgeschwächt ist und immer mehr verfliesst, doch noch stets, obwohl nach anderen Kriterien, zwischen Justiz und Verwaltung unterscheiden. Allein, so führt der Autor aus, es wird sich dann noch zeigen müssen,

---

[1]) a. a. O., S. 42.

ob an der Hand dieser Kriterien eine heuristisch wertvolle Unterscheidung verschiedener Disziplinen möglich ist.

Ebenso wie bei KELSEN ist auch bei MERKL der Begriff „Staat" nicht eindeutig, und kennt er, wie der Begründer der Wiener Schule, mehrere Staatsbegriffe. Zunächst kommt der Rechtswesensbegriff „Staat", worunter die Organisation der Gesamtrechtsordnung zu verstehen ist. Im Sinne des Produktes der juristischen Organisierung, sagt der Autor, ist eine Organisation selbst Organ und demnach die umfassendste rechtliche Organisation — der Staat — selbst Organ; das Organ, das alle anderen Organe umfasst. In diesem Sinne ist der Staat als Gesamtheit aller Organe selbst auch Verwaltungsorgan.

Neben diesen allerweitesten Staatsbegriff stellt MERKL noch zwei Rechtsinhaltsbegriffe „Staat": einen engeren und einen allerengsten Staatsbegriff. In engerem Sinne ist der Staat „Organisation einer durch zentrale Kostenaufbringung aus Zwangseinnahmen gekennzeichneten Teilrechtsordnung". Im engsten Sinne ist der Staat das „Gesamtorgan der zentralen Verwaltung im Gegensatz zu den Selbstverwaltungskörpern als Organen der dezentralen Verwaltung". In diesem engsten Sinne ist also der Staat im Gegensatz zu den Selbstverwaltungskörpern eine Teilorganisation des Staates in engerem Sinne. Es ist der erstgenannte Rechtsinhaltsbegriff „Staat", der Staat in engerem Sinne, der vor allem für MERKLS System der Rechts- oder Staatsfunktionen von Bedeutung ist.

Wie schon früher dargelegt, ist es nach MERKL (nach dem Vorbilde KELSENS) ein Ausfluss der Wirkung des sozialen Gesetzes der Arbeitsteilung, dass sich in weiter fortgeschrittenen Gemeinschaften die Rechtsfunktionen auf einzelne, bestimmte Individuen konzentrieren. Es sei das spezifische Merkmal dieser Staatsorgane und Staatsfunktionen in engerem Sinne, dass die Kosten derselben aus einem Zentralfonds gedeckt werden, der, jedenfalls teilweise, durch Beiträge gespeist wird, deren Einforderung sanktioniert wurde. Alle sonstigen Merkmale, die man für den rechtsinhaltlichen Organbegriff geglaubt hat aufstellen zu können, wie das Honoriertwerden (Entgeltlichkeit), berufsmässige Ausübung (Beruflichkeit), Pflichtmässigkeit der Funktion, werden vom Autor verworfen. Es kommt nach seiner Ansicht ausschliesslich darauf an, ein Merkmal zu finden, wodurch der herrschende Sprachgebrauch in Hinsicht auf den Ausdruck „Organ" möglichst gedeckt wird [1]).

Der „qualifizierte" Staat wird bei Eintritt eines anderen Stadiums in der Rechtsbildungsmethode geboren, d. h. bei dem Uebergang von gewohnheitsmässiger Rechtsbildung zu bewusster Rechtserzeugung durch den Monarchen oder das Parlament. Eine weitere Verstaatlichung der Rechtsanwendung ist der Uebergang von der patrimonialen und autonomen Rechtsprechung zur Rechtsprechung von Spezialrichtern.

Die drei Rechtsfunktionen: Gesetzgebung, Justiz und Verwaltung nun sind nach Merkl Staatsfunktionen in engerem Sinne, „weil eben jene Rechtskonkretisierungsakte einer der drei genannten Rechtsfunktionen zuzuzählen sind, bei denen zugleich die Merkmale der Staatsfunktion im engeren Sinne vorliegen" [2]).

Weder die Erzeugung des Rechtes in genereller Form als relativ höchste Stufe des Rechtskonkretisierungsprozesses, noch die juristischen Zwangsakte: Strafe und Exekution als letzte Stufe der Rechtskonkretisierung, welche Akte doch sicherlich als Rechts- oder Staatsakte im weiten Sinne angesehen werden müssen, sind notwendigerweise zugleich Staatsakte im engeren Sinne. „Die schon erwähnte rechtsgeschichtliche Erfahrung zeigt im Falle des ursprünglichen Gewohnheitsrechtes einen Rechtsakt oberster Stufe und in der Blutrache und Privatpfändung niedrigster Stufe, die nicht zugleich Staatsakte im engeren Sinne des Wortes sind." [3])

Manchmal auch werden zwischen zwei Stufen der Rechtsvollziehung durch den Staat im engeren Sinne eine oder mehrere Stufen ausserstaatlicher Rechtsvollziehung eingeschaltet. Nach Merkl wäre dies namentlich im Privatrecht der Fall (die Akte der Privatautonomie).

Bei der Behandlung der Frage der Staatsfunktionen schlägt Kelsen [4]) einen anderen Weg als Merkl ein. Er geht von der

[1]) a. a. O., S. 293: „Es handelt sich hierbei nicht etwa darum, in freier wissenschaftlicher Begriffsbildung den begriffsökonomisch zweckmässigsten und heuristisch wertvollsten Staatsbegriff zu finden, sondern den Sinn aufzudecken, der dem wissenschaftlichen und dem in diesem Fall annähernd übereinstimmenden gemeinen Sprachgebrauch bewusst oder unbewusst beim Gebrauche des Wortes Staat zugrunde gelegt wird."

a. a O , S. 295: „. . . . es handelt sich . . . darum die konstituierenden Merkmale des dem herrschenden Sprachgebrauche zugrunde liegenden Staatsbegriffes aufzudecken."

[2]) a. a. O., S. 299.

[3]) a. a. O., S. 299.

[4]) Allgemeine Staatslehre, §§ 33—37.

traditionellen Unterscheidung der Rechts- oder Staatsfunktionen in Gesetzgebung, Justiz und Verwaltung aus und untersucht, ob die dieser Unterscheidung zugrunde gelegten Kriterien organisatorischer oder funktioneller Natur haltbar sind und ob daraufhin diese Unterscheidung aufrecht zu erhalten ist.

Der Autor schliesst auf die Relativität dieser Unterscheidungen. Den Gegensatz legis latio und legis executio hält er für prinzipieller Natur, doch warnt er davor, den Begriff der Rechtserzeugung, Gesetzgebung oder legis latio mit den Verrichtungen bestimmter, geschichtlich individualisierter Organe zu identifizieren. Die Begriffe Recht und Gesetz sind ja nicht identisch. Ueberdies soll man nicht vergessen, dass die Begriffe Rechtserzeugung und Rechtsanwendung nicht absolut, sondern relativ sind.

Eine zweite begriffswesentliche Unterscheidung ist diejenige zwischen der Erzeugung von generellen und der von individuellen Normen, und zwar weil jede Rechtsordnung ohne Rücksicht auf ihren positivrechtlichen Inhalt diesen Gegensatz ergeben muss. Sogar die Rechtsordnung, bei welcher von Fall zu Fall von einem Alleinherrscher individuelle Normen erlassen werden, d. h. Strafe auferlegt oder Exekution betrieben wird, ohne vorhergehende generelle Norm, setzt stets eine Grundnorm voraus, die, obgleich nicht gesetzt, sondern vorausgesetzt, statuiert, dass Zwangsvollstreckung oder Strafvollstreckung stattfinden wird, wenn der Alleinherrscher solches befiehlt. Und diese, die hypothetische Grundnorm des Rechtssystems, ist eine generelle Norm.

So ist es statthaft, zu sagen, dass dasjenige, was man gewöhnlich unter Gesetzgebung und Rechtsprechung versteht, zwei verschiedene Stufen im Gesamtrechtserzeugungsprozesse sind. Die Frage wodurch sich diese Funktionen weiter voneinander unterscheiden, lässt KELSEN unentschieden.

Die traditionelle Unterscheidung von Justiz und Verwaltung sei nur auf einem technisch-organisatorischen Unterschied basiert, d. h. auf der unterschiedlichen Stellung des Organes, das Zwang androht, beziehungsweise das den Zwangsakt vorbereitende Verfahren vollführt. Einen Wesensunterschied zwischen dem, was man gewöhnlich als Verwaltung, beziehungsweise als Justiz bezeichnet, gebe es nicht. Der von der traditionellen Staatslehre häufig aufgestellte Gegensatz ist nach KELSEN unhaltbar, weil er bei den

Begriffen Gesetzgebung und Rechtsprechung die Staatsform im Auge hat: die Rechtsordnung, während bei dem Begriff „Verwaltung" mehr an einen prätendierten Staatszweck gedacht wird.

Der Unterschied technisch-organisatorischer Natur, auf den der Gegensatz Verwaltung und Justiz zurückzuführen ist, bestehe in der Tatsache, dass das richterliche Organ insofern unabhängig sei, dass es nicht an Weisungen und Instruktionen — MERKLS in extenso ausgearbeitete Verwaltungslehre in nuce — von übergeordneten Organe gebunden ist, sondern die dazu in Betracht kommenden Rechtsnormen nach eigner Ueberzeugung anzuwenden hat. Ausserdem komme es häufig vor, dass sich das Verwaltungsverfahren — namentlich ehemals — formlos vollzieht, während der Verlauf des Justizprozesses — früher mehr noch als heute — in allen Einzelheiten festgelegt ist, d. h., dass das richterliche Organ an generelle Formvorschriften gebunden ist. Nur historisch sei dieser technisch-organisatorische Unterschied zu erklären. Im Wesen liege aber zwischen diesen Funktionen kein Unterschied vor. Es sei überdies wahrnehmbar, dass dieser geschichtliche Gegensatz technisch-organisatorischer Natur zwischen Justiz und Verwaltung allmählich verschwindet [1]), während auch die funktionelle Unabhängigkeit immer zu hoch angeschlagen worden sei. Auch die Ermessensfreiheit, die oft als ein kennzeichnender Unterschied zwischen Justiz und Verwaltung betrachtet wird, ist nach KELSEN ein ungenügendes Kriterium, da, wie die Stufentheorie lehrt, jede Rechtsnorm in Verbindung mit der Norm höheren Ranges aus zwei Komponenten, einer produzierenden und einer reproduzierenden, zusammengesetzt sei und bei jedem Rechtserzeugungsverfahren ein gewisser Grad von Ermessensfreiheit vorliege.

MERKLS Lehre der Rechtsfunktionen — KELSEN steht, wie sich aus seiner letzten, diesem Gegenstand gewidmeten Schrift ergibt, derselben skeptisch gegenüber [1]) — kann uns nicht befriedigen. Die Theorie des Autors ist nicht imstande, ein Kriterium festzusetzen, an dem man den Verwaltungsakt, an und für sich

---

[1]) Siehe Allgemeine Staatslehre, S. 238, und insbesondere „Justiz und Verwaltung", 1929.

betrachtet, erkennen kann, doch bedarf er, um seinen Verwaltungsbegriff begründen zu können, einer Reihe von mindestens zwei Akten. Das Verhältnis dieser zwei Akte stempelt beide zum Verwaltungsakt. Ist Verwaltung nun dasjenige, was übrigbleibt, nachdem sich die ganze Staatstätigkeit um die Gesamtheit der Gesetzgebungs- und Rechtsprechungsfunktionen verringert hat, was tatsächlich MERKLS Auffassung ist, so würde dies keiner Definition oder Beschreibung bedürfen, vorausgesetzt, dass die ganze Staatsaufgabe eine konstante ist. Dennoch glaubt der Autor die Feststellung der Merkmale der Verwaltung versuchen zu müssen. Der Verwaltungsakt sollte — unter anderm — durch Instruktionen oder Weisungen bestimmt werden. Man kann sich fragen, wodurch sich diese Weisungen oder Instruktionen von den anderen Normen auf höherer Stufe unterscheiden, die das im Verwaltungsakt Produzierte, d. h. die niedere Verwaltungsnorm, bestimmen. Die Beispiele, die MERKL gibt [1]), klären uns darüber nicht auf. „Das Gesetz erlaubt z. B. bei ‚dringendem Bedarf' Ausnahmen vom Maximalarbeitstag und die höhere Verwaltungsbehörde verengt das hiermit eröffnete Ermessen der zur Gewährung solcher Ausnahmen zuständigen Behörde, indem sie in einer Dienstinstruktion die Fälle ‚dringenden Bedarfes' bezeichnet." MERKL stellt u. E. die Sache nicht richtig vor. Das niedere Organ ist hier niemals zur näheren Setzung desjenigen, was unter „dringendem Bedarf" zu verstehen ist, zuständig gewesen. Es ist also von der Verengung von dessen ursprünglich weiterem Ermessen nicht die Rede. Dieses Ermessen hat stets das übergeordnete Organ besessen.

KELSEN suchte das Kennzeichnende der Instruktion in deren individuellem Charakter; MERKL dagegen meint, dass diese Instruktionen auch auf die Weise einer generellen Disposition (Verwaltungsverordnung) erteilt werden können. Im Uebrigen kommt es uns vor, dass MERKL sich irrt, wenn er das gegenseitige Verhältnis der sogenannten Verwaltungsorgane mit dem der in der Praxis als Justizorgane betrachteten vergleicht. Es bestehe zwischen den Organen des letzteren Komplexes kein Abhängigkeitsverhältnis.

[1]) ADOLF MERKL, Allgemeines Verwaltungsrecht, S. 148.

[2]) Darüber, dass bei der Reihe von Justizinstanzen der sogenannte niedere Akt die höhere bedingt, so dass die Prozesshierarchie hier in einer Richtung verläuft, die der als gewöhnlich geltenden entgegengesetzt ist, siehe man MERKL, Rechtskraft, S. 215, und Prolegomena, S. 278—279.

Dies trifft zweifellos zu, allein zwischen diesen Organen untereinander besteht gar nicht der Zusammenhang, wie von der Stufenlehre gemeint, d. h. kein Erzeugungszusammenhang. Der sogenannte gerichtliche „Instanzenzug" ist keine Erzeugungskette. Man hat es hier mit „Prüfung" zu tun: das höhere richterliche Organ, die nächste Instanz, „verarbeitet" im Rechtssetzungsprozesse wieder genau dieselbe Norm „höherer Stufe", wie das niedere Organ (die niedere Instanz). Der Rechtssetzungsprozess der höheren Instanz ist eine Dublüre von dem der niederen. Es ist die Neigung zum Generalisieren, welche die Stufenlehre kennzeichnet (nämlich die Neigung, dasjenige als gleichartig anzusehen, was tatsächlich nicht gleichartig ist) die unseres Erachtens MERKL auch hier einen Streich spielt.

Wo wir mit dem Grundgedanken von MERKLS Funktionlehre schon gar nicht einverstanden sind, liegt für uns kein Anlass vor, auf seine These, derzufolge die drei Rechtsfunktionen bloss Staatsfunktionen in engerem Sinne, nämlich bestimmte, nicht-rechtsnotwendige Rechtsinhalte seien, näher einzugehen.

Im Uebrigen würde doch das, was MERKL als Merkmal der Verwaltung ansieht, die prätendierte Abhängigkeit der Verwaltungsorgane, wonach das von dem niederen Organ Gesetzte durch Weisungen des höheren Organes bestimmt werden kann, in Wirklichkeit nicht formell-organisatorischer, sondern materiell-funktioneller Natur sein. Ein Unterschied organisatorischer, nichtfunktioneller Natur würde auch überhaupt juristisch irrelevant sein.

KELSEN kam zu der Schlussfolgerung, dass funktionell zwischen Rechtsprechung durch unabhängige und Verwaltung durch abhängige Organe kein Unterschied vorliege [1]), während die Verwaltung grösstenteils selbst Rechtsprechung sei, ja sogar Rechtsprechung durch unabhängige Organe [2]).

[1]) Justiz und Verwaltung, S. 7.

[2]) Justiz und Verwaltung, S. 21. Siehe auch a. a. O., § 25: „Man wird sie, die sowohl die Tätigkeit von sogenannten Gerichten wie von sogenannten Verwaltungsbehörden umfasst, um so eher als mittelbare Staats-Verwaltung bezeichnen können — Verwaltung in einem weiteren Sinne des Wortes genommen — als zwischen der schon jetzt als Verwaltung bezeichneten Staatstätigkeit und der sogenannten Gerichtbarkeit kein wesentlicher Unterschied, sondern wesentlich Funktionsgleichheit besteht. Diese Tatsache muss sich früher oder später auch organisatorisch ausdrücken dadurch, dass der Apparat von Behörden, der mit einer wesentlich gleichen Funktion der mittelbaren Staatsverwaltung in weiterem Sinne betraut wird, zu einer inneren Einheit zusammengefasst wird, wodurch z. B. der sinnlose Dualismus und die sehr bedenkliche Konkurrenz von ordentlicher und Verwaltungsgerichtbarkeit beseitigt würde."

Der Autor glaubt aber zwischen mittelbarer und unmittelbarer Verwaltung einen prinzipiellen Unterschied machen zu müssen. Zwischen unmittelbarer Verwaltung und Rechtsprechung bleibe ein wesentlicher, funktioneller Unterschied bestehen [1]). Man hat es mit unmittelbarer Verwaltung, im Gegensatz zu mittelbarer Verwaltung zu tun, sagt der Verfasser, „wenn sich der Staat in der Verwaltung nicht bloss darauf beschränkt, die Untertanen zu einem bestimmten, den Kultur- oder Machtzweck fördernden Verhalten zu verpflichten und gegen die sich pflichtwidrig verhaltenden Untertanen einen Zwangsakt zu setzen, sondern wenn der Staat — um in der üblichen Terminologie zu sprechen — selbst, also unmittelbar durch seine Organe, die den Kultur- oder Machtzweck fördernden Tatbestände setzt" [2]).

Wie hat man sich diese unmittelbare Verwaltung zu denken? Kelsen erläutert dies an der Hand von Beispielen: Der Staat (nämlich das was Kelsen hier als Staat betrachten will) kann auf zweierlei Weisen der Verbreitung gemeingefährlicher Krankheiten steuern. Er kann eine Strafe dagegen androhen, wenn man Möbel, Hausgerät und Kleider bei derartigen Krankheiten nicht desinfizieren lässt, doch kann er diese Arbeit auch selbst, mittels seiner „Organe" besorgen lassen. Der Staat kann die Untertanen verpflichten, Krankenhäuser zu bauen, Schulen zu errichten, Unterricht geben zu lassen. Doch kann er auch durch seine „Organe" Krankenhäuser und Schulen errichten, Unterricht geben lassen.

Wie man begreifen wird, ist es der früher besprochene sogenannte rechtsinhaltliche Organbegriff und der davon abgeleitete rechtsinhaltliche Staatsbegriff, der diese Unterscheidung juristisch erklären muss. Das Besondere der unmittelbaren Verwaltung, sagt der Verfasser, liegt darin, dass die fraglichen Verrichtungen Rechtspflicht berufsmässiger, behufs dieser Verrichtungen angestellter, aus den Staatsmitteln besoldeter Organe sind.

Im Uebrigen seien es auch hier nur generelle oder individuelle Normen, die das fragliche Verhalten garantieren [3]).

Wir haben gesehen und wollen es wiederholen, dass u. E. juris-

---

[1]) a. a. O., S. 7.
[2]) Justiz und Verwaltung, S. 7. Allgemeine Staatslehre, S. 238.
[3]) J. u. V., S. 22, Allg. Staatslehre, S. 239.

tisch diese Konstruktion nicht recht haltbar ist. Bestimmte Verrichtungen, die keine Zwangsakte sind — das Handeln gemäss dem Inhalt bestimmter, sekundärer Normen durch gewisse Individuen — würden unter bestimmten Umständen Organsakte werden und dem Staate zugerechnet werden.

MERKL übernimmt diese Konstruktion KELSENS. Er wagt den Sprung, nachdem er den Staatsbegriff in rechtsinhaltlichem, also in engerem Sinne entwickelt hat. Der „Staat in engerem Sinne" — man merke sich, wie der Autor wieder gänzlich in die von KELSEN mit Recht gerügte anthropomorphisierende Personifikation, in die Hypostasierung des Staatsbegriffes zurückfällt — der Staat kann ausser mit Rechtserzeugung und Rechtszwang, d. h. mit autoritativen Befugnissen, auch mit der Befugnis zu zwangfreien, zwangvermeidenden, reinen Vollziehungsakten bekleidet werden, welche Möglichkeit die vollständige Umkehrung des Falles ist, dass Rechtserzeugungs- und zwangsweise Rechtsakte ausserhalb des „Staates in engerem Sinne" vollzogen werden [1]).

Dies ist das letzte Stadium, sagt der Autor, der „Verstaatlichung", der „rechtlich-staatlichen Durchdringung der Gesellschaft" [2]), nämlich: „wenn sich die Rechtsordnung nicht darauf beschränkt, die gesellschaftliche Tätigkeit durch einen eigenen Staatsapparat zu reglementieren und zu kontrollieren, sondern diesen Staatsapparat auch dazu benützt, gesellschaftliche Tätigkeit ausser der Rechtssetzung und Rechtsvollstreckung zu lassen". [3])

Mit den Bezeichnungen „mittelbare" und „unmittelbare" Verwaltung, die mit demjenigen korrespondieren, was die herrschende Lehre als „Hoheits- oder Obrigkeitsverwaltung" versus „wirtschaftliche und kulturelle Verwaltung" ansieht, kann sich MERKL jedoch nicht einverstanden erklären. Lieber möchte er hier von Hoheits- oder behördlicher Verwaltung einerseits, von freier oder privater Verwaltung andrerseits sprechen. Dabei möge man sich

---

[1]) Allgemeines Verwaltungsrecht, S. 300.

[2]) a. a. O., S. 301.

[3]) Auf S. 173 seines Allgemeinen Verwaltungsrechtes sagt MERKL, dass die Verwaltungsfunktionen teils zur rechtsetzenden Ausführung, teils zur reinen Ausführung gehören. Diejenigen Verwaltungsakte, denen die rechtsetzenden Elemente fehlen, wären teils Agenden, Vollstreckungsakte und sonstige manipulative Verrichtungen der „behördlichen Verwaltung", teils „wirtschaftliche und kulturelle Funktionen ohne jeden obrigkeitlichen Charakter". Man fragt sich hierbei: weswegen sind diese letztgenannten Funktionen denn eigentlich Verwaltungsfunktionen?

vor Augen halten, dass auch die „freie, nichtbehördliche, zwangvermeidende" Verwaltung nur relativ frei, absolut aber ebenso rechtlich gebunden ist [1]).

Es ist u. E. klar, dass man es hier mit einem Fall von Methodensynkretismus zu tun hat. Es ist bloss die soziologische Betrachtungsweise, die zu diesen Ergebnissen führen kann. Man fragt sich, was die sogenannte unmittelbare Verwaltung mit der mittelbaren Verwaltung gemein hat, so dass sie beide zusammen unter den allgemeinen Begriff „Verwaltung" gebracht werden können.

„In der Verwaltung", sagt KELSEN, „kann sich aber — um in der üblichen Terminologie zu sprechen — der Staat nicht darauf beschränken, die Untertanen zu einem bestimmten — den Kultur- oder Machtzweck fördernden — Verhalten zu verpflichten, den Verwaltungszweck nur mittelbar verfolgen, er kann unmittelbar selbst die den Kultur- oder Machtzweck fördernden Tatbestände setzen."

„In diesem Bereiche", sagt MERKL, „tritt der Staat nicht als Rechtserzeuger oder Rechtsvollstrecker, sondern, wenngleich ebenfalls in Vollziehung von Rechtssätzen, als unmittelbarer Erzeuger materieller oder immaterieller Güter auf." [2])

Welche nähere Verwandtschaft besteht zwischen der unmittelbaren und mittelbaren Verwaltung als zwischen der unmittelbaren Verwaltung und den übrigen Rechtsfunktionen? Unzweifelhaft macht sich hier der metajuristische Staatsgedanke wieder breit. Das Wort „Verwaltung", mit dem Prädikat „unmittelbar" versehen, wird hier in der weitesten, metajuristischen Bedeutung von Kulturförderung verwendet, was dann in zweierlei Weisen zu erreichen wäre. Wie ist es zu rechtfertigen, die sogenannte Funktion der unmittelbaren Verwaltung (vielleicht besser „Regierung" zu nennen), die gar keine Funktion im juristischen Sinne ist, der der mittelbaren Verwaltung gegenüberzustellen, alsob es sich um zwei Gattungen eines selben Geschlechts handelte, alsob es zwei Arten von nur einer bestimmten (untergesetzlichen) Rechtsfunktion wären, die sich höchstens durch einige interne Merkmale nebensächlicher Natur von anderen Rechtsfunktionen derselben

---

[1]) a. a. O., S. 301.

[2]) Allgemeine Verwaltungslehre, S 301.

Stufe unterscheiden. Ebensogut könnte man diese unmittelbare Verwaltung mit der Justiz, der legislativen, ja sogar mit der konstituierenden Funktion verbinden. Führt man den hier vorliegenden Gedankengang konsequent durch, so muss man, als Mittel zur Erreichung bestimmter Zwecke, die unmittelbare Verwaltung der Gesamtheit aller Rechtsfunktionen, der ganzen Rechtsordnung als einem System von Zwangsnormen gegenüberstellen. Doch ist man dann auf diese Weise wieder bei der alten Lehre der Staatsperson angekommen, die ihren „Zweck" sowohl durch das Mittel ihrer Rechtsordnung, als auch durch andere Mittel erreichen kann, nämlich dadurch, dass sie „unmittelbar selbst die den Kultur- oder Machtzweck fördernden Tatbestände" setzt.

Man sucht diese unmittelbare Verwaltung mittels einer untauglichen, auf jeden Fall nichtjuristischen Konstruktion in den Rahmen der Reinen Rechtslehre, der vollendeten Schöpfung KELSENS, hineinzupassen. Sich mit dieser Lehre zu einem Ganzen zu vereinigen, davon ist nicht die Rede [1]). Man kann selbstverständlich bestimmte Individuen, auf die sich die Rechtsfunktionen konzentrieren, d. h. die mehr als andere, oder vielleicht mit Ausschluss von anderen, von der Rechtsordnung zur weiteren Rechtserzeugung berufen werden, oder aber die mehr als andere oder mit Ausschluss von anderen zur Vollführung von Zwang oder Exekution berufen sind, Rechts- oder Staatsorgane in engerem Sinne nennen [2]). Allein dies hat doch nur Zweck, soweit und wenn sie diese Rechtsfunktionen vollführen. Ist doch die Organschaft bloss ein Derivat; das Primäre ist die Rechtsfunktion. Das Umgekehrte ist logisch unannehmbar. Nie kann eine Verrichtung durch ein Individuum, das aus anderem Grunde Rechtsorgan ist, dadurch zur Rechtsfunktion werden, dass es dieses Individuum ist, welches diese Handlung vollführt. Wäre dies anders, so würde man vor der Tatsache stehen, dass der engere Funktionsbegriff durch den weiteren nicht umfasst wird. Dann würde, wie bereits früher bemerkt, der Begriff „Staat" in sogenanntem rechtsinhaltlichen

---

[1]) Auch G. TASSITCH meint „que KELSEN, malgré son sens critique aigue, n'a pu établir la notion de l'administration matériellement conçue". (Revue internationale de la théorie du droit, II, S. 40.)

[2]) Doch halte man sich dabei vor Augen, dass diese besondere Qualifikation nicht rechtsinhaltlicher, sondern soziologischer Natur ist.

Sinne eine grössere Spannweite haben als der Rechtswesensbegriff „Staat", auf jeden Fall durch den Rechtswesensbegriff „Staat" nicht gedeckt werden, was nicht möglich ist, wo, wie MERKL es zutreffend ausdrückt, die drei juristischen Staatsbegriffe, d. h. der Rechtswesensbegriff Staat und die zwei Rechtsinhaltsbegriffe Staat einander nicht ausschliessen, sondern wie drei konzentrische Kreise einander umschliessen [1]), oder u. E. besser gesagt: wie bei den Flächen dreier konzentrischer Kreise mit verschiedenem Halbmesser die Fläche des Kreises mit dem grösseren Halbmesser die der Kreise mit dem kleineren Halbmesser umfasst.

---

[1]) ADOLF MERKL, Allgemeines Verwaltungsrecht, S. 304.

ABSCHNITT IX

DIE SOGENANNTE UNMITTELBARE STAATSVERWALTUNG

Wie lässt sich diese Funktion der „zwangsvermeidenden Vollziehung", die der „Rechtssetzung und Rechtsvollstreckung" entgegengesetzt wird [1]), juristisch konstruieren?

Der „Staat", sagt man, baut ein Museum. Juristisch will dies nichts anderes sagen, als dass aus den zwangvermeidenden Verrichtungen einer Anzahl von Individuen, für die der Bau des Museums Inhalt einer sekundären Norm ist, ein Museum entsteht. KELSEN und MERKL sagen nun, dass es der „Staat" sei, der dieses Museum errichtet, weil dies eine Rechtspflicht von „Organen" sei, von Individuen, die primär mit der Erzeugung von Normen beauftragt sind (dynamischer Organbegriff) oder mit der Vorbereitung und Realisierung des Zwangsaktes (statischer Organbegriff), und die ausserdem mit diesen Funktionen mehr als andere oder mit Ausschluss von anderen beauftragt sind. Eine doppelte Bedingung also. Wir haben diese Konstruktion als unhaltbar verworfen.

Die juristische Anschauungsweise kann uns nichts anderes bieten, als dass gewisse Verrichtungen Rechtspflicht, Inhalt sekundärer Normen sind. Dass dies in vielen Fällen Rechtspflicht eines bestimmten Individuums ist und selten oder nie Rechtspflicht anderer Individuen, dies ist ein soziologisches Faktum, jedoch ist es nicht der Inhalt einer Rechtsregel. Wie wichtig und interessant dies als Symptom der Wirkung des sozialen Gesetzes der Arbeitsteilung auch sein möge, es fällt dennoch nicht in den Bereich der juristischen Wissenschaft.

Hier lässt sich eine Parallele ziehen mit dem sogenannten Eigentumsinstitut. Bei den Definitionen und Beschreibungen, die man von diesem Institut gegeben hat, hat man an alles gedacht, ausser an den juristischen Sinn dieser Einrichtung. Ist doch vom juristischen Standpunkt aus besehen dieses Institut eine Gruppe von

---

[1]) MERKL, a. a. O., S. 301.

Normen bestimmten Inhalts. Die unter dem Einfluss der Naturrechtsschule vom 18. Jahrhundert verfassten Gesetzbücher von um 1800 herum legen den Akzent auf das Interesse, das Privatpersonen an diesem Institut haben oder das bei diesen Privatpersonen vorausgesetzt wird; hieraus soll man nun einmal ableiten durch welche Normen — und kennt die juristische Anschauungsweise etwas anderes als Normen? — dieses Interesse garantiert wird. Hat man doch meistens unterlassen, diese Normen zu formulieren. Z. B.: „Le propriété est le droit de jouir et de disposer des choses de la manière la plus absolue . . ." [1]). Diese sogenannte Definition bezieht sich in Wirklichkeit — wenn man von dem quasijuristischen Ausdruck „Recht" in der Bedeutung subjektives Recht absieht, ein Ausdruck, der höchstens gewisse Normen voraussetzt, jedoch sicherlich nichts sagt, wenn diese Normen nicht gegeben sind — auf die tatsächlichen Möglichkeiten, die für ein gewisses Individuum eröffnet werden, wenn ein offenbar vorausgesetzter, jedoch nicht gegebener Normkomplex auf andere motivierend wirkt. Aus diesen in Aussicht gestellten Möglichkeiten muss man die Normen, die man anscheinend im Auge hat, ableiten. Metajuristisch sind ebenfalls Betrachtungen (wie die DUGUITS), bei denen die soziale Bedeutung der motivierenden Wirkung der gemeinten, jedoch nicht formulierten Normen hervorgehoben wird.

Wir wollen die grosse wirtschaftliche und soziale Bedeutung des Eigentumsinstitutes nicht in Abrede stellen (ohne über dasselbe in irgendwelchem Sinne ein Würdigungsurteil auszusprechen); allein die Prüfung dieser Wirkungen wirtschaftlicher und sozialer Natur — d. h. die Folgen der Tatsache, dass der hier ins Auge gefasste Normkomplex im Allgemeinen motivierend wirkt — für die gesellschaftliche Produktion, die Konsumtion, fur die Verteilung des gesellschaftlichen Produktes fällt nicht in den Rahmen der juristischen Wissenschaft und Betrachtungsweise, die nur Normen, bezw. deren allgemeine Merkmale und deren spezifische Inhalte, zum Objekt haben.

Auf ganz entsprechende Weise verlässt KELSEN denn auch das Gebiet der Rechtswissenschaft, wenn er den „Gerichtsstaat" und den „Verwaltungsstaat" einander gegenüberstellt. Der Verfasser hat hier die Tatsache im Auge, dass was er „unmittelbare Ver-

[1]) Art. 544 Code civil.

waltung" genannt hat, allmählich immer mehr Boden gewinnt [1]). D. h. immer mehr wird ein gewisses Verhalten (zu einem sozialen Zwecke) Rechtspflicht einer bestimmten Gruppe von Personen. Die Terminologie, deren sich KELSEN bedient, erscheint uns aber unzulässig: „Betrachtet man dagegen die Staatsfunktionen unter einem *materiellen* Gesichtspunkt, d. h. unter dem Gesichtspunkt des Zweckes, der mit dem Rechtsapparat des Staates verfolgt wird, dann ergibt sich eine ganz andere Unterscheidung der staatlichen Funktionen: je nachdem, ob der Zweck *mittelbar* oder *unmittelbar* realisiert wird" [2]).

An erster Stelle dies: die teleologische Anschauungsweise, die KELSEN früher in seinen „Hauptproblemen" als eine Abart der kausalen Anschauungsweise erkannt hat, ist der juristischen Wissenschaft fremd [3]) und kann daher nie zu einer intrajuristischen Unterscheidung führen. Zweitens: ist einmal festgestellt, dass die Rechtsordnung in gewissem Sinne ein spezifisches Mittel ist, dann kann sie nicht bald mittelbares Mittel, bald unmittelbares Mittel sein. Wie es uns vorkommt, fällt KELSEN hier tatsächlich gänzlich in die von ihm bestrittene (und überwundene) alte Staatslehre zurück [4]). So u. a. wenn er von dem „Rechtsapparat des Staates" spricht und wenn er sagt: „Und dann erscheint die Tätigkeit der Gerichte ebenso wie ein grosser Teil der üblicherweise als Verwaltung angesprochenen Funktionen des Staates als eine nur *mittelbare* Verfolgung von Staatszwecken" [5]).

Man kann in der Rechtsordnung ein spezifisches Mittel zur Erreichung von gewissen Zwecken erblicken, obwohl der Zweck

---

[1]) Justiz und Verwaltung, § 25, S. 24/25.

[2]) Justiz und Verwaltung, § 24.

[3]) Hauptprobleme der Staatsrechtslehre, S. 57 ff., gelegentlich einer Besprechung und Bestreitung der Lehre RUDOLF STAMMLERS.

[4]) § 25 von „Justiz und Verwaltung", obwohl in KELSENS scharfer und die Materie durchleuchtender Argumentierungsweise verfasst, enthält manche Ketzerei gegen die normativen Grundsätze. Die Wesensgleichheit von dem, was man gewöhnlich als Gerichtbarkeit und Verwaltung einander gegenüberstellt, vollen Umfangs annehmend, müssen wir den dafür eingesetzten Gegensatz von mittelbarer Verwaltung in weitem Sinne und unmittelbarer Verwaltung vollends verwerfen, als auf soziologische Fakta gegründet und als nicht an der Hand juristischer Kriterien unternommen. KELSEN spricht mit Bezug auf die unmittelbare Staatsverwaltung „von dem Staat, der sich seiner sozialen Aufgabe bewusst wird und durch ‚Fürsorge und Wirtschaft' in das Gesellschaftsleben eingreift". Es ist u. E. Begriffsverwirrung, wenn der Autor sagt, dass statt des überwundenen Gegensatzes von Justiz und Verwaltung die neue Unterscheidung von mittelbarer und unmittelbarer Staatsfunktion oder Staatsverwaltung die Grundlage einer neuen Rechtssystematik sein wird. Es ist aber wieder KELSENS alles durchleuchtende Sehergabe, die ihn die rechtspolitische Prophezeiung aussprechen lässt, dass diese neue Unterscheidung „vor allem die Grundlage einer neuen Behördenorganisation liefern wird". (J. u. V., S. 25.)

[5]) a. a. O., S. 24.

im Allgemeinen kein Bestandteil des Rechtsbegriffes ist. Man verbindet damit die Rechtsordnung mit dem Zustand, der darin besteht, dass die Rechtsordnung motivierend wirkt, und setzt dabei voraus, dass dieser Zustand auch intendiert ist. Stellt man sich aber einen Augenblick auf diesen metajuristischen, teleologischen Standpunkt, dann muss man sich doch fragen, wie die Rechtsordnung, die dann in ihrem Ganzen Mittel ist, im einen Falle mittelbarer als im anderen Falle wirken kann, und wie auf dieser Basis eine Unterscheidung der staatlichen Funktionen, die doch auf jeden Fall Rechtsfunktionen sind, möglich ist.

Wir bestreiten nicht, dass die von KELSEN signalisierte Tendenz wirklich zu konstatieren ist, d. h., dass immer mehr das Verhalten einzelner Personen zum Inhalt sekundärer Normen gemacht wird. Wir bestreiten, dass es sich hier um juristische, namentlich um Rechtsinhaltsbegriffe handle. Man hat das Gebiet der Rechtswissenschaft bereits verlassen, wenn man feststellt, dass jeweils das Verhalten einer gleichen Gruppe von Individuen Inhalt diverser Rechtsnormen ist. Man befindet sich dann schon auf dem Gebiete der Soziologie; die juristische Betrachtungsweise kann zu diesem Urteil nicht führen. Ergibt sich doch aus dem Inhalt der einzelnen Rechtsnorm niemals, ob ein anderes Verhalten des nämlichen Individuums vielleicht auch Inhalt anderer Normen ist. Daher ist der Begriff der „unmittelbaren Verwaltung in weitem Sinne", der des Verwaltungsstaates als Gegensatz zum Gerichtsstaat, wie eines und das andre von KELSEN konstruiert wird, kein rechtsinhaltlicher, sondern ein soziologischer, auf jeden Fall ein metajuristischer Begriff.

Der Gegensatz Verwaltungsstaat — Gerichtsstaat trifft auch deshalb nicht zu, weil der sogenannte Verwaltungsstaat ebenfalls Rechtserzeugungsorgane kennt. Die „unmittelbare Verwaltung" ist ja auch Rechtspflicht von Individuen, sei es auch von qualifizierten Individuen (deren Verhalten also Inhalt sekundärer Normen ist), welche Normen gesetzt werden müssen. Sind es doch nach KELSEN gerade die Rechtserzeugungsorgane und die Organe, welche die Zwangsakte vorbereiten und realisieren, die auch die Akte der unmittelbaren Verwaltung vornehmen, welche Funktion eben dadurch Staatsfunktion (in engerem Sinne) ist. Berechtigt ist dann aber auch die Frage, ob das Organ A die Rechtsnormen, betreffend eigenes Verhalten [1]), erzeugt, oder ob das Organ A die Normen betreffend das Verhalten [1]) des Organes B, zustande bringt, und umgekehrt B die Normen, betreffend das Verhalten des Organes A?

Und dennoch können wir einen Rechtsinhaltsbegriff „Staat" tatsächlich nicht entbehren. D. h. ohne einen solchen ist man nicht imstande, die Erscheinung, die KELSEN „unmittelbare Verwaltung" nennt, zu erklären, wenn auch KELSENS Konstruktion als von metajuristischer Natur für uns unannehmlich ist. Wir wollen unsere Ansicht an Hand eines von KELSEN angeführten Beispiels näher erläutern. Die Rechtsordnung kann den „Untertanen" die Desinfizierungspflicht auferlegen, oder aber sie kann dies zur „Amtspflicht von Organen" machen. Weshalb ist dies im letztgenannten Falle „Amtspflicht" von „Organen"? Hier erscheint der Staat als Zurechnungspunkt. Man rechnet diese Pflicht dem Staate zu. *Doch erscheint hier der Staat auch zum ersten Male.* Es ist gefährlich, von dem Staate zu sprechen, dessen Verhalten Inhalt von Normen ist, neben dem Staate, der die personifikative Einheit aller Normen ist, und vor allem neben dem Staate, der bei Nichtbefolgung von Normen Zwang anwenden will. Denn nur einen kleinen Schritt weiter, da fällt man in GEORG JELLINEKS Lehre der Selbstverpflichtung des Staates zurück.

Dieser Gefahr entgeht man, wenn man den Rechtswesensbegriff „Staat", als Personifikation der Rechtsordnung oder als Vollführer von Zwangsakten bei Nichtbefolgung sekundärer Normen gänzlich eliminiert, was möglich und erwünscht ist, da die Einheitlichkeit der Rechtsordnung bereits durch die hypothetische Grundnorm konstituiert wird, und der Rechtswesensbegriff „Staat" demnach eine verwirrungstiftende Ueberflüssigkeit ist. Es bleibt also der mögliche, jedoch nicht rechtsnotwendige Rechtsinhaltsbegriff „Staat" übrig, eine mögliche, jedoch nicht notwendige Schöpfung des Rechts, ebenso wie die Aktiengesellschaft, die offene Handelsgesellschaft, die Kommanditgesellschaft, die Gemeinde. Indem wir den bekannten Ausspruch VON SARWEYS umkehren, können wir konkludieren: „Zu dem Staatsbegriff gelangt man nur durch den Rechtsbegriff" [2]).

---

[1]) Ein Verhalten, das nicht Normerzeugung oder Vorbereitung und Realisierung von Zwangsakten ist, sondern die Akte der unmittelbaren Verwaltung.

[2]) Dr. O. VON SARWEY, Das öffentliche Recht und die Verwaltungsrechtspflege, Tübingen 1880, S. 11: „Zu dem Rechtsbegriff gelangt man nur durch den Staatsbegriff".

Der Staat ist also eine mögliche Konstruktion durch das positive Recht. Eine gewisse Handlung, die der Inhalt einer sekundären Norm ist, nennt man Rechtspflicht des Individuums, das diese Handlung vorzunehmen hat, und zugleich Rechtspflicht des Staates und dadurch wieder Amtspflicht des Individuums. Und — es ist eben in diesem Punkte, dass KELSENS Meinung und die unsrige auseinandergehen — diese Zurechnung in Bezug auf den Staat hat mit der Qualität als Rechtserzeugungsorgan, mit der Organqualität *nichts* zu schaffen. Es besteht zwischen der Organqualität und dem Staat als Zurechnungspunkt kein einziger logischer Zusammenhang [1]). Bei KELSEN muss man primär Rechtsorgan sein, um sekundär Amtsträger des Staates sein zu können. Bei Konzentration von Rechtsfunktionen auf ein einziges Individuum werden dessen Akte, die Inhalt sekundärer Normen waren, zu Akten der „unmittelbaren Verwaltung". Dass KELSEN hiermit keinen Rechtsinhalt wiedergab, sondern eine Metabasis eis allo genos unternahm, brauchen wir hier nicht zu wiederholen. Wir wollen aber noch darauf hinweisen, dass KELSEN nicht angibt, *welche* Akte, dem Inhalt sekundärer Normen entsprechend, nunmehr zur „unmittelbaren Verwaltung" zu rechnen sind und welche nicht; denn alle derartigen, von KELSENS „qualifizierten" Rechtsorganen vorgenommenen Akte sind doch nicht „unmittelbare Verwaltung" und also Vollführung einer Staatsfunktion. KELSENS Konstruktion ist daher nach unsrer Ansicht nicht nur fehlerhaft, sondern obendrein genügt sie nicht, um die Erscheinung, die er im Auge hat, zu erklären.

Wir umgehen diese Schwierigkeiten, indem wir behaupten, dass sich die Zurechnung in Bezug auf den Staat aus der Rechtsnorm selbst ergeben muss, m.a.W. wirklich Rechtsinhalt ist.

Die Konstruktion der juristischen Person durch das positive Recht ist oft verwickelter Natur. Die einfachste Form ist wohl diese, dass ein Akt einer Aktiengesellschaft, einem Verein, einer Gesellschaft, offenen Handelsgesellschaft, Gemeinde, Wassergenossenschaft, Provinz, einem Staate mit Bezug auf eine gewisse Norm zugerechnet wird. Wenn ein Akt nicht das Inkrafttreten

---

[1]) Vom juristischen Standpunkt betrachtet, ist diese Konzentration der Qualität als Rechtsorgan und Staatsamt auf ein Individuum oder eine Körperschaft reiner Zufall; d. h. es besteht zwischen einem und dem anderen kein rechtsnotwendiger Zusammenhang. Selbstverständlich ist diese Konzentration historisch und teleologisch sehr wohl erklärlich.

einer Norm bedingt, hat es keinen Zweck, von Zurechnung zu sprechen. Diese Norm kann eine sein, die weiteres zwangvermeidendes Verhalten der juristischen Person zum Inhalt hat, oder aber zwang- oder exekutionanordnende Normen (das Verhalten sogenannter Organe in statischem Sinne enthaltend), oder aber Normen, die das zwangvermeidende Verhalten anderer Individuen oder juristischer Personen (letzteres z.B. mit Bezug auf das Eigentumsrecht) zum Inhalt haben.

Im ersteren Falle bildet ein zwangvermeidender Akt der juristischen Person den Inhalt der Norm. Akte, die auf diese Weise der juristischen Person zugerechnet werden und die Inkrafttretung sekundärer Normen bedingen, sind z.B. der Abschluss eines Vertrages (eine Willensäusserung unter bestimmten Umständen), sowie die unerlaubte Handlung. Auch danach ist es wieder der Akt eines oder mehrerer Individuen, welcher der Aktiengesellschaft, der Gemeinde, dem Staat, usw. insoweit zugerechnet wird, dass das kontradiktorische Gegenteil die Inkrafttretung zwanganordnender, gegen die juristische Person gerichteter Normen bedingt.

Es handelt sich also nicht um eine Hierarchie von Begriffen, um eine Reihe von immer umfassendern Begriffen, von denen die im Range höheren die niederen in sich schliessen, und deren Gipfel der „Staat" ist (HENRICH). Der „Staat" als Rechtsinhalt (und einen anderen Staatsbegriff halten wir für überflüssig) steht neben der „Gemeinde", neben der „Provinz", neben der „Aktiengesellschaft" [1]). Denkbar ist eine Rechtsordnung, die wohl die Aktiengesellschaft, nicht aber den Staat kennt. Ebenso denkbar ist ein Rechtssystem, das die Gemeinde, nicht aber den Staat kreïert [1]). Dies möge paradox klingen, doch vergesse man nicht, dass man hier weder an die Gesamtrechtsordnung und eine Teilrechtsordnung (wie Staat versus Gemeinde) zu denken hat, noch an das oberste Rechtsorgan und ein delegiertes Rechtsorgan mit beschränkter Territorialkompetenz (wie Staat gegenüber Gemeinde).

---

[1]) Dass das Institut der Aktiengesellschaft ausschliesslich Rechtsinhalt ist, wird wohl nicht in Abrede gestellt werden. Mit der Gemeinde und der Provinz verhält es sich anders. Verwendet man den Begriff Gemeinde und Provinz zu etwas anderem, z. B. zu gewissen delegierten Rechtsorganen mit territorialbeschränkter Rechtssetzungsbefugnis, so liegt natürlich wohl eine Hierarchie der Begriffe Staat-Provinz-Gemeinde vor. Allein dann gebraucht man in ein und derselben Disziplin das gleiche Wort in sehr verschiedener Bedeutung.

Im Rahmen dieses Abschnitts wollen wir noch kurz auf KELSENS Lehre zurückkommen, bei der auch der Zwangsakt, der von einem Individuum ausgeübt wird, das dazu verpflichtet ist, d. h. dessen diesbezügliches Verhalten Inhalt einer sekundären Norm ist, dem Staate zugerechnet wird. Notwendig erscheint uns diese Konstruktion nicht, weil der Zwangsakt Endpunkt ist und nicht mehr die Inkrafttretung einer Norm bedingt. Jedenfalls ist dieses Staatsbegriff keineswegs ein Rechtswesensbegriff, sondern ein Rechtsinhaltsbegriff. Zwar ist das Zwangsmoment dem Rechte essentiell und daher Inhalt jeder Rechtsnorm, allein es ist keinesfalls rechtsnotwendig, den Zwangsakt dem „Staate" zuzurechnen. In primitivern Rechtssystemen wurde ja auch die Zwangsvollstreckung als Privatangelegenheit betrachtet. Rechnet man also in den modernen Rechtssystemen den kraft einer Rechtsnorm vollzogenen Zwangsakt dem Staate zu, so ist dennoch auch dieser Staatsbegriff ein Rechtsinhaltsbegriff: eine mögliche, jedoch nicht notwendige Schöpfung der Rechtsordnung [1]).

Die Wiener Schule rechnete einen Akt dem Staate (dem Staate im engeren, rechtsinhaltlichen Sinne) zu, wenn er Rechtspflicht (zwangvermeidendes Verhalten) von Individuen ist, die primär und mit Ausschluss anderer Rechtserzeugungsorgan sind. Nach unsrer Meinung war der so konstruierte Staatsbegriff keineswegs ein Rechtsinhaltsbegriff, sondern metajuristischer, namentlich soziologischer Natur. Wir wollen feststellen, zu welchen schwerlich annehmbaren Konsequenzen diese Konstruktion ausserdem führen würde.

Wenn in den modernen Rechtssystemen die Normen immer mehr das Verhalten, die materiellen Akte derjenigen, die primär Rechtserzeugungsorgan sind, zum Inhalt haben werden, so wird man schliesslich zu dem Zustand gelangen, in dem ein Korps von zur Rechtserzeugung berufenen Individuen ausschliesslich Normen setzt, die das eigene Verhalten betreffen. Ist der ganze Rechtserzeugungsapparat mehrmals in vertikaler und in horizontaler Richtung geführt worden, so könnte man sich die Sache noch so denken, dass diese rechterzeugenden Individuen ihr Verhalten wechselseitig normieren. Besteht der Normerzeugungsapparat aber

[1]) Diese Konstruktion ist aber nicht ungefährlich, denn, wenn man die beiden Rechtsinhaltsbegriffe Staat identifiziert, gelangt man zum Staate, der bisweilen Zwang gegen sich selbst ausübt.

nur aus einigen Individuen, als Grenzfall aus einem einzigen Individuum, so bekommt man die Figur, dass ein Individuum oder einige Individuen autonom Normen setzen würden und zwar ausschliesslich über eigenes Verhalten (letzteres wiederum als Grenzfall) und sich selbst verpflichten würden. M. a. W., es würde keine Rechtsordnung zustande kommen, weil ein solches Rechtssystem durch seine Eigentümlichkeiten sich selbst aufhebt. Selbstverständlich wird es in der Praxis nie zu diesem Zustand kommen. Zu jeder Zeit werden wohl Normen über das Verhalten anderer Individuen, Nicht-rechtserzeugungsorgane, gesetzt werden müssen, wenn der Inhalt dieser Normen auch nur ein Unterlassen wäre. Sollte sich die Wirkung des Gesetzes der Arbeitsteilung soweit durchsetzen, so würde ausserdem nur eine kleine Anzahl von Individuen zur Rechtsgemeinschaft gehören und die grosse Masse davon ausgeschlossen sein, da es keine Rechtsregeln geben würde, die auch nur im Geringsten ihr Verhalten normierten. In Wirklichkeit wird es wohl nie soweit kommen, doch ist dieser Zustand vom rechtslogischen Standpunkt nicht widersinnig.

Mit obigen Ausführungen hoffen wir dargetan zu haben, dass mit der Fortschreitung des Prozesses der Zusammenziehung von Rechtspflichten auf einige Individuen, d. h. ein Prozess, der sich aus dem Gesetz der Spezialisierung ergibt, die Kombination der Funktion der Rechtserzeugung mit der der Förderung des Wohlstandes als Rechtspflicht (zwangvermeidendes Verhalten) in einem Individuum unmöglich werden wird, und wird man dazu kommen müssen, diese zwei Funktionen zwei verschiedenen Gruppen von Individuen zuzuweisen.

Auch hieraus geht u. E. hervor, dass das Kriterium der Funktion der unmittelbaren Verwaltung nicht in der Vollziehung durch Rechtserzeugungsorgane, für die dies eine Rechtspflicht darstellt, liegen kann. Wenn bei weiterem Durchsetzen des Prozesses der Arbeitsteilung die Zusammenziehung der Rechtserzeugungsfunktion und der Funktion der unmittelbaren Verwaltung in ein Individuum unmöglich werden wird, so kann in dieser Zusammenziehung auch nicht das Kriterium der unmittelbaren Verwaltung liegen. Selbstverständlich werden auch dann die Akte der unmittelbaren Verwaltung — und solches dann berufsmässig — vorgenommen werden, während an Hand des von uns verworfenen

Kriteriums die unmittelbare Verwaltung als solche verschwunden wäre. D.h. jene Akte werden dann nicht mehr unter den Begriff „unmittelbare Verwaltung" zu bringen sein. Das Kriterium der unmittelbaren Verwaltung muss also anderswo liegen.

Wir konkludieren demnach, dass man in dieses Kriterium nicht das Moment der Vollziehung durch Individuen, die primär Rechtserzeugungsorgan sind, aufnehmen muss. Die Akte, die man als die der unmittelbaren Verwaltung zusammenfasst, sind Inhalt sekundärer Normen, Akte, die dem Staate zugerechnet werden. Auch die Berufsmässigkeit ist kein Element des Kriteriums dieser Akte. Die Zurechnung muss durch das positive Recht erfolgen, mit der Massgabe, dass die Akte jedes Individuums, soweit Rechtspflicht, dem Staate zugerechnet werden können.

Es hat auch keinen Zweck, die Funktion der unmittelbaren Verwaltung dem Gesamtrechtserzeugungsprozess oder irgendeiner besonderen Rechtserzeugungsfunktion, wie der mittelbaren Verwaltung, gesetzt, dass sich eine derartige Rechtsfunktion nach gewissen Merkmalen unterscheiden liesse, entgegenzusetzen. Die unmittelbare Verwaltung, die aus Akten besteht, welche Rechtspflicht bestimmter Individuen sind, und denen als Besonderheit anhaftet, dass sie dem Staate zugerechnet werden, setzt den Rechtserzeugungsprozess voraus.

Obwohl damit die Scheidelinie nicht immer richtig gezogen wird, hat man in Theorie und Rechtsprechung häufig zwischen dem Staat als Fiskus und dem Staat als Obrigkeit oder dem Staat „als solchem" unterschieden. Ein richtiges Prinzip lag dieser Unterscheidung unwidersprechlich zugrunde [1]); allein man trassierte diese Scheidelinie gewöhnlich nicht richtig, wenn es sich um die Anwendung dieses Prinzipes handelte. Der Staat-Fiskus wäre in diesem Gedankengang der „Staat", soweit er sich auf gleichem Fusse mit dem gewöhnlichen Bürger am gesellschaftlichen Verkehr beteiligt; dies im Gegensatz zu dem als Obrigkeit auftretenden Staate. Als Fiskus wäre der Staat, wie jede Privatperson, den Vorschriften der Rechtsordnung unterworfen. Insbesondere wäre der Staat als Fiskus an die von ihm geschlossenen Verträge

---

[1]) Wenigstens, wenn man mit den Akten des Staates als Fiskus die Akte der unmittelbaren Verwaltung meint und mit den Akten des Staates als Obrigkeit Rechtserzeugungsakte.

gebunden und zum Ersatz des von ihm auf unrechtmässige Weise zugefügten Schadens verpflichtet. Namentlich mit Bezug auf die Anwendung der Rechtsregel der Ersatzpflicht bei unerlaubten Handlungen spielt die Unterscheidung Staat-Fiskus und Staat-Obrigkeit eine grosse Rolle [1]).

Im Wesen meint man mit dem Staat-Fiskus den Staat als Rechtsinhaltsbegriff, eine Kreation der Rechtsordnung — für uns der einzige Staatsbegriff, der zur Erklärung gewisser Rechtserscheinungen nötig ist, und der darin, aber auch nur darin, seine Rechtfertigung findet —, der Staat also, dessen Handlungen, wie die des Bürgers, dem Rechte unterworfen sind [2]).

Gegenüber den Akten, in denen sich der Staat-Fiskus manifestiert, oder lieber: die den Staat-Fiskus bilden (die actes de gestion der französischen Juristen), stellt man die Akte des Staates als Obrigkeit (die actes d'autorité der französischen Juristen). Als Unterscheidungskriterium nimmt man häufig das Interesse, das mit dem zu beurteilenden Akte bezweckt wird, nämlich je nachdem dieses allgemeiner oder aber besonderer Natur ist. Demnach wäre die Rechtsregel der Schadenersatzpflicht bei unerlaubten Handlungen nicht anwendbar, wenn der „Staat'' in der Ausführung seiner Aufgabe als Obrigkeit handelt (öffentliches Interesse). Dies ist u. E. unrichtig. Man stellt auf diese Weise, ohne positivrechtliche Statuierung, materielle Handlungen, wie die Schiffbarmachung und Instandhaltung öffentlicher Gewässer, den Wege- und Brückenbau, usw. in den Rahmen der Akte des Staates als Obrigkeit und ausser dem Bereich des Rechtes, vor allem ausser der Anwendungssphäre der Schadenersatzregel [3]).

Die Scheidelinie wird hier falsch gezogen. Das bezweckte Interesse (gesetzt, der Gegensatz öffentliches Interesse - besonderes Interesse liesse sich behaupten) ist auf jeden Fall ein ausserjuristisches Moment, auf dem eine intrajuristische Unterscheidung, ohne dass das positive Recht dies statuiert, nicht basiert werden kann.

---

[1]) Wir haben hier namentlich die niederländische Jurisprudenz im Auge.

[2]) In welchen Akten der „Staat'' besteht, wird, wie für jede juristische Person, von der Rechtsordnung bestimmt. Der natürliche Mensch kann allerlei, auch juristisch irrelevante Handlungen vornehmen, doch ist auch er juristische Person oder Person schlechthin, und zwar nur in Bezug auf diejenigen Handlungen, an die die Rechtsordnung Folgen knüpft.

[3]) Insbesondere haben wir wiederum die niederländische Jurisprudenz im Auge.

Es handelt sich auch hier um materielle Akte, die Rechtspflicht von Individuen sind, und zwar von Rechtserzeugungsorganen oder deren Delegierten; und die dem Staate zugerechnet werden. Wofern nicht das positive Recht etwas anderes bestimmt, ist von Nichtanwendbarkeit der Ersatzregel nicht die Rede; geht diese Nichtanwendbarkeit sicherlich nicht aus „der Natur der Sache'' hervor.

ABSCHNITT X

EINTEILUNG DER RECHTSFUNKTIONEN

Im Anfang dieser Schrift haben wir von den von alters her bis zum heutigen Tage gemachten Versuchen gesprochen, die Staatsaufgabe zu teilen. Nicht nur besteht dieses Problem in einem Suchen nach Kriterien, gemäss welchen eine Einteilung der Staatsaufgabe durchgeführt werden kann, sondern in erster Linie hat man sich darüber klar zu werden, was man unter der einzuteilenden Staatsaufgabe zu verstehen hat.

Wir wollen auf die verschiedenen Einteilungsentwürfe und Beschreibungen der Staatsaufgabe, die im Laufe der Zeiten verfasst worden sind, nicht zurückkommen. Nur wollen wir noch einmal kurz bei MONTESQUIEU verweilen, da bei diesem Autor die Keime einer u. E. richtigen Lösung des Problems bereits vorhanden sind.

Als Generalzweck, der allen Staaten gemein ist, nennt MONTESQUIEU das Sichbehaupten. Daneben habe jeder Staat ein Objekt, das ihm besonders eigen ist. So sei das Objekt des alten Rom gewesen, sich zu vergrössern, das Objekt Lazedämons der Krieg. Das Merkwürdige ist aber, dass MONTESQUIEU in demselben Satze dem Problem einen ganz anderen Aspekt verleiht. Er bemerkt nämlich, dass die Religion das Objekt, nicht des judäischen Staates, sondern der *judäischen Gesetze* gewesen sei; die öffentliche Ruhe das Objekt, nicht des chinesischen Staates, sondern der *chinesischen Gesetze;* die Schiffahrt das Objekt, nicht des rhodischen Staates, sondern der *rhodischen Gesetze.*

Diese, sei es auch nur sehr zeitweilige, Frontänderung ist deshalb von so grosser Bedeutung, weil hiermit das Problem ganz und gar in die juristische Sphäre gezogen worden ist. Es ist nicht mehr das mystische Staatswesen, das eine gewisse Aufgabe zu erfüllen hätte, ohne dass die Mittel, die zur Erledigung dieser Aufgabe angewendet werden sollen, irgendwie zum Ausdruck gebracht werden, sondern der geniale Autor gibt eine Beschreibung des materiellen Inhalts einiger Rechtsordnungen. Sei es auch nur sehr inzidentell, so ist es doch unverkennbar, dass MONTESQUIEU hier schon als spezifisches Mittel des Staates die Rechtsordnung sieht.

Identifiziert man mit KELSEN Staat und Rechtsordnung, oder aber eliminiert man a fortiori den Staat als Rechtswesensbegriff, so erfährt das Problem betreffend Wesen und Umfang der Staatsaufgabe und das fundamentum divisionis der Staatsverrichtungen eine gänzliche Verschiebung. Dann wird die ursprüngliche Frage in das Problem einer rationellen Einteilung der Rechtserscheinungen umgestaltet.

Man halte sich hierbei vor Augen, dass jede Einteilung von Erscheinungen, die ein gewisses Merkmal miteinander gemein haben, gerechtfertigt ist, vorausgesetzt, dass man innerhalb der einzuteilenden Gruppe bleibt, und das Einteilungskriterium gleicher Natur ist wie das allgemeine Merkmal der ganzen einzuteilenden Gruppe. Ausserdem hat eine Einteilung, die sich nicht als heuristisch fruchtbar herausstellt, keinen Wert.

So kommt es auch darauf an, die Rechtserscheinungen derart zu gruppieren, dass diese Gruppierung für die Rechtswissenschaft Perspektiven eröffnet, m. a. W. dass sie heuristisch wertvoll ist.

Bei MERKL stellte die Gesamtheit der Rechtssetzungsverfahren die einzuteilende Materie dar. [1]) Seine Lehre, der, u. E. mit Recht, die stufenweise Erzeugung des Rechts zugrunde gelegt worden ist, hat uns nicht befriedigen können. Wo dieser Schriftsteller eben die Gleichartigkeit aller Rechtserzeugungsprozesse voraussetzt, konnte er die Natur dieser Verfahren seinem System nicht zugrunde legen. Zum fundamentum divisionis diente bei ihm zweierlei. An erster Stelle der Abstand der Rechtssetzungsprozesse von der ersten der gesetzten Rechtsnormen in der Summe der stufenweisen Erzeugung der Rechtsordnung. Wir haben festgestellt, dass dieser Massstab nur problematischen Wert besitzt. Kann doch die stufenweise Erzeugung der Rechtsordnung in einer beliebigen Anzahl Etappen erfolgen. Es hatte also unserer Ansicht nach wenig Zweck, die Scheidelinie zwischen der alleinigen Gruppe der Rechtserscheinungen, die unmittelbar und allen übrigen Gruppen, die mittelbar durch die Verfassung bestimmt werden, zu ziehen.

---

[1]) A. MERKL, Das doppelte Rechtsantlitz, Juristische Blätter 1918, S. 427.

Das zweite Einteilungskriterium, das dazu dient, die untergesetzlichen Rechtserscheinungen in zwei Gruppen unterzubringen, die sogenannte Unabhängigkeit, beziehungsweise Abhängigkeit der Rechtssetzungsorgane, in funktionellem Sinne, erschien uns ebenfalls unannehmlich. MERKL stellt für seine Einteilung der untergesetzlichen Rechtsfunktionen in Justiz und Verwaltung kein Kriterium auf, mit dessen Hilfe sich ohne Weiteres feststellen lässt, ob eine bestimmte Rechtsfunktion entweder zur ersten Gruppe, oder zur zweiten Gruppe zu rechnen ist, doch muss er, um den Massstab anlegen zu können, stets zwei oder mehr Stufen des Gesamtrechtserzeugungsprozesses, zur selben Gruppe gehörend (was er a priori annehmen muss), voraussetzen.

Wir wünschen aber ein Kriterium, das es uns ermöglicht, ein Rechtserzeugungsprozess an Hand der diesem Prozesse immanenten Eigenheiten unterzubringen. Das will nicht heissen, dass diese Eigenheiten nicht mit den Normen höheren Ranges, die in diesem Prozesse verarbeitet werden, in Verbindung stehen. Doch erscheint es uns unzweckmässig, ein Einteilungskriterium so zu wählen, dass man stets zwei oder mehr Rechtsprozesse zusammennehmen muss, um sich dahin aussprechen zu können, dass diese zusammen zu einer gewissen Gruppe zu rechnen sind. Ueberdies entspricht bei MERKL jeweils einer der zur Gruppe der Verwaltung gehörenden Rechtsprozesse nicht dem Einteilungsmerkmal, was bedenklich ist. Dies leuchtet um so mehr ein, wenn die Verwaltung zweistufig ist und nur einer der zwei zur Verwaltung zu rechnenden Rechtserzeugungsprozesse das Merkmal der Verwaltung aufweist.

Wie bereits in Abschnitt II erörtert wurde, sind wir nicht der Meinung, dass alle Rechtserzeugungsprozesse gleicher Natur und eine Kombination eines subjektiven und eines objektiven Faktors sind [1]). Mit Bezug auf die Rechtsnorm höheren Ranges, die in den Rechtssetzungsprozess auf niederer Stufe eingeht, glauben wir, dass drei Möglichkeiten vorhanden sind:

1. Der Organsakt ist in keiner einzigen Hinsicht, weder in formeller, noch in materieller Hinsicht durch die Norm höherer Ordnung, die ihn bedingt, bestimmt. Dies ist also der Fall der unbeschränkten Delegation.

2. Auf der Grundlage der höheren Norm stehen dem recht-

---

[1]) A. MERKL, Allgemeines Verwaltungsrecht, S. 144.

setzenden Organ mehrere Möglichkeiten offen. Der Organsakt wird nicht von der höheren, „anzuwendenden" Norm eindeutig determiniert, sondern diese erteilt dem Organ eine beschränkte Befugnis.

3. Von der höheren Norm wird der Akt des normsetzenden Organes eindeutig determiniert, und zwar dergestalt, dass auf der Grundlage der höheren Norm (oder Normen) nur eine Norm niederer Ordnung möglich ist.

Die Adepten der Stufenlehre glauben, dass der unter 2. genannte Fall stets eintritt und der unter 3. genannte nicht möglich ist. Von der Möglichkeit des unter 1. Genannten schweigen sie: tertium non datur. Sagt doch MERKL [1]): „Stellt das präformierte objective Recht, das in den Rechtserzeugungs- oder Rechtsanwendungsprozess eingeht, die *heteronome* Determinante des Rechtserzeugungs- oder Rechtsanwendungsorgans dar, so stellt *das freie Ermessen* die komplementäre *autonome* Determinante dar: Akte der Rechtskonkretisierung sind somit dank ihrer objectiv-heteronomen Determinante, Akte der rechtlichen Bindung, dank ihrer subjectiv-autonomen Determinante Akte des freien Ermessens, und so unterscheiden sie sich, in Bezug auf das freie Ermessen niemals prinzipiell, sondern nur graduell, nicht qualitativ, sondern nur quantitativ voneinander".

Wenn es jedoch unendlich viele Grade von juristischer Bindung gibt und, je nachdem man tiefer in den Gesamtrechtskonkretisierungsprozess hinabsteigt, die autonome Komponente immer mehr an Umfang abnimmt, die heteronome Komponente dagegen zunimmt (KELSEN), so ist u. E. nicht einzusehen, weshalb nicht der Fall vorkommen könnte, dass diese autonome Komponente völlig verschwunden, m. a. W. der Organsakt durch die höhere Norm eindeutig determiniert wäre? Weshalb sollte einerseits der Grenzfall: der Fall der völlig unbeschränkten Delegation, der gänzlich autonome Organsakt wohl möglich sein, während der andere Grenzfall, der des völlig heteronomen Aktes nicht möglich ist?

Wir wollen unseren Einteilungsentwurf also auf der Art des Rechtssetzungsverfahrens mit Bezug auf die höhere Norm oder den Komplex von höheren Normen, auf dem dieses Verfahren

[1]) A. MERKL, Allgemeines Verwaltungsrecht, S. 144.

beruht, basieren. Dies scheint uns die einzige Möglichkeit zu sein, zu einer heuristisch wertvollen Gruppierung der Rechtsfunktionen zu gelangen. Nicht die Natur desjenigen, was in dem Rechtsprozess produziert wird, isoliert betrachtet, — z. B. ob das im Prozesse Erzeugte eine generelle, oder aber eine individuelle Norm ist — ist für unsre Einteilungsweise von Wichtigkeit, sondern das Produzierte in Verbindung mit der Norm oder den Normen höherer Stufe oder (was auf dasselbe hinausläuft) der Charakter des Rechtssetzungsprozesses muss uns die Unterscheidungskriterien liefern.

Jede Rechtsordnung, aus dem dynamischen Gesichtspunkt betrachtet, muss ein Beispiel für die erste Möglichkeit ergeben. Dies ist nämlich die ursprüngliche Verfassungsgesetzgebung, die kraft der unbeschränkt delegierenden, nichtgesetzten, sondern vorausgesetzten Grundnorm stattfindet, die dem Rechtssystem zugrunde liegt. Aus der Unumschränktheit der Delegation geht hervor, dass mit Bezug auf diesen Organsakt keine Prüfungsmöglichkeit besteht, es sei dann betreffs des Delegiertseins überhaupt.

Es ist natürlich nicht unmöglich, dass dieser Verfassungsgesetzgeber seinerseits seine eigene unumschränkte Normsetzungskompetenz ohne Weiteres auf ein niederes Organ überträgt, und dass sich dieser Vorgang danach wiederholt. Hat jedoch einmal beschränkte Delegation stattgefunden, so können die Rechtsprozesse auf den darauffolgenden niederen Stufen niemals mehr zu der unter 1) beschriebenen Gruppe gehören. Denn hier findet das alte adagium Anwendung: nemo plus juris in alium transferre potest quam ipse haberet.

Der Unterschied zwischen den Rechtssetzungsakten der zweiten und denen der dritten Kategorie liegt somit in dem wohl oder nicht Vorhandensein von Ermessensfreiheit.

Merkl ist der Ansicht, dass das freie Ermessen im Wesen der Vollziehung als Konkretisierung abstrakter Normen liegt [1]. Wir glauben dies bestreiten zu müssen. Man soll sich jedoch davor hüten, in Bezug auf diese Materie aneinander vorbei zu reden; diese Gefahr liegt hier tatsächlich vor, da in Hinsicht auf die Bedeutung und Tragweite des Begriffes „freies Ermessen" keineswegs Einstimmigkeit herrscht. Was Merkl hierunter versteht,

[1]) Allgemeines Verwaltungsrecht, S. 144.

erhellt aus dem, was er betreffs der Zusammensetzung der Rechtssetzungsverfahren bemerkt. Wie wir bereits erwähnt haben, sei jedes Rechtssetzungsverfahren aus zwei Komponenten, einer objektiven und einer subjektiven Komponente, zusammengesetzt. In der eine Stufe höher liegenden „Rechtsschicht" würde man die objektive Komponente unverändert zurückfinden müssen, während die subjektive Komponente von dem delegierten Organ objektiviert werde [1]). In seinen Werken neueren Datums wird von einer heteronomen und einer autonomen Determinante des Rechtssetzungsorganes, an anderem Orte von einer objektiv-heteronomen Determinante gesprochen, die den Prozess ein Akt der rechtlichen Bindung, und von einer subjektiv-autonomen Determinante, die den Prozess ein Akt des freien Ermessens sein lässt. Die autonome oder subjektiv-autonome Determinante jedes Rechtssetzungsaktes ist das bei jedem Akte unvermeidliche freie Ermessen.

Merkl stellt also offenbar, mit Bezug auf die Komponenten des Rechtssetzungsverfahrens, die Prädikate „subjektiv" und „autonom", „objektiv" und „heteronom" einander gleich. In dieser Identifizierung steckt nun u. E. der Irrtum. Der Autor wendet sich im Wesen gegen die Lehre, die in der Rechtsanwendung nichts anderes sieht als die Aufstellung von Syllogismen, die Lehre also, die glaubt, dass die Rechtsanwendung, namentlich das richterliche Urteil, nichts anderes sei als das Ziehen einer syllogistischen Folgerung, wobei die allgemeine Regel der Obersatz, der besondere Fall, der sich unter der allgemeinen Regel subsumieren lässt, der Untersatz ist [2]). Die gleichen Argumente, die seiner Zeit die Freirechtschule, soweit diese mehr als ein Postulat zur geringeren Gebundenheit des Richters sein wollte, und mit deren Lehre die Stufenlehre einige Verwandtschaft aufweist, gegen die Syllogismentheorie angeführt hat, werden hier wieder vorgebracht, um das Vorhandensein von freiem Ermessen in jedem Rechtssetzungsverfahren darzulegen.

Wir wollen nun keineswegs behaupten, dass Rechtsanwendung nichts anderes als eine logische Verrichtung sei. Sogar nicht in Hinsicht auf die Konkretisierung einer vollständigen, generellen

---

[1]) Das doppelte Rechtsantlitz, S. 427.

[2]) Siehe Julius Moór, Das Logische im Recht, Revue internationale de la théorie du droit, Jahrgang 1927/1928, S. 157 ff.; und Barna Horvath, Gerechtigkeit und Wahrheit, Revue internationale de la théorie du droit, Jahrgang 4, 1929/1930, S. 1—55.

Rechtsregel. Wir wollen die Möglichkeit nicht in Abrede stellen, dass der Rechtsanwender würdigt, ein Werturteil fällt, oder, wenn man will, dass dem Rechtssetzungsprozess ein subjektiver Faktor hinzugefügt wird. Aber dennoch ist diese Rechtsanwendung noch keine autonome Verrichtung. Man darf in diesem Zusammenhang nicht ohne Weiteres die Ausdrücke subjektiv und autonom (als Gegensatz zu objektiv und heteronom) mit Bezug auf die den Rechtssetzungsprozess bestimmenden Faktoren einander gleichstellen. Wenn die höhere Norm zu einem einzigen, bestimmten, subjektiven Werturteil delegiert, ist die Verrichtung des Rechtsanwenders, obwohl subjektiv, dennoch heteronom und nicht autonom. Sein Akt (d. h. eines bestimmten Rechtsanwenders) ist in dem Falle juristisch eindeutig determiniert. Sogar das richterliche Urteil kraft des bekannten Art. 1, Abschnitt 2, des schweizerischen bürgerlichen Gesetzbuches, der bestimmt, dass, wenn das Gesetz oder die Gewohnheit keine Richtschnur bietet, der Richter nach der Regel zu entscheiden hat, die er selbst als Gesetzgeber für diesen Fall aufstellen würde, ist, wie paradox dies auch klingen möge, keine autonome, sondern eine heteronome Verrichtung, weil dieser Artikel den Richter nicht freilässt, sondern an eine einzige Lösung bindet.

Von Ermessensfreiheit könnte u. E. nur dann gesprochen werden, wenn verschiedene Lösungen als Rechtsanwendung (in Bezug auf einen bestimmten Rechtsanwender), also auf der Grundlage einer höheren Norm, vom juristischen Standpunkt völlig gleichwertig sind. Freies Ermessen ist juristische Ungebundenheit, wohlverstanden auf Grund einer höheren Norm. Andrerseits ist es mithin nichts anderes als eine häufig vorkommende Entgleisung naturrechtlicher Art, wenn man den Rechtsanwender, auf welcher Stufe es auch sei, wenn die höhere Norm solches nicht statuiert, als durch ein „höheres Recht", die Gerechtigkeit, die Staatsraison oder „das, was vom allgemeinen Interesse gefordert wird" gebunden erachtet. Obwohl man, in Ermangelung der positivrechtlichen Bindung, die vermeintliche Gebundenheit an die Anforderungen des „öffentlichen Interesses" oft mit der Ermessensfreiheit identifiziert, würde eben, wenn diese prätendierte Gebundenheit wirklich bestünde, das freie Ermessen ausgeschaltet sein. Freies Ermessen ist demnach in juristischem Sinne der Willkür gleich und steht hiermit keineswegs im Widerspruch, wie gelegentlich behauptet worden ist [1]). Diese Behauptung beruht auch auf dem naturrechtlichen Gedanken, dass das Rechtsorgan (das alle Instanzen, die auf die Verfassungsgesetzgebung folgen, umfasst), wenn seine Akte vom Rechte nur sehr wenig determiniert worden sind, innerhalb der ihm erteilten Befugnis doch noch auf andere Weise, z. B. durch göttliche oder natürliche Gesetze, gebunden ist. Vom ethisch-politischen Standpunkt kann man sich diese geringe juristische Gebundenheit als auf irgendeine Weise ergänzt denken; die Rechtswissenschaft aber hat es bloss mit der positivrechtlichen Gebundenheit durch das Recht auf höherer Stufe zu tun.

Wir sind uns dessen bewusst, dass wir mit unsrer Einteilung scheinbar auf alte, verlassene Sätze zurückgehen, insoweit, dass laut einer früher stark verbreiteten Auffassung das freie Ermessen die charakterisierende Eigenheit der Staatsfunktion sei, die man als Gegensatz zu der Funktion der Rechtsprechung mit der Bezeichnung Vollziehung, Administration oder Verwaltung andeutet [2]). Diesen Gedanken findet man auf verschiedene Weise ausgedrückt. Bald heisst es, dass das richterliche Organ das Recht anwendet, das Verwaltungsorgan dagegen innerhalb der vom Rechte gezogenen Grenzen dem allgemeinen Interesse oder dem Staatsinteresse dient [3]); bald heisst es, dass für das richterliche Organ das Recht Zweck, für das Verwaltungsorgan das Recht Mittel ist. Doch ist es klar, dass man auf diese Weise ungleichartige und demzufolge unvergleichbare Grössen einander gegenüberstellt. Das freie Ermessen des Verwaltungsorganes hat hier nicht die Bedeutung der Befugnis zur Setzung verschiedener Normen, die juristisch gleichwertig sind, sondern die der tatsächlichen oder juristischen Möglichkeit, allerlei, das Recht transzendente Zwecke zu verwirklichen. Aeltere Schriftsteller stellen in diesem Sinne oft die Ermessensfreiheit nicht als ausschliessliches und hinreichendes Kriterium der Verwaltungsfunktion dar, sondern vielmehr als eine besondere Eigenschaft dieser Funktion, während die Frage

---

[1]) RUDOLF VON LAUN, Das freie Ermessen und seine Grenzen, 1910, S. 5.

[2]) Siehe für die verschiedenen Ermessenstheorien, LAUN, a. a. O., S. 20 ff.

[3]) Siehe z. B. J. F. STAHL, Staatslehre § 173: „Wo die innere Absicht allein die Gerechtigkeit ist, da ist der Bereich der Gerichte; die Polizei hingegen ist die Offenbarung der Weisheit des Staates, wo die sittliche Autorität des Souveräns, wenngleich mit Beobachtung der Gerechtigkeit, zur Geltung gelangt. Für die Rechtsprechung ist das Gesetz Zweck, für die Verwaltung Schranke".

ob ein Organsakt unter die Verwaltungsfunktion fällt, nach anderen Gesichtspunkten entschieden wird. Diese Organsakte, die man in diesem Falle unter der Bezeichnung „Administration" oder Verwaltung zusammenfasst, sind Verrichtungen, die nichts weniger als Rechtsakte sind. Grösstenteils handelt es sich um die materiellen Verrichtungen, die nach dem Verbilde KELSENS unter der Bezeichnung „unmittelbare Verwaltung" zusammenzufassen sind (siehe Abschnitt IX).

Wir glauben uns folglich für die obenbezeichnete dreigliedrige Einteilung der Summe der Rechtsfunktionen aussprechen zu müssen. Diese Einteilung bietet u. E. viele Vorteile. Der wichtigste ist der, dass jede der Gruppen von Rechtsfunktionen ein eigenes Merkmal besitzt. Der üblichen Einteilung der Staatsverrichtungen in Gesetzgebung, Rechtsprechung und Verwaltung haftet stets der Nachteil an, dass nur von zwei Gruppen ein mehr oder weniger umrissenes Kriterium gegeben wird. Wurde doch gewöhnlich als Verwaltung dasjenige angesehen, was nach Abzug von Gesetzgebung und Rechtsprechung von der Staatsaufgabe übrigbleibt [1]. Dadurch war man genötigt, die ungleichartigsten Verrichtungen, Rechtsakte und Nichtrechtsakte, als Administration, Vollziehung oder Verwaltung zu vereinigen, Verrichtungen, die bloss dies miteinander gemein hatten, dass sie weder Rechtsprechung, noch Gesetzgebung waren.

Die Frage der Einteilung der Staatsaufgabe, die man im Lichte von KELSENS Reiner Rechtslehre als das Problem der Einteilung der Rechtserzeugungsfunktionen hat erkennen können, ist durch die Läuterung, die sie durch KELSENS Methode erfahren hat, auch restlos zür Lösung zu bringen, wo man drei Arten von Rechtsfunktionen sui generis unterscheiden kann, die je an der Hand eines positiven Kriteriums zu erkennen sind.

Da es aber viele Vorteile bietet, sich möglichst an den Sprachgebrauch zu halten, wird man annäherungsweise die unter 1., 2. und 3. beschriebenen Arten von Rechtssetzungsakten nach wie vor Verfassungsgesetzgebung, bezw. Gesetzgebung und Rechtsprechung nennen können, obwohl das, was man gewöhnlich hierunter versteht, den obenerwähnten Merkmalen der drei Arten von Rechtssetzungsfunktionen gewiss nicht gänzlich entspricht. Die

[1]) D. h. von demjenigen, was man als Staatsaufgabe betrachtete.

vielen ungleichartigen Verrichtungen, die man gewöhnlich als Verwaltung zusammenfasst, werden, soweit sie überhaupt Rechtssetzungsfunktionen sind, teils unter die Gruppe der „Gesetzgebung", teils unter die der „Rechtsprechung" fallen. Im Uebrigen ist für die Erkennung und Einteilung der Rechtsakte weder die Frage, von welchem Organ sie vollzogen werden, noch die besondere Form des im Prozesse Produzierten von Bedeutung, soweit solches nicht mit der höheren Norm oder den höheren Normen, die in das Rechtssetzungsverfahren eingehen, in Verbindung steht.

Die Setzung der generellen Norm wird in der Praxis meist zur Gruppe 2. zu rechnen sein, d. h. Gesetzgebung sein. Doch kann dies, obwohl in der Praxis derartige Fälle ziemlich selten sind, auch „Rechtsprechung" darstellen. Letzteres ist z. B. der Fall, wenn auf Grund einer höheren Norm ein Organ *verpflichtet* ist, im Falle eines Aufruhrs *zu verordnen*, dass niemand nach sechs Uhr nachmittags seine Wohnung wird verlassen dürfen. Auf Grund dieser Norm ist der Organsakt ein Akt vollständiger juristischer Bindung. Der Organsakt auf Grund dieser Norm ist von dieser Norm auf höherer Stufe vollständig und eindeutig determiniert worden. Wenn aber zur Erlassung der niederen Norm nur schlechthin die Befugnis erteilt wird, ist dem delegierten Organ zwischen zwei juristisch gleichwertigen Möglichkeiten die freie Wahl gelassen. Doch wird in den am meisten vorkommenden Fällen der aus der Setzung einer generellen Norm bestehende Rechtsakt von dem Recht auf höherer Stufe *nicht* eindeutig determiniert worden sein, so dass grösstenteils das, was man gewöhnlich unter Gesetzgebung in materiellem Sinne versteht, durch dasjenige gedeckt wird, was in dieser Schrift unter „Gesetzgebung" begriffen wird.

Was wir „Gesetzgebung" und „Rechtsprechung" genannt haben, deckt sich also nicht gänzlich mit der Erzeugung genereller, beziehungsweise individueller Normen. Doch gibt es eine grosse Gruppe von Rechtssetzungsakten, die stets von den anzuwendenden Normen eindeutig determiniert worden sind („Rechtsprechung"). Dies sind die Akte, die auch die traditionelle Lehre Rechtsprechung nennt.

Diese Akte werden vorgenommen auf Grund einer vollständigen, folglich nicht verweisenden Rechtsregel in abstrakter Form. Diese abstrakte, vollständige Norm wird in dem hier erwähnten Rechtssetzungsprozess konkretisiert. Festgestellt wird hierbei, dass für einen bestimmten Fall die für die Inkrafttretung einer sekundären Norm gestellten Bedingungen in Erfüllung gegangen sind; oder aber wann diese erfüllt sein werden (m. a. W. dass ein gewisses Geschehnis, ein Tatbestand oder Akt die Inkrafttretung einer sekundären Norm bedingen wird). Ferner wird festgestellt welche konkrete, sekundäre Norm augenblicklich in Kraft getreten ist, und welche konkrete Zwangsmassregel gegen das Verhalten, das das kontradiktorische Gegenteil des Inhaltes der sekundären Norm ist, angedroht worden ist. Die blosse Feststellung, dass der Eintritt eines gewissen Geschehnisses, Tatbestandes oder Aktes die Inkrafttretung einer gewissen sekundären Norm bedingen wird, ist das sogenannte Feststellungsurteil. Man hat gerade in dem deklaratorischen Element desselben häufig das Charakteristische des richterlichen Aktes erblicken wollen. Nach unserer Meinung mit Unrecht. Dieses Deklaratorische ist Element jedes Rechtssetzungsaktes (Organsaktes) bei limitierter Kompetenz (und eigentlich auch bei unlimitierter Kompetenz). Schon VON GNEIST bemerkte: „Die Ausübung der Staatsgewalt ist keine äusserlich mechanische Tätigkeit, sondern die Dekrete der Verwaltungsbehörden enthalten selbst ein Urteil darüber, ob die Anwendung sinngemäss dem Gesetz und Staatszweck entspricht. Die Verwaltungsdekretur ist insofern schon an sich Rechtsprechung." [1])

Zur dritten Gruppe von Rechtsakten gehören auch die Akte, durch die auf Grund einer *delegierenden* Norm, sei es eine konkrete, sei es eine abstrakte Regel aufgestellt wird, wenn kraft dieser höheren Norm nur eine Lösung möglich ist. Ist die gesetzte Norm abstrakter Natur, so muss sie in einem folgenden Rechtsakt noch konkretisiert werden, so dass man in diesem Fall hintereinander zwei Rechtsprozesse hat, die beide zur 3. Gruppe, also zur „Rechtsprechung", gehören.

Der Rechtsakt, durch den eine konkrete Norm auf Grund einer delegierenden Norm gesetzt wird, und durch den ausserdem das Organ völlig gebunden ist, unterscheidet sich durch nichts, weder was seine Natur betrifft, noch mit Bezug auf das Produzierte, von dem, was man richterliches Urteil nennt, wobei man aber mehr insbesondere das sogenannte Leistungsurteil im Auge hat.

[1]) Verhandlungen des zwölften deutschen Juristentags, 1875, S. 232.

Beispiele dieser Art von Rechtssetzungsakten sind die sogenannten administrativen Konzessionen, wie der Baukonsens und die Erlaubnis zur Inbetriebsetzung einer Anlage, die unter die Ungemach oder Schaden verursachenden Einrichtungen klassifiziert ist.

Die Gemeinnützigerklärung dagegen, sei es durch das Parlament oder den Munizipalrat, sei es durch die Exekutive, ist gewöhnlich ein zur zweiten Gruppe gehörender Rechtssetzungsakt, weil das dazu berufene Organ zur Abgabe dieser Erklärung kompetent, jedoch nicht verpflichtet ist und dasselbe, wenn auch nach seiner Ansicht die Gemeinnützigkeit feststehen sollte, trotzdem nicht zur Abgabe dieser Erklärung zu schreiten braucht.

Das sogenannte richterliche konstitutive Urteil steht gewöhnlich mit der Verwaltungserlaubnis auf gleicher Linie. Doch besitzt auch der Richter bisweilen in Hinsicht auf bestimmte Akte Ermessensfreiheit, so dass derartige Akte gänzlich mit der Gemeinnützigerklärung durch die sogenannten gesetzgebenden oder administrativen Organe übereinstimmen und dann zu den Rechtserzeugungshandlungen der 2. Klasse zu rechnen sind.

Wir haben als unsere Meinung zu erkennen gegeben, dass in keinem einzigen Rechtsakte das deklaratorische Element fehlt, d. h. das Element, durch welches die Uebereinstimmung mit der höheren Norm, bezw. mit den höheren Normen, die die Grundlage der niederen Norm bilden, zum Ausdruck gebracht wird. Praktisch umfasst diese Rubrik sämtliche Rechtsakte (mit Ausnahme der primären Setzung der Verfassung auf Grund der Ursprungsnorm). Man sagt nun aber: der Richter allein erklärt autoritativ, „avec force de vérité légale". Nach unserer Ansicht zu Unrecht, da ja das Autoritative für die Funktion des Richters nicht bezeichnend ist. Im Prinzip erklärt jedes Organ mit Bezug auf die Uebereinstimmung mit der höheren Norm autoritativ. Es ist sinnlos zu meinen, dass die Rechtsordnung ein Individuum mit der Setzung von Rechtsnormen beauftragen, jedoch dem Akte des Individuums die Autorität — was sich auf die Uebereinstimmung mit der verweisenden oder anzuwendenden Norm bezieht — absprechen sollte. Es ist ein Irrtum, dass die Autorität der gesetzlichen Wahrheit ausschliesslich den Emanationen der richterlichen Organe zustehen sollte (Jèze). Es ist ebensowenig von Wichtigkeit, ob bei dem Rechtsverfahren die Uebereinstimmung *ausdrücklich* konstatiert wird (Pitamic). Die Wahrheit ist diese, dass logisch-notwendig in jedem Rechtsverfahren die Uebereinstimmung mit den höheren Normen vom Rechtsanwender selbst vorausgesetzt wird; sonst wäre seine Handlung ja nicht Rechtsanwendung.

Zwei Umstände haben diese Wahrheit häufig verdunkelt:

1. Die modernen Rechtssysteme weisen gewöhnlich mehrere Organkomplexe an, deren Funktionen nicht immer zur Genüge auseinandergehalten sind. Selbstverständlich greifen stets die Rechtsfunktionen ineinander, d. h. bei der Setzung einer Norm durch ein Organ wird das Gesetztsein einer anzuwendenden Norm vorausgesetzt. Doch kommt es vor, dass zweierlei Organe mit der Setzung einer den gleichen Gegenstand regelnden Norm auf der gleichen Stufe beauftragt werden. Namentlich mit Bezug auf das Eigentumsinstitut findet man diese Organkonkurrenz. Das bürgerliche Recht vieler Rechtsgemeinschaften definiert das Eigentum als das (subjektive) Recht, eine Sache zu gebrauchen, unter der Bedingung jedoch, dass andere hiervon kein Ungemach empfinden. Diese Materie wird sodann als das sogenannte Nachbarrecht näher ausgearbeitet [1]). Auf den Eigentumsartikel basiert man die Pflicht des Richters, einen Gebrauch, wodurch einem anderen Schaden oder Ungemach verursacht wird, zu verbieten, Schadenersatz zuzuerkennen (Art. 1382 Code civil) oder Herstellung des früheren Zustandes zu befehlen. Später ist bei der Entwicklung der modernen Technik der industrielle Gebrauch des unbeweglichen Eigentums Anlass zu einer speziellen Gesetzgebung gewesen, die man gewöhnlich in das Verwaltungsrecht unterbringt, und wobei häufig das Institut der Verwaltungserlaubnis eingeführt worden ist, womit wohl oder nicht Bedingungen verknüpft werden. Diese Erlaubnis, nämlich die Aufhebung einer Prohibitivmassregel, wird von einem anderen Organ erteilt als das Organ, das in Gemässheit des älteren, bürgerlichen Gesetzes Normen betreffs dieser Materie setzt. Oft erhebt sich dann die Frage, ob der Richter noch nachträglich verbieten kann, was das Verwaltungsorgan gestattete, oder aber eine Handlung widerrechtlich (im Widerspruch mit Rechtsnormen) ist, bei der das auf diesem Gebiete durchaus kompetente Verwaltungsorgan aus-

[1]) Siehe Code civil, liv. II, titre IV, art. 674.

drücklich die allgemeine Prohibitivverordnung für den besonderen Fall aufgehoben hatte. Beide Organe betrachten die in Rede stehende Handlung — einen gewissen Gebrauch einer Sache — vom gleichen Gesichtspunkt, nämlich mit Bezug auf Schaden oder Ungemach, die Dritte möglicherweise durch sie erleiden oder erleiden werden. Und auch das Umgekehrte kann vorkommen. Der Richter könnte auf die Weise eines Feststellungsurteiles eine Handlung für rechtmässig erklären, während nachher das Verwaltungsorgan meint, dass dieselbe gegen eine Rechtsregel verstosse, und daher die Erlaubnis verweigert. Es ist nicht notwendig, dass das eine Organ präventiv, das andere Organ repressiv urteilt. Es besteht die Möglichkeit zweier paralleler Präventivurteile.

Man sucht sich gewöhnlich aus derartigen Situationen mit der Behauptung zu retten, dass nicht das Verwaltungsorgan „avec force de vérité légale'' einen Rechtsakt vornehmen könne. Es ist ohne Weiteres klar, dass diese Argumentation nicht stichhaltig ist. Es ist ja sinnlos vorauszusetzen, dass die Rechtsordnung ein Individuum zum Rechtssetzungsorgan erheben und ihm gleichzeitig die Organqualität abspricht, oder aber, indem sie das Individuum als Nichtorgan betrachtet, seine Handlung als juristisch irrelevant übergeht. Und hierauf müsse ja die übliche Betrachtungsweise hinauslaufen.

Ebensowenig handelt es sich hier um „Prüfung'' (Kontrolle), von welchem Institut im Nachstehenden noch die Rede sein wird. Die Prüfungsinstanz ist naturgemäss dem zu kontrollierenden Rechtsakte immer nach der Zeit posterieur. Im oben angeführten Beispiel braucht dies nun keineswegs der Fall zu sein. Kann doch der richterliche Akt dem des Verwaltungsorganes vorhergehen.

Es liegt hier ein Zusammenstoss der Funktionen vor. Zweierlei Organe sind zur gleichen Funktion berufen, wobei die übliche Doktrin nichts Besseres zu tun weiss, als dem Akte eines dieser Organe — wenn die Umstände dazu Anlass geben — die Bindung abzusprechen und die Organqualität dieses Organes zu verleugnen.

2. Das Institut der administrativen Rechtsprechung. Dieses Institut ist der positivrechtliche Niederschlag des das Rechtsleben der 2. Hälfte des 19. Jahrhunderts beherrschenden Gerechtigkeitsgedankens, der in der von Friedrich Julius Stahl eingeläuteten Rechtsstaatsbewegung verkörpert ist.

Ueber die Rechtsstaatsideologie ist viel geschrieben worden, ohne dass hierüber völlige Einstimmigkeit herrscht. LABAND erwähnt als Merkmal des Rechtsstaates, „dass der Staat von seinen Angehörigen keine Leistung und keine Unterlassung fordern, ihnen nichts befehlen und nichts verbieten kann, als auf Grund eines Rechtssatzes" [2]), was im Lichte der Reinen Rechtslehre eine Selbstverständlichkeit ist [3]).

Man versteht unter dem Begriff Rechtsstaat gewöhnlich ein Rechtssystem, das nach einem bestimmten Schema gebaut worden ist. Namentlich sei es erforderlich dass die Rechtserscheinungen auf der höchsten Stufe des Systems von durch das Volk auf demokratischem Wege gewählten Organen ausgehen; ferner, dass die Kompetenz der untergesetzlichen Organe nicht zu weit, sondern von den höheren Normen, dem Gesetze, eng begrenzt sei. Will nun die administrative Rechtsprechung ein Mittel sein zu prüfen, ob diese untergesetzlichen Organsakte sich mit der höheren Norm vertragen? Wie der Name bereits angibt, bezweckt dieses Institut, ein System zur Kontrollierung von administrativen Akten zu sein. Meistens steht dabei gar nicht a priori fest, was unter solchen Akten zu verstehen ist, und man nimmt oft zu einem Enumerationssystem seine Zuflucht. Was dem Verwaltungsrichter zur Beurteilung vorgelegt wird, sind die Akte von Individuen und Körperschaften, die man unter verschiedenen Bezeichnungen, wie Administration, vollziehende Gewalt, Exekutive zusammenfasst. Nur zum Teil sind diese Akte Rechtssetzungsakte, und soweit dies der Fall ist, sind vorstehende Individuen oder Körperschaften Rechtsorgane. Zum Teil sind die Akte, deren Beurteilung zum Arbeitsfeld des Verwaltungsrichters gehört, materielle Akte, von denen wohl oder nicht prätendiert wird, dass sie Inhalt administrativer Normen sind.

---

[1]) Von einem Kompetenzkonflikt kann man hier nicht sprechen, da beide Organe nach positivem Rechte in gleichem Masse zuständig sind. Unzweifelhaft statuieren beide Organe in derselben Sache. Es liegt hier Identität vor. Vergleiche: H. KELSEN, Der Begriff des Kompetenzkonfliktes nach geltendem österreichischen Recht. Jurist. Blätter, 57. Jahrg. 1928, Nr. 6, S. 105—110: „Im Allgemeinen wird man sagen können, dass Identität der Sache gegeben ist, wenn *auf denselben Tatbestand dieselbe Rechtsnorm angewendet werden soll.*" Siehe in dieser Beziehung auch: HANS KELSEN, Zum Begriff des Kompetenzkonfliktes, Zeitschrift für öffentliches Recht, Band VII, 1928, S. 583—599.

[2]) LABAND, Staatsrecht I, 3. Auflage, S. 653.

[3]) Siehe auch F. J. STAHL, Die Philosophie des Rechts, II 2, 3. Auflage, S. 137: „Der Staat soll Rechtsstaat sein. Das ist die Lösung und ist die Wahrheit der Entwickelungstrieb der neueren Zeit. Er soll die Bahnen und Grenzen seiner Wirksamkeit wie die freie Sphäre seiner Bürger in der Weise des Rechts genau bestimmen und unverbrüchlich sichern."

Soweit diese sogenannten Verwaltungsakte Rechtssetzungsakte sind, ist die Funktion des Verwaltungsrichters Kontrolle (Prüfung). Der Charakter des zu kontrollierenden Aktes als Rechtssetzungsaktes wird aber dadurch verwischt, dass man — indem man das Kennzeichnende der Rechtsprechung in der Schlichtung einer Streitigkeit sucht — das Rechtssetzungsorgan als „Partei" vor „Gericht" ladet. „Die Verwaltung darf nicht Richter in eigener Sache sein", so drückt man sich gewöhnlich aus. Man hat diese Prüfungsinstanz nach dem historisch gewordenen Schema des Zivilprozesses modelliert, in welchem auf Antrag des „Trägers eines Interesses" in einem Rechtsstreit entschieden wird; doch vergisst man dabei, dass die Prüfung eines Rechtssetzungsaktes immer ganz oder teilweise eine Dublüre dieses Organsaktes ist.

Gewiss hat es Schriftsteller gegeben, die auf die kontrollierende, dublierende Natur der Verwaltungsrechtsprechung aufmerksam gemacht haben. Namentlich tat dies VON GNEIST. Bei diesem grossen Juristen ist Behauptung des objektiven Rechts das Kennzeichnende und das Wesen der Verwaltungsrechtsprechung. Daher sind bei ihm für die Verwaltungsrechtsprechung die Interessen, die Privatpersonen daran haben können, keineswegs massgebend. Die Aktion der Privatpersonen ist bei VON GNEIST bloss ein Mittel zur Erreichung des Zweckes: „Es handelt sich im Verwaltungsrecht um eine objektive Rechtsordnung, welche auch unabhängig von Parteianträgen und über die Parteianträge hinaus, um des öffentlichen Rechts und Wohles willen, zu handhaben ist". Bei VON GNEIST ist die Verwaltungsrechtsprechung im Wesen eine Prüfungsinstanz.

Dennoch muss man sich fragen, weshalb die Rechtsordnung ein Individuum oder eine Versammlung von Individuen zum Rechtssetzungsorgan erhebt, um die schliessliche und definitive Normsetzung einem anderen Organ zu übertragen. Dies gilt nicht nur von dem rechtsetzenden, „administrativen" Organ, sondern gleichfalls von dem ganzen Zuge gerichtlicher Instanzen.

Es muss zugegeben werden, dass oft der administrative Rechtssetzungsakt implizite in einem zusammengesetzten Akte verborgen liegt. Nehmen wir als Beispiel den Akt auf Grund einer Norm, lautend: „Der Magistrat ist mit der Durchführung der Verord-

[1]) Verhandlungen des 12. deutschen Juristentags, 1875, III, S. 232.

nungen des Gemeinderates beauftragt, worunter die Befugnis begriffen ist, nötigenfalls auf Kosten der Uebertreter dasjenige wegnehmen, verhindern oder verrichten zu lassen, was diesen Verordnungen zuwider dargestellt, unternommen oder weggelassen wird" [1]). Ein Vollziehungsakt auf Grund dieser Norm impliziert stets das Urteil, dass einer Rechtsregel zuwider gehandelt worden ist; eine sekundäre Norm also, deren kontradiktorisches Gegenteil den Zwangsakt bedingt. *Mit* dem Zwangsakt ist dem Organ die Setzung der konkreten Zwangsnorm auferlegt worden, sowie die Feststellung der Uebertretung, des Nichthandelns gemäss der sekundären Norm, was die Inkrafttretung, das Aktuellwerden der Zwangsnorm bedingt. Der Magistrat ist in diesem Fall gleichfalls Organ in dynamischem Sinne, d. h. Rechtssetzungsorgan. „In diesem Falle würde der Magistrat Richter in eigener Sache sein", wendet man gewöhnlich hiergegen ein. In welcher Sache? möchten wir fragen. Ebenso wie oder ebensowenig wie auch der bürgerliche Richter und der Strafrichter Richter in eigener Sache genannt werden dürfen, ist hier der Magistrat Richter in eigener Sache.

„Es fehlen hier die Garantien für die Unabhängigkeit des Normfestsetzers", pflegt man zu behaupten. Was meint man damit? Eine funktionelle Unabhängigkeit kann nicht gemeint sein. Diese besitzt sogar der Gesetzgeber nicht, der an die Vorschriften materieller und formeller Natur, mit denen die Verfassung seine Kompetenz gewöhnlich begrenzt, gebunden ist. Der primäre Verfassungsgesetzgeber allein ist funktionell völlig ungebunden. Was die persönlichen Unabhängigkeitsgarantien betrifft, unter denen man insbesondere die Unabsetzbarkeit des Normsetzers im Auge hat, diese muss man nicht allzu hoch veranschlagen [2]). Und wäre

---

[1]) Nederlandsche Gemeentewet, Artikel 209 und 210. Wenn gegen die Zuwiderhandlung gegen diese Verordnungen zugleich Strafe angedroht wird, die vom Strafrichter auszusprechen ist, hat man wieder einen typischen Fall von Organkonkurrenz. Beide Organe geben ihr autoritatives Urteil darüber, ob wohl oder nicht eine Zuwiderhandlung gegen dieselben sekundären Normen vorliegt, wenn eine und dieselbe Tatsache vorgekommen ist, während das Verwaltungsorgan Exekution, der Strafrichter Strafe befiehlt (die zwei Formen, in denen die Zwangsfolge auftreten kann). Das Verwaltungsorgan lässt die Exekutionsregel auch vollstrecken. Beide Urteile sind in gleicher Weise und rechtsnotwendig autoritativ. Doch sieht man in der Praxis, dass das Verwaltungsorgan vor „Gericht" geladen wird und zum Ersatz des Schadens verurteilt wird, wenn das Urteil dieses bürgerlichen Richters anders ausfällt als das des völlig zum autoritativen Urteilen zuständigen Verwaltungsorganes. Man qualifiziert solches dann als widerrechtliches Verfahren der Obrigkeit. Dies ist das Gegenstück der im vorigen Abschnitt signalisierten Erscheinung, dass die Folgen einer materiellen obrigkeitlichen Handlung mit Unrecht ausser dem Anwendungsgebiet der Ersatzvorschrift gehalten werden.

[2]) Siehe in dieser Beziehung: Prof. Dr. A. A. H. Struyken, Administratie of rechter, 1910, S. 32.

dies auch anders, so würde es dennoch eine Absurdität sein, ein Organ zu kreïeren, das infolge bestimmter Umstände zur Ausübung seiner Funktion nicht geeignet ist, und zu dessen Kontrolle ein anderes Organ, das den zu stellenden Anforderungen wohl genügt, ins Leben gerufen werden muss.

Es bestehen jedoch tatsächlich Umstände, die dazu Anlass gegeben haben, den sogenannten administrativen Rechtssetzungsorganen als solchen nicht völlig Gerechtigkeit widerfahren zu lassen. In der Praxis sieht man, dass diese Organe auch mit anderen Funktionen beauftragt sind. Oder richtiger ausgedrückt: die Individuen oder Körperschaften, die, indem und soweit ihnen Rechtssetzungsfunktionen übertragen worden sind, Rechtsorgane sind, nehmen auch andere Handlungen vor, namentlich die materiellen Akte, die vom Rechte dem Staate oder der Gemeinde zugerechnet werden. Es ist durch diese Akte, dass, wie es bei der traditionellen Auffassung heisst, sich die Obrigkeit, der Staat am gesellschaftlichen Verkehr beteiligt und dabei dem „gemeinen Rechte" unterworfen ist [1]). Für die Individuen, die diese Handlungen vornehmen, und die wiederum aus anderem Grunde, nämlich bei der Setzung von Normen, Rechtsorgan sind, stellen diese Handlungen der Inhalt von sekundären Normen dar, die sich auf ihr Verhalten beziehen. In Abschnitt IX haben wir dargelegt, dass die Zusammenziehung dieser zwei Funktionen auf ein einziges Individuum auf die Dauer nicht haltbar sein würde. Auch mit Rücksicht auf Zweckmässigkeitserwägungen, mit denen wir uns hier nicht eingehend zu befassen brauchen, ist es vielleicht möglich und liegt er sogar auf der Hand, dass es verwerflich ist, die Funktion der Normsetzung zusammen mit der Verpflichtung zur Vornahme von Handlungen, die den Staat (der Gemeinde) zugerechnet werden, auf ein und dasselbe Individuum oder ein und dieselbe Körperschaft zu konzentrieren. Wenn es gestattet ist, uns im Rahmen dieser Schrift einen Augenblick auf rechtspolitisches Gebiet zu begeben, so wollen wir bemerken, dass es sich vielleicht empfiehlt, eines und das andere getrennt zu halten, in dem Sinne, dass dem Rechtssetzungsorgan keine derartigen Verpflichtungen auferlegt werden. Dass dies vom rechtspolitischen Standpunkt erwünscht ist, steht mit der Gleichheit des Zweckes des einen und des anderen in

[1]) Die Akte der unmittelbaren Verwaltung (siehe Abschnitt IX).

Zusammenhang. Lehrt doch die Praxis, dass sowohl mit der Erlassung von Normen, als mit den Akten, die dem Staate zugerechnet werden, soziale Zwecke verfolgt werden, was leicht dazu Anlass geben könnte, eines und das andere nicht genau auseinanderzuhalten, m. a. W. „détournement de pouvoir" veranlassen könnte. Doch sind wir mit diesen Bemerkungen bereits auf metajuristisches Gebiet angelangt; man kommt ja erst dann zu diesen Zweckmässigkeitserwägungen, wenn man sich auf einen nichtjuristischen, namentlich auf einen teleologischen Standpunkt stellt. Handelt es sich dabei doch nicht um Regeln der Rechtslogik, d. h. der Wissenschaft der Regeln, denen eine Rechtsordnung genügen muss, wenn sie ein logisches System sein soll.

Auf jeden Fall ist es besser, dem Uebel vorzubeugen, als es zu kurieren. D. h. es wird zweckmässig sein, die Rechtssetzungsorgane so zu wählen, dass nicht die Notwendigkeit der Korrektion zum System erhoben werden muss. Doch sind dies Fragen de jure constituendo, die, nachdem sie beiläufig berührt worden sind, hier weiter ruhig ausser Betracht bleiben können.

Uebrigens ist es richtig, dass diejenigen von dem als Verwaltung bezeichneten Organkomplex ausgehenden Akte, welche keine Rechtssetzungsakte sind (und das damit beauftragte Individuum nicht zum Rechtsorgan machen), der „administrativen" Rechtsprechung unterliegen. Gleichviel, wem Akte zugerechnet werden, dem handelnden Individuum, der Gesellschaft bürgerlichen Rechts, der offenen Handelsgesellschaft, der Aktiengesellschaft, der Gemeinde, der Provinz, dem Staate, die abstrakte Norm muss konkretisiert werden, die Zwangsnorm, die durch das kontradiktorische Gegenteil des Inhalts der sekundären Norm bedingt ist, muss gesetzt, die Zwangsfolge muss realisiert werden.

Die autoritative Feststellung oder Konstatierung, dass den Bedingungen der höheren, anzuwendenden Normen entsprochen worden ist, die darin erwähnten Umstände vorhanden sind, ist im Prinzip jedem Rechtssetzungsakte immanent, wenn die Kompetenz dazu durch die zu verarbeitende, höhere Normen gegründet ist, da ja sonst dieser Akt kein Rechtssetzungsakt wäre. Trozdem kann das positive Recht bestimmen, dass ein anderes Organ den Akt auf seine Uebereinstimmung mit den ihn bestimmenden Normen hin prüft [1]). Hierbei muss man aber wieder unterscheiden, ob auf Grund der höheren Norm nur eine Norm möglich ist, oder ob mehrere Normen juristisch gleichwertig sind. Ist doch im ersteren Falle der Prüfungsakt schlechthin eine Dublüre des zu prüfenden Aktes (wenn er auch selbstverständlich nicht zu dem gleichen Ergebnis zu führen braucht), es sei denn, dass die höhere Norm an ein rein subjektives Werturteil des niederen Normsetzers in Bezug auf einen bestimmten Punkt appelliert.

Sind auf der Grundlage der höheren Norm(en) mehrere Lösungen juristisch gleichwertig, so ist der Akt nur teilweise prüfungsfähig, nämlich dann lässt sich bloss kontrollieren, ob er wohl oder nicht mit der höheren Norm, bezw. den höheren Normen, im Einklang ist. Ob aber nicht eine andere Norm, die hiermit gleichfalls im Einklang ist, hätte gesetzt werden müssen, entzieht sich der juristischen Prüfung. Dies ist auch der Grund für die Anforderung, die man gewöhnlich an die Verwaltungsrechtsprechung stellt, nämlich dass der Verwaltungsrichter lediglich über die Rechtmässigkeit, nicht dagegen über die Zweckmässigkeit der Verwaltungsakte zu urteilen hat. Es herrscht jedoch eine babylonische Verwirrung, wenn es sich darum handelt, festzustellen, wo die Rechtmässigkeit aufhört und die Zweckmässigkeit beginnt. Bei vielen der älteren Schriftsteller ist diese Zweckmässigkeit bloss die Maske, hinter der sich der „rechtfreie Staat" versteckt, den sie dann in einem Teil der Verwaltung verkörpert sehen.

Für die Ungebundenheit in juristischem Sinne ist das Wort „Zweckmässigkeit" wohl sehr übel angebracht. Aus einem positivistischen Gesichtspunkt braucht der Gesetzgeber keineswegs die Zweckmässigkeit zu beobachten, sondern nur die formellen Bestimmungen der Verfassung zu befolgen, sowie die Bestimmungen

---

[1]) Die Doktrin verwechselt die Prüfung von Rechtssetzungsakten häufig mit dem, was sie unter Rechtsprechung versteht, das ist die Konkretisierung der abstrakten, vollständigen Norm. Dies ist die Ursache der Verwirrung, die in Bezug auf das Wesen des Institutes der Verwaltungsrechtsprechung herrscht. Hält man sich an die übliche Terminologie, reserviert man also den Ausdruck Rechtsprechung für die Akte, durch welche abstrakte, vollständige Normen konkretisiert werden, so ist die sogenannte „Verwaltungsrechtsprechung", soweit sie Rechtssetzungsakte zum Gegenstand hat, nicht Rechtsprechung, sondern Prüfung.

Die sogenannte Rechtsprechung in der Berufungsinstanz ist in Hinsicht auf den Rechtssetzungsakt der niederen Instanz Prüfung (abgesehen davon, ob dies beabsichtigt war) und nicht Rechtsprechung. Erfolgt dieser Rechtssetzungsakt auf Antrag derjenigen, die hieran ein Interesse zu haben glauben, so tritt in diesem Verfahren das erstinstanzliche Gericht, gegen dessen Entscheidung man Berufung einlegt, nicht als „Gegenpartei" auf, wie es seltsamerweise im Prozesse der Verwaltungsrechtsprechung geschieht.

So ist auch die Verwaltungsrechtsprechung nicht Rechtsprechung im üblichen Sinne, sondern Prüfung des Rechtssetzungsaktes einer niederen Instanz.

materieller Natur, die in der Verfassung gewöhnlich in die Form von sogenannten Grundrechten gegossen worden sind, zu beachten. So braucht das Verwaltungsorgan der Zweckmässigkeit keineswegs Rechnung zu tragen, wenn es auf Grund einer delegierenden Norm z. B. eine Wohnung in bestimmten Fällen für unbewohnbar erklären darf, aber dies nicht zu tun braucht. Appelliert jedoch diese delegierende Norm an die Einsicht des Normsetzers über die Zweckmässigkeit, was hier bedeutet, dass für den Rechtsakt der Unbewohnbarerklärung noch andere Erfordernisse sich den Bedingungen technischer Natur anschliessen, so ist doch das Rechtsorgan voll und ganz gebunden, und ist nur eine Lösung mit Bezug auf die anzuwendende Norm möglich. Auch wenn z. B. der Richter kraft einer Kompetenznorm eine Ehe auf Grund bestimmter Umstände für aufgelöst erklären darf, aber dies nicht zu tun braucht, ist er vom positivistischen Standpunkt nicht an die Zweckmässigkeit als einen seine Entscheidung bestimmenden Faktor gebunden. Ist jedoch das Erfordernis der Zweckmässigkeit Inhalt der Norm, so liegt wieder völlige juristische Gebundenheit vor.

Vom ethisch-politischen Standpunkt aus betrachtet, kann man sich die zu setzende Norm vollständig und eindeutig determiniert denken, wenn auch juristische Ungebundenheit innerhalb gewisser Grenzen gegeben ist. Eine andere Frage ist es aber, ob das, was aus einem Gesichtspunkt des richtigen Rechts gefordert werden kann, dort wo keine juristische Gebundenheit besteht, sich jemals ausser der subjektiven Sphäre erheben kann. Für eine Rechtswissenschaft, die nichts anderes sein will als eine Lehre des positiven Rechts, gibt es nur Gebundenheit oder Determiniertheit der Wahl auf Grund einer gültigen, positiven Norm, d. h. einer Norm, die auf die hypothetische Ursprungsnorm des Rechtssystemes zurückgeführt werden kann.

SACHVERZEICHNIS